舊日風雲　二集　增訂版

舊日風雲

二集

增訂版

許禮平

OXFORD
UNIVERSITY PRESS

啟思出版社
啟思為牛津大學出版社（中國）有限公司之註冊商標

牛津大學出版社隸屬牛津大學，以環球出版為志業，
弘揚大學卓於研究、博於學術、篤於教育的優良傳統
Oxford 為牛津大學出版社於英國及特定國家的註冊商標

牛津大學出版社（中國）有限公司出版
香港九龍灣宏遠街 1 號一號九龍 39 樓

舊日風雲　二集

許禮平

第一版 2014
彩色增訂版 2023

ISBN: 978-0-19-943829-7

3 5 7 9 10 8 6 4

封面題字綴集顧炎武書扇面
封面紋採自宋徽宗草書千字文所用描金雲龍箋

目錄

事了拂衣去　深藏身與名

——記香江潛龍潘靜安

我是冷攤殘客，也即是撿古舊破爛的人，對於往昔，事無大小，都是多所關心的，尤以港澳有關的事物、和人們有意無意間有所忽略的人物。

香港有位神秘人物，叫潘靜安，他是中共中央調查部駐港負責人，是周恩來的心腹。當年許多大人物，都要靠近他，倚賴他。現在港人國人，對這個名字卻非常陌生，筆者過去也是偶聞其名，而印象模糊。直至十多年前他過世了，俠老（李俠文）才與我談起，說：「潘靜安是共產黨幹部中的稀有品種，可以說是絕種了。」俠老一語清雋，味似六朝。只是這話太簡，是要詮釋的。這令我留意潘氏，當時就嘗東尋西找，竟一無所獲，始發現潘氏幾乎沒有甚麼文字紀錄，竟能做到如此隱蔽，更令我產生綴輯其生平的興趣。後來，在《大公報》讀到俠老一篇《潘靜安情繫香江》，那文章的調子和措詞和內容卻是四平八穩，「出諸口」和「出諸手」是如此不同，俠老在公開場合素來穩重，見諸報刊的白紙黑字，更是小心翼

潘靜安

翼，而私下交談，對筆者而言是非常坦誠，其愛憎分明喜怒形之於色。觀其文而相較其言，當中就有顧全大局和私下談心的分別。讀者讀完本文會有所會心的。

其實潘公身邊不少朋友也多與筆者相稔，但卻無緣面識。潘公實在太低調了，完全隱身於一般人視線之外。總覺他是漢朝的「大樹將軍」馮異，能「獨立大樹，不誇己績。」即使稔熟的朋友，對他昔日的驚天之作也是知之甚少的。

筆者和他總算有點翰墨之緣，就是藏有一軸他的行書詩卷。那是書贈金老總堯如的。金在「六四」後移居美利堅前整批藏品轉讓，其中一件就是罕見的潘公法書。此後我對潘公的崇敬，也只是多憑此卷而繫以想像。所謂生得同時，憾無一面，奈何！

以下且略述潘公的生平：

潘公名靜安（一九一六—二〇〇〇），初名楨幹，亦作貞幹、貞干，又名柱，別署子固，齋號靜居，以潘靜安一名最為人所熟知，而偶亦寫作潘靜庵，又由於天靈蓋上毛髮稀疏，遂有「光頭潘」之雅號，而友朋多尊稱「潘公」。廣東番禺（一說南海）人，一九一六年十月十五日出生於香港。其尊翁潘健康，早歲已參加革命，二十年代在港島荷李活道及灣仔軒尼詩道開設名為健康學校的私塾，自任校長。校訓是「勤、樸、和、

潘靜安（後右二）闔府照

敬」。見過潘健康而尚健在的人恐怕只有本港老左派吳康民了。吳老記憶中：當年其父親吳華胥與潘健康相熟，而吳家住深水埗北河街，吳康民六、七歲時，就讀於潘健康在九龍深水埗開設之私塾南方書院，這家書院算是半卜卜齋，上午教四書五經，下午教英文數學。而潘校長肥胖，常穿短褲坐守校門口，學生返學，在門口要先背誦昨日教授的《論語》《孟子》《大學》《中庸》《詩經》或《秋水軒尺牘》之類課文，背誦不出或背錯背漏之童子，戒尺侍候。吳康民被打手心幾次，也就死活不肯上學，要轉校了。（附說：吳康民之尊翁吳華胥，係大革命時代的共黨分子，一九二五年周恩來派吳華胥到惠來改組國民黨縣黨部，一九二七年清黨時吳華胥被懸賞四百銀元通緝，因而全家與郭沫若一起亡命香港，吳再奉命去暹羅，在當地又因從事革命至被遞解出境而重臨香港。解放後回大陸，嘗任汕頭市政協副主席。）

潘靜安生而早慧，髫齡嘗問學於羅落花，纔九歲已學治印。羅嘗撰《落花讀璽記》謂潘「抱《說文》《金石索》與諸家印譜相與共寢食」，讚揚潘楨幹印藝，載之於《健康學校校刊》第二期（一九三〇）。而該校刊第二、四兩期還先後刊出潘楨幹（靜安）的書法，篆、隸、楷、行各體兼備，且得當時名儒稱許。潘纔十三四歲已敢為老前輩所寫的書作跋，

易大厂

刻印之餘，兼畫西洋畫。（見一九七八年十二月十六日潘靜安與錢舜玉談「關於刻印」）

一九三六年潘靜安二十歲遠遊滬瀆，會諸時賢，出示十六歲所為作品。時人有「絕學延緜或可論」譽之。次年從易大厂遊，得其書法篆刻真傳，易譽其印可當牧甫（黃士陵）半席。潘一生藝文學養，實肇基於此。葉恭綽、陳運彰等藝壇名流也都為潘楨幹篆刻題字，以資推重。

儘管滬瀆名流對潘的篆刻藝術大加推許，而潘卻不甘於這方寸間之藝事，潘嘗刻一朱文方印：「雕蟲篆刻豈吾之志哉」，那是別有抱負了。

三十年代的上海，是革命大洪爐。潘靜安秉受乃父影響，表面上赴滬從事藝文活動，周旋於易大厂、葉恭綽諸名士之間，陰為參與殺頭之壯舉。潘赴滬本來「是要投奔新四軍前身江南抗日隊伍，適時有變化，『七七』前後斷了關係，只得借住在長輩朋友的家中遷到租界上停留，就以印人身份闖上海的大江湖」，因得滬上諸名士推許，「一炮紅起來，尚未開刀賣錢，日軍入租界前」，潘「就走回香港了。從此銷聲天際」，滬上名宿以為潘死了。（潘靜安一九九九年二月二十六日致翟暖暉伉儷函）

抗戰軍興，廖承志掌八路軍駐港辦事處，已加入共黨的潘靜安受命出任機要秘書。潘日夜參與八辦諸公事，如保衛中國同盟接轉華僑、港澳同胞匯款和捐獻物資等工作。而私人生活方面，潘還是離不開自幼喜好之藝

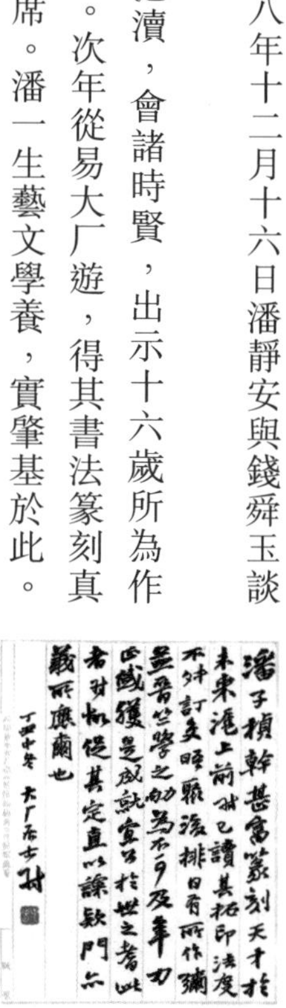

易大厂題辭推許潘楨幹（靜安）篆刻作品

事，凌晨一時開始，人家已然酣睡，潘則開始幹自己喜歡的寫字、刻印，直至三、四時才就寢。潘認為非如此認真用功，日以繼夜數十年工夫，付出勞動、時間、精力，才能有所成就。（見一九七八年十二月十六日潘靜安語錢舜玉）

一九四一年十二月八日，山本五十六遣機偷襲珍珠港，太平洋戰爭爆發，日寇同時進攻太平洋上英美殖民地。同一天日本空軍襲九龍，陸軍攻新界，旋攻入九龍，直迫港島。聖誕節前夕，傳聞余漢謀部（余夫人時在香港）已開入新界擬驅逐日寇救港，倫敦見勢不對，深恐中國軍隊入港會影響將來回收之困難，所謂請佛容易送佛難也，即命令港督楊慕琦宣布無條件投降，以備他日勝利時可重佔香港。其時大批左翼文化人、民主人士本因皖南事變國共關係緊張，避禍而轉移至港，卻遭此突變而身陷險境，人人自危。這批文化精英正是日軍誘降捕殺的對象。

就在十二月八日當天，延安中共中央、重慶中共南方局書記周恩來迭發特急電報與廖承志、潘漢年、劉少文：「許多重要民主人士、文化界人士滯留香港，他們是我國文化界的精萃，要想盡一切辦法將他們搶救出來。」廖公與張文彬（中共南方工作委員會副書記）、劉少文（中共港澳工委委員兼中央交通處港澳處處長）、尹林平（東江游擊隊政委）、梁廣（粵南省委書記）等具體組織此一搶救工作。緊急動員港九地區各級黨組

廖承志（右）
周恩來（左）

和東江游擊隊全力以赴，開闢交通線，接應、護送。連貫、潘靜安與黃施民到洛克道一三〇號香港市委的秘密聯絡點，聽取中央關於搶救的指示，並研究對策。此時黃施民就把陳文漢等三人的關係交給潘靜安。（見黃施民在廣州座談會上的發言，一九八四年六月）

潘靜安當時是八路軍駐港辦事處機要部門主管，半公開的八路軍辦事處設在中環皇后大道中十八號二樓，其中一個秘密辦事處則設在利舞臺旁邊的耀華街。潘在秘密據點辦公。辦事處的公章、信箋和朱德、葉劍英的印鑒都由潘保管。而耀華街的辦事處與中央、周恩來往來電報頻仍。潘靜安用「小潘」代號，與以「胡公」為代號的周恩來（大概周曾留鬍子，也曾化名「胡必成」，因用「胡公」）電臺聯繫，請示匯報。一九四六年潘到重慶向周恩來述職，鄧穎超見到潘說：「小潘就是你呀，我以為你還很小呢，原來這麼大了。」

廖公與連貫、喬冠華這幾位頭面人物先行離港（一九四二年一月），回內地與南委、省委、東縱部署工作。而整個搶救工作就交由劉少文領導，小潘負責。到後來（四月）劉少文也撤離了，整個重擔就由只有二十六歲的小潘扛起。當時只留梁廣領導約三十個共產黨員在香港戰鬥。

小潘不負所托，整個營救工作，花了半年時間，冒險犯難，通過水路陸路，各種各樣方式，歷盡艱辛，搶救出大批文化精英、民主人士及其

劉少文（中共港澳工委兼中央交通處港澳處處長）

家屬，還有國民黨重要將領家屬（如第十二集團軍司令余漢謀夫人上官賢德），英美軍政人員八百餘人，竟無一紕漏，真乃千古奇蹟。此役除了林庚白被日軍誤殺犧牲外，所有要搶救的人，都搶救離港。《華商報》鄧文釗是被營救者之一，後來重修房子就取名「靜安居」，用作紀念潘的功勞，而題匾的何柳華則是廖承志長征時的化名。茅盾讚揚這個行動是「抗戰以來最偉大的搶救工作，影響深遠」。後來中央去電嘉獎，由當時領導搶救工作的粵南省委書記梁廣向潘等傳達，電報表揚了潘柱（靜安）、黃施民、陳文漢三位功臣。而自此一役，小潘甚得周器重，變成周的嫡系，被授予模範共產黨員稱號。

潘公聰明，懂得用人。例如他通過梁廣、黃施民介紹，找到陳文漢（一九一一—一九五三）任他的特級交通員。陳文漢係廣東順德人，小時當過汽車修理學徒，做過電話機修理工人，弱冠做汽車司機，工運活躍分子，一九三七年入黨，摩托工會領袖，戰後是工聯會理事長。陳熟知香港情況，對港九道路十分熟悉，又有廣泛的群眾基礎，忠勇可靠。抗戰間搶救文化精英一役，陳功勞卓著，所以也得到表揚。惜長期辛勞成疾而不永年，春秋四十有二。黃施民（一九二一—二〇〇三），原名黃玉宇，廣東南海人，香港土生土長，一九三八年入黨，是中共香港市委委員，梁廣的部下，一直從事工人運動，熟悉地下組織情況，積極協助潘完成任務。解

張文彬

放後任中共廣東省委海外工委秘書長、副書記，一九八〇年任深圳市委書記兼副市長等職。

一九四八年國共內戰，共黨勝利在望，要組織新政權，號召召開新政協，潘公又再用命，重操舊業，秘密安排大批民主黨派頭面人物李濟深、沈鈞儒等及左翼文化精英，在港英及國民黨特務嚴密監視下，陸續秘密撤離香港，北上投共。而前後兩次被搶救、轉移的這批要人，很大一部分都是建國肇始中央人民政府的成員，是共黨立國之本。潘公允稱功在黨國。

潘公行事低調，幹了多番偉業，卻從來封嘴不提。連同志老友如何銘思，一直不知潘有此彪炳事蹟，直至一九八二年潘調京之後，何「才逐漸知道他的事蹟」。與潘共事數十年的陳介生（中銀董事）、李如苓（中銀總行總經理）多次建議潘公口述方式寫回憶錄，潘總是搖頭。潘公淡泊名利，甘當無名英雄。

一九八四年六月，廣東省委黨史辦公室在廣州召開座談會，潘公也自北京赴會，以舊日姓名「潘柱」（當時與潘公共事的許多老友不知道潘公此名）講述《回憶香港的搶救工作》（譚力浠整理），刊《東江黨史資料匯編》第三輯；一九八六年解放軍出版社出版《秘密大營救》，潘公也是以舊名「潘柱」，口述《虎口救精英》（劉百粵整理），披露參與此役詳情始末。而此兩書在香港流通甚鮮，知者亦鮮。而大部分人也不知道潘柱

梁廣

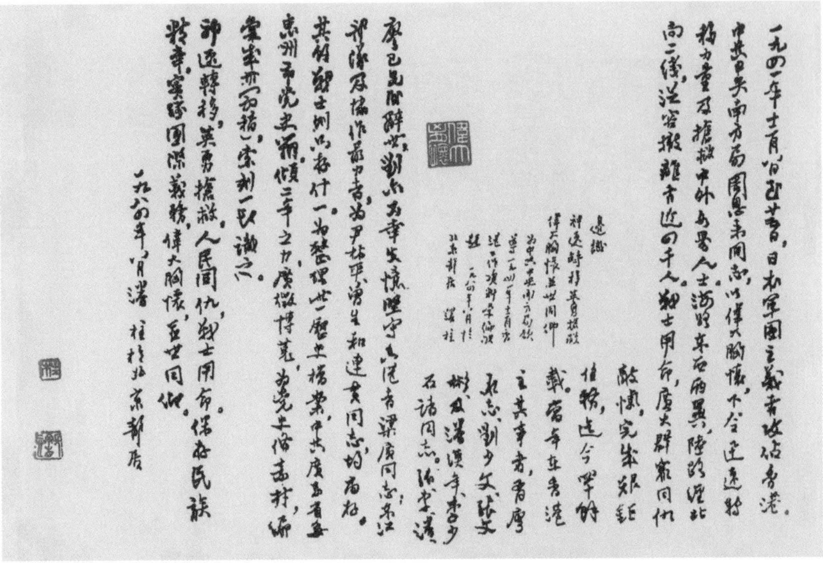

潘靜安刻「偉大胸懷」印並加長跋述香港大營救史事，1984年8月

東江游擊隊諸巨頭。左起：黃作梅、周伯明、曾生（司令）、林展、饒彰風

就是潘靜安。怪不得司徒華讀了《虎口救精英》影印本，也說不知出自何處。有關此次營救細節，潘公已有兩次口述，和各種專書詳細論述。此處不贅。

潘靜安在解放前夕，也參與了策動國民黨駐港機構的起義，潘與「兩航」（中央航空公司、中國航空公司）、中國銀行負責人稔熟，雖無公開之文獻明確記載，但何銘思的文章暗示潘公在這兩大案中，還有招商局等多家機構起義，或擔當甚麼角色。

二〇一三年八月八日，二〇一四年五月十八日 修訂

潘靜安馬上英姿，1948年

三教九流佞神鬼　五湖四海傲王侯

——再記香江潛龍潘靜安

中共地工潘靜安在香港交遊廣泛，各方政要、各系特工、豪門世家、販夫走卒，都有交往。其中一位李世華（李紀堂、李寶椿侄），尤其熟稔。這位三十年代到六十年代香港名人，值得花點篇幅說說。舊日上環與西營盤交界有家高陞戲院，就是李氏家人紀念李陞而建。李陞廣東新會縣七堡鄉人，家本貧苦，鄉間有人稱之為「偷雞李」。李陞聰慧過人，光緒間到香港營商，廉值購得西環高陞戲院地段業權，再移山倒海，填得之陸地，盡歸李氏，興建二三層之樓房出售，由此發家。李陞有八子，分家產時長房李寶光分得兩份。李寶光八個老婆僅得二子，即李世華、李劍斌兄弟。李世華（一九一六—一九七五）幼讀家塾，繼入皇仁。卒業後入關祖堯律師樓習法律，精商事法。復入警隊，精射擊，明警律，官至副警司。香港有馬會，世華兄弟蓄養馬匹，還親自策騎，馳騁快活谷。世華甚麼摩登事都敢幹，嘗購置飛機，還親自駕駛，翱翔華南天際，來往廣州澳

四十年代的華都飯店，位於高士威道與銅鑼灣道交界

門。而英倫新出名貴房車勞斯萊斯，世華也購之駕之，車牌五五五，招搖過市，威過港督。兼又開快艇，乘風破浪，可謂活潑勇猛。如此世家子弟，也與同齡之潘公老友。而且持續兩代。（潘公後來臥病京華，世華千金常往探視）世華開設興華置業公司搞房地產之外，據說也開了間華都酒店（後轉讓他人，現叫柏寧）。潘公擔任興華董事之外，又兼任華都總經理，副手係朱西就（哥哥叫東成，在元朗做苦力）。如此身份，方便潘公搞情報工作。據潘公女弟子呂小姐言及，潘公在銅鑼灣糖街一樓宇（現為商務印書館所在地）二樓有一秘密據點，用作見人及交收情報也。華都酒店出門口幾步路轉個彎就到，實在方便。

五十年代初，港英掃蕩共黨分子，大批要人被遞解出境。或者潘公也要避避風頭，與朱西就潛返大陸，到佛山福寧路吳煥文醫生宅短住。吳醫生係吳榮光第四代孫、吳趼人侄孫，佛山名中醫，專內科，嘗到香港為李陛家人醫病，而朱西就尊翁，在佛山主理李陛開的當鋪，與吳醫生相熟，有此淵源，所以收留朱和潘。吳醫生公子就是名畫家吳灝字子玉（二〇〇七年港人在藝術館排長龍看《清明上河圖》摹本就是吳子玉的傑作）。吳子玉讓出牀鋪給世伯朱、潘二位孖鋪睡，自己落樓下打地鋪。

嗣後潘公又發揮其另一所長——攝影，與朱西就到廣州中山五路新華電影院隔幾個鋪位開印象攝影鋪，門面有一伙記叫牛哥，朱照顧哥哥，把

鄭鐵如（右）
李世華（左）

東成也安置在影鋪看檔。當時黑白照時代，也有喜把照片渲染色彩，吳子玉受聘在此處塗抹上色，兼看櫃面。當時廣州市長朱光闔家到印象影全家福，就是吳子玉幫忙拍的，不知是子玉還是牛哥，把朱夫人面部一粒痣修版抹掉，惹夫人不滿，要重拍嗎，又沒時間再來，就此不了了之。這家印象影鋪只開了一年就執笠。

五十年代初潘公或曾返港。羅孚說五十年代初認識潘，藍真也說約一九五一年認識潘公，那時潘公常去《大公報》找費彝民、李俠文。

一九五八年九月，潘公正式奉調重返香港，這回公開的身份是中國銀行常務董事，中國銀行駐香港總稽核室副總稽核，而實為中共中央調查部駐港負責人（上司羅青長，潘直通周恩來、廖承志）、中共香港工委常委，級別與新華社副社長祁烽不分伯仲。潘公初住中銀頂樓，後應中銀老總鄭鐵如之邀搬入跑馬地藍塘道鄭公館樓下居住。當時有人提醒鄭鐵如，潘是否負有監視之責。鄭與潘相處一兩年之後，發覺根本沒這回事，後更與潘結成肝膽相照的知交。

潘公搞情報工作之外，兼搞統戰。本身多才多藝，平易近人，又深諳黨的方針政策，廣泛交友，香港許多大亨，倚為軍師，言聽計從。有甚麼問題，都推心置腹，找潘公商量。例如王寬誠，甚麼事情都說找潘公問問，一九八六年王寬誠病危，也是囑潘公安排後事，可謂生死之交。

潘靜安在中國銀行香港分行國慶聯歡會上致辭，1958年

「文革」間，潘公被召回京。一下飛機，有女兒迎接，誣告潘是臺灣特務，立給潘戴高帽，押著遊街，把潘氣個半死。後來潘與諸弟子談及此事，仍忿忿不平。有時上堂授課，罵此女兒罵了半堂。說此女兒攀附權貴，嫁高幹，嫁老頭。潘公尚算幸運，這次在京被批鬥，有個場合見到周恩來，周用「左光斗責罵史可法」的辦法，厲聲問潘：「來北京幹嘛！香港還有許多事情等著處理。」周隨即吩咐左右的人，立即買機票次日送潘飛穗返港，周刻意存護，如此這般，潘才逃過一劫！潘是周恩來嫡系，「文革」矛頭實質是對著周，所以跟周沾邊的人都倒霉。潘公能倖免，也算福大命大。

潘領導《大公報》社長費彝民，周恩來見費數十次，潘都在場。周有甚麼指示，由潘公向費傳達。有一回費夫人蘇務滋患青光眼疾，潘告訴集古齋小杜，需要幫費變賣一些字畫，籌錢醫眼，所以叫小杜去費家取書畫。杜遵命隔三兩個月便去費家取些書畫回集古齋銷售。小杜還記得當日潘公吩咐完，復與小杜說，費這些書畫哪裏來的呢？跟著潘說，老費專敲竹槓，最善於化公為私。杜小姐驟聽此語不知潘公是說笑還是當真。潘公說話表面輕鬆幽默，內心作何想，則不易窺測。有女弟子就說到潘公講話無句真。

潘公絕非刻薄之人，而是與人為善，把事情辦妥就是了。茲舉與出版

王寬誠（右）
費彝民（左）

有關例子。一九六九年建國二十周年，出版系統要趕任務印製一本國慶特刊，全線總動員趕工。而特刊中毛老爺子的照像不夠清晰，廣東省公安廳派來監視新聞界的廖靄文打小報告，要求停印。出版界頭頭藍真焦急得不得了，一停工勢必趕不及國慶前出來了，更影響全線士氣。其時反英抗暴期間，港澳工委負責人梁威林、祁烽移玉至易守難攻的中國銀行辦公，廖靄文到中銀向梁、祁告狀，梁一向細膽不敢表態，祁更是慣性不表態，正僵持間，潘公返到中銀，碰到這場面，稍一諮詢，即問藍真毛像據甚麼製版，藍說翻拍自《人民畫報》。潘即說能有如此效果，已經很不錯了。有潘公帶頭讚許，梁、祁二位始敢順水推舟，特刊得以順利完成，藍公始鬆一口氣，而廖則枉作小人。

說開反英抗暴，順提一事。港澳工委當時研究對策，把與港英鬥爭說成是港英壓制左派宣傳毛澤東思想。而這場暴動，有一大批戰友被抓捕囚禁在赤柱監獄。藍公接一任務，就是要把宏文四卷的毛著、紅寶書《毛語錄》，送進赤柱給獄中戰友學習。赤柱戒備森嚴，如何才能把毛著送進去呢？頗為費神。藍公想起「萬金油」潘公，找潘商量。潘公帶藍公到赤柱監獄附近觀察地形，像游擊隊作戰般，研究進攻方案。觀察現場情況之後，潘公發現有一規律，每天早上某個時辰，獄門打開，有幾輛房車駛進。於是擇一吉日晨早，藍真提早由司機張仔開車在附近等候，待監獄大

祁烽、潘靜安、
梁威林等合影

門打開，這幾輛房車駛進時，張仔開車尾隨，門衛以為自己人也不為意。張仔把車駛進後停在監獄辦公室門口，藍公落車拿著毛著紅寶書，放在有司辦公桌上，申明代表三聯書店送與獄中戰友學習之用，執事者大為愕然。次日左報頭版大肆宣揚其事。

六十年代末，暴動被捕左翼人士，陸續出獄，潘公也通過這些人士了解獄中情況。例如《經濟導報》記者許雲程，在一九六七年五月二十二日那天到中環花園道採訪，被警察推撞去示威群眾中，揮棍扑頭。許出示記者證聲明係來採訪，警察一看記者證，大罵原來係左報記者，要打多幾棍，許當場昏死，後判入獄十六個月。出獄後潘請許去中國銀行大廈，連續三天斷斷續續聽許詳細講述獄中情況。

「文革」暴亂，香港暴動。原先團結在左翼周圍的大批中間人士怕怕，避之惟恐不及。左翼人士與主流社會上下層越走越遠，交往圈子越縮越窄。潘公想方設法要打開局面。其時大陸剛弄「文化大革命期間出土文物展」，潘公引進這個展覽，以便有個題目與各方頭面人物打交道，與港英修好以緩和局面，又可以讓廣大市民觀賞文物之便，接近左翼。一九七八年四月十八日，中國出土文物展首次在香港公開展覽，展品一三六件，包括金縷玉衣等名品。潘公找利銘澤做主辦單位負責人。這個展覽由利公出面，也就能請得動當時的港督麥理浩出席開幕式，影響大不

六十年代初鄭鐵如、莊世平、章文桂、潘靜安攝於香港

一樣了。展覽一個月，觀眾達四十萬人，是當年香港人口的十分之一。潘公還發動各種宣傳攻勢，主動介紹翟暖暉千金翟惠洸，訪問利銘澤和清瓷鑒藏家毛文奇醫生談文物展覽，刊之於《廣角鏡》第六十七期。

扯遠一點，潘公與利銘澤多年老友，四十年代潘是中共情報系統的人，利似是效力英國情治單位，雙方都明白對方身份，但這並不妨礙友誼。暴動間香港受重創，中英雙方兩敗俱傷，傳聞利銘澤擬出面代中方與英方說項，和平解決。惟中共香港工委有鷹派強調鬥爭到底者，利銘澤無奈作罷。此七十年代汪孝博丈與筆者言。至於利銘澤願出面代為談和，潘公是否擔任背後推手，已無從求證了。八十年代中英談判間，側聞利銘澤係中英雙方都可接受和信賴的人物，是內定香港回歸後的首任特首，惜利等不及香港回歸自身先大歸了。

潘公學其老闆周恩來，也是統戰高手。一九七三年章士釗忽爾乘專機來港，潘負責接待。章說來港探親，實搞統戰。筆者當時閱報見周恩來到機場送行之照片，總有不祥之感。果爾章來港沒幾天病卒（一說「御醫」費子彬一副藥救命變攞命），潘要處理其後事，辦喪事也不忘統戰，潘公在香港搞了個一百四十人的治喪委員會，這個委員會的名單也有很多文章的。黃文山榜上有名，或迫於壓力，就曾登報聲明不知其為治喪委員一事（「事前並未過目，亦未署名」），向國府表白。潘公知陳松齡岳丈大人

章士釗（前）、潘靜安（右）、費彝民（中）等合照，1973年

是梁寒淡，淡叔哥哥是梁寒操，雖然淡叔也是教育界，但跟北洋時代老虎總長（教育總長）章士釗拉不上關係，也被潘公拉進治喪委員會來，目標係影響其兄也。而這個委員會中，有好些人士，如鄭棟材係聯合書院院長、中文大學副校長，側聞反英抗暴間港英海陸空包圍僑冠大廈（華豐國貨公司所在大廈）搜查捕人，就是鄭校長獻計（鄭抗戰間投筆從戎參加英軍服務團）。君子不念舊惡，鄭也被潘統戰統進治喪委員會之列。後來馬力自培僑畢業後，入中文大學讀中文系，聽說也是鄭棟材幫的忙，與潘公有否關係，已無法稽考了。

作為中調部駐港負責人，潘公搞調研，經常收風擺料，寫成報告呈送。但這種收風呈報有時會有風險，弄出禍來的。據潘公一位老友L兄語筆者，話說七十年代初，美國年輕學者維特克 Roxan Witke（史丹福學士、芝大碩士、柏克萊博士，時任紐約州立大學副教授）有緣被邀請訪問大陸，而且為江青看中，擬讓維特克為自己立傳，冀仿當年斯諾訪毛公寫成《西行漫記》般，影響天下。江與維特克談話十次，達六十小時之久。以江青的性格，當然自吹自擂粉飾自己，還談了不少中共視為機密的人和事。維特克返美後在美東好幾家大學講演，大談江青，語帶輕蔑。當地有些華人聽眾聽了講演感到有些不妥，芝加哥有學者去函L兄，反映此一情況，隔了四十年L兄才與筆者透露，他將芝加哥學者反映的函件交潘公。

利銘澤（右）
鄭棟材（左）

但L兄說，這些函件涉及中央當朝上層，非常敏感，報上去或會惹麻煩，有些領導為了自保或保護下屬，留中不發也未可知。所以未必能上達到羅青長或周恩來之手。

潘靜安也有頭痛的時候。王匡調港，接替梁威林任港澳工委頭頭、香港新華社社長。王擅舞文弄墨，但作為統領香港左翼陣營的主帥，是否洽當，有待商榷。在許多政策策略上，與香港具體環境是否合適，也值得研究。潘往往不認同王的做法，但三大紀律八項注意，第一條就是「一切行動聽指揮」，頗讓潘公苦惱。《七十年代》雜誌李怡與潘公老友，每月最新一期的《七十年代》往往即時放置在周恩來總理辦公桌上，周頗看重李怡，評價不錯。但周公歿後沒幾年，《七十年代》一篇廖公船事件，兼且報導陳慕華副總理專機拒載病號留學生，好了，李怡兄由臺灣國民黨叫李匪怡，改為由共黨大佬定性為「打著紅旗反紅旗」，下令封殺。藍公係出版界頭頭，《七十年代》是他鼓動李怡辦的，忽奉命封殺，深感不妥，頭痛非常。王匡認為藍真封殺不力，在中共香港工委常委會議上，決定要調藍真回大陸。潘公也是常委，也參加會議，但無能為力，只有向藍公吹吹風：「老藍，要有思想準備，隨時執包袱。」藍公是福將，也好命。王匡忽爾出事，奉調回國。這可救了藍公，也讓潘公鬆一口氣。

潘公返京後有詩作贈藍公，最為別緻。而此詩外間似未流傳，特錄出

李怡（右）
藍真（左）

全詩以供各方友好共賞：「他生未卜此生休，『去思』『離思』復何求。三教九流寧（疑「佞」）神鬼，五湖四海傲王侯。貔貅座煞疑文佛，司令搖旗為奪爭；踞躬前後心狠辣，剃人頭亦剃其頭。一任風狂雷雨夜，老夫遠引遂忘憂。」此詩今典頗多，尚幸潘公有自注：「去思，古清官辭歸，鄉民作去思頌，示不忘其德政也。」「去江湖中結識盡五湖四海，三教九流，要求同存異，為國家民族之同。」「文佛亦可諧音文閥，與軍閥之閥同。」「司令有胡司令馬司令，胡塗與馬大哈。」「人事變動離退屬必然規律，何苦不能容人？」「遠引二字十分重要，遠走他鄉免礙乃公之清閒與清貧。」乃公是誰，圈中人當明所指，圈外人說了也是白說，正所謂「不足為外人道也」。潘公跋云：「一九八三年有所悟，北撤永定河畔誠得計之極，不礙舊友亦毋礙乃公事，徹底退出江湖，自得至樂，並號『子固』，配『君子固窮，小人窮斯濫矣』之意。」「在歷史軌轍中，一個小人物一生只能盡可能的一點責，滄海一粟，太倉一粟而已，何足縈懷！」（一九九〇年一月十五日在香港錄舊作）

一九八二年，羅孚出事。作為中調部駐港負責人的潘公，或受牽連，奉調上京。幾個月前，筆者親口問羅公（孚），羅案中潘有否打甚麼報告，羅明確說沒有，再問潘公調京，與羅案有否關係，羅公說有些關係，但也有諳知內情者說沒任何關係。這些對我輩局外人是無法搞清楚的。反

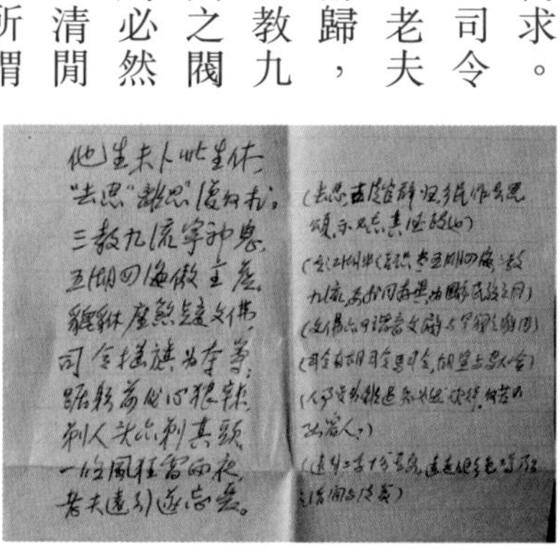

潘靜安詩贈藍真（局部）

正潘公必須聽命回京是改變不了的現實。

潘公曾明確說「香港是我的故鄉」（見一九八五年十二月二十三日致翟暖暉伉儷函）。生於斯，長於斯，戰鬥於斯六十多年，實在捨不得香港。但軍令如山，不得不從。潘公只好收拾摩星嶺道六十四號銀行宿舍三〇一室家當，準備撤退上京。潘公將自藏好些擺設的古董彩瓷，捐贈與中國銀行（嘗陳列於中銀新廈六十七、七十樓），而平日所用那一大套古色古香的酸枝家私，以三千元之賤值，半賣半送讓與藍夫人李蕙的清水灣製片廠作道具之用。

潘公廉潔奉公一輩子，兩袖清風返京，李俠老說「除了一部室內冷氣機，全是舊衣物」，俠老送他一些近代名家書法以壯行色，也都給退回，反贈俠老一件太湖石。潘公知交裏頭銀行界頭面人物眾多，有錢佬也多，有友好贈以財帛，雖出於好意，潘公辭不敢受。潘時常提及李世華，李的千金上京看望潘，贈以銀兩，雖是世交，潘也婉拒。甚至返京後，一九九六年三月同志老友藍真匯上二千元孝敬老人家，潘公不知何人所匯，拒絕收款。及後收到藍公賀年片言及，始釋疑團，並去函藍公道謝，囑「以後不要再客氣了」。（藍真《談潘靜安》，二〇一三年六月十日）

且說一則小故事，以覘見潘公不願返京之心態。原在中共中央辦公廳、人大常委辦公廳工作的羅植南剛調到香港中國旅行社，潘公帶羅到鑽

李俠文

石商會大廈二十一樓集古齋辦公室拜訪彭可兆，彭公在二樓門市部招呼客人，剛巧不在二十一樓，潘對小杜說，我要返北京了，他日死後，我的心願係將骨灰撒在維多利亞海峽，你同羅先生將我的骨灰帶回香港安排。言外之音，足見其心願絕對不想返北京，潘公以香港為家，為終極地。再扯遠一點，潘公撒骨灰一舉，或師承其老闆周恩來。周深知毛公熟讀《資治通鑑》，學劉邦、學朱元璋，建國後誅殺功臣，迫害異己，晚歲更走火入魔，疑神疑鬼，天威難測。與其留屍骨有待鞭之虞，不若化整為零，燒成灰燼，灑落神州大地（由潘公上司羅青長執行），免他日或再受辱。而潘公也學周公，所不同者係灑回香江。

潘公早歲搞金石書法，但二十二歲已擱筆醉東風了。七十年代末，潘公到集古齋找彭可兆，謂身懷篆刻藝術擬找年輕人承傳，讓彭公找集古齋中有興趣者傳授其藝，在集古齋開篆刻班授徒。這個班有徒弟八，一男七女，稱七仙女。習印要先通書法，潘公平日甚忙，他認為翟暖暉太座錢靜嫻大姐的隸書，得馮師韓真傳，深具法度，特請錢大姐先授隸書一兩年，潘再教刻印。齋姑大都係師奶，家務繁忙，能交出功課的只有杜小姐和黃港生。

潘較看重有交功課之女弟子杜小姐，小杜係單身貴族，背景單純。從以下一件小事，可覘見潘公或有意吸納小杜效力中調部。有一次，潘公

羅青長

返京前的年初三，領着兩位新來中國旅行社的副總經理羅植南及夫人黃藹玲（由政協調來），潘公邀杜陪同，先在高陞茶樓飲茶，然後漫步至中環舊中和行（都爹利街口），沿途講掌故，如數家珍，言及與王寬誠做沙煲兄弟，在那兒跳樓級，玩泥沙玩大。（王幼時在浙江鄉間，潘公要不是記錯人，就是開玩笑。）路經某巷，近高陞戲院，潘公指某樓宇說，為了營救革命人士，潘兩公婆還做了龜公龜婆，在此處開「雞竇」（妓寨），窩藏文化人，潘公說藏在妓寨是最安全的。也真是忍辱負重，能人所不能。

當日行到都爹利街口要分手時，潘公對小杜說，你跟著「飛公」（年長之飛仔也，潘如此稱呼集古老闆彭可兆）沒有前途，不如去中旅跟羅先生。杜小姐意識到潘公不是普通人，有特殊背景，如果調去羅先生他們那兒，不知道會否要我入黨？小杜即時反應道，我在集古做了這麼多年，只識些書畫，而且只對書畫有興趣，其他事情怕做不來。潘公道，你回家考慮一下吧。以後沒有再提此事。當時的中旅，可不是一般的旅行社，中共的國安、公安、海關等幾個系統都要插一腳到這個單位。潘公或有意吸納小杜入情報機構，為黨國效力，奈何小杜不領情。

潘公還打算吸納另一老友之子入中調部。話說潘公老友《澳門日報》王家禎（後來返港出任《文匯報》黨組書記兼總經理），其公子嘗任解放

集古齋彭可兆

軍特種部隊，七十年代末參加征越戰役，立過大功，活著回來算大命了。後來營商，也相當成功。潘公有意吸納王公子，王堅決不從，對潘說幫幫忙還可以，就是不入局。可見潘時刻留意人材，為中調部吸納新血，可謂盡忠盡責，無愧於黨國了。

以上兩例，均係不聽命者所言。而乖乖入局者，按這行規則絕無宣之於口者，也就無從查考了。但偶有例外，有香港「奇女子」之稱的肉彈明星狄娜（與筆者同為澳門街坊），嘗自爆為中共情報部門效力，一般市民視為天荒夜談。惟據潘公老友L君言，七十年代初，是潘公引薦狄娜回大陸的。潘公嘗與L兄言及，狄娜在大陸周旋於一眾幹部，見都是道貌岸然模樣，很好奇他們是否男人，遂尋機會把房門一關，行文至此，要學潔本《金瓶梅》常出現的「下刪多少字」，否則「兒童不宜」，房門打開之後，狄娜語潘公，證明他們是真男人！潘公當《世說新語》笑談，卻間接讓人聯想到狄娜搞情報工作也相當出位，像性感女星穿蟬翼衣，透明度太高了。

二〇一三年八月八日，二〇一四年五月十八日修訂

王志軍和他的《1979 對越戰爭親歷記》

潘靜安二三事

香港奇人潘靜安在香港土生土長，自幼聰穎過人，九歲習篆刻，十多歲已能寫篆、隸、楷、行各體，兼畫西洋畫，深得名儒稱許。潘二十歲遠遊滬瀆，所為何事呢？潘嘗自道：「其實我那時是要投奔新四軍前身江南抗日隊伍，適時有變化，七七前後斷了關係，只得借住在長輩朋友的家中遷到租界上停留，就以印人身份闖上海的大江湖，當時全國印刻大師輩都集中上海，小人物抱技闖大江湖膽子可不小，居然為大師們看重，加以吹捧。我當時才二十歲，所收集的印都是我十六歲至廿歲期間所刻的，一炮紅起來，尚未開刀賣錢，日軍入租界前我就走回香港了。從此銷聲天際，就說我死了。一九六六年出書更早已刊在廣州報紙上，那麼我死了幾十年了。」「這是一場傳奇佳話，可以寫入小說的。一個人的際遇真奇，機遇不同就形成一生經歷更豐富些。」（一九九九年二月二十六日，潘靜安致翟暖暉伉儷函）潘公一九三八年加入共黨，他突然「銷聲天際」是返香港出掌八路軍駐港辦事處機要部門，協助廖承志工作，香港淪陷間，又受命營救出大批文化精英、民主人士及其家屬，貢獻殊深，甚得周恩來器重，

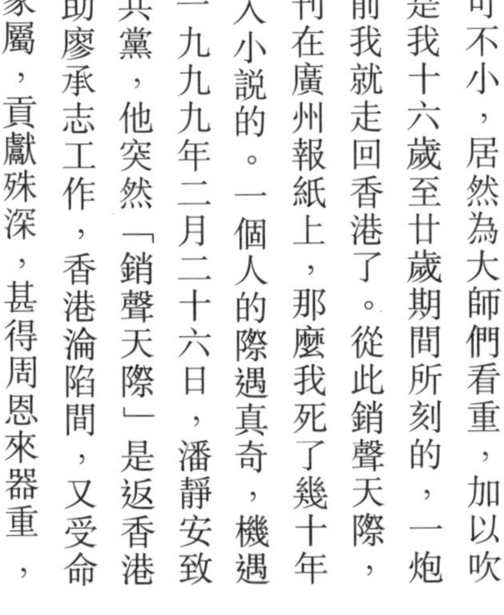

潘靜安與丁聰在六屆政協五次會議

被授予模範共產黨員稱號。（詳拙文《記香江潛龍潘靜安》）而潘公這段輝煌業績，歿後始漸為人知。

一九三八年潘靜安突然「銷聲天際」，滬上藝壇自然當潘氏早歿。所以一九七四年馬國權編《廣東印人傳》，收已故廣東印人，而馬公不知潘貞干即潘靜安，尚健在香港，也把潘收入書中。潘公拿著《廣東印人傳》去集古齋找彭可兆，謂馬國權當我死了，我要向世人宣告尚在人間，在集古齋掛牌接件刻印，拿了個「咸豐年」的潤例，取價奇高，又諸多限制，如劣石不刻、點題不應、限時不接之類，還要相金先惠，結果當然沒生意。在集古掛了一段時候也就收攤。七十年代末馬公來港出任《大公報》撰述員，潘公約了《大公報》李俠文、陳凡、馬廷棟及譚觀成、馬國權一起到九龍一家酒樓餐聚一次，活生生的潘貞干就在眼前同枱食飯，讓馬公尷尬不已。但這不妨礙馬、潘成為老友，潘還薦馬夫人阮淑貞（早歲女拔萃高材生）入中銀任機要職務。有次馬公訪潘走後，潘叫弟子集古齋杜小姐代刻一印「國權無恙」送馬公，先起印稿，然後才下刀刻。再扯遠一點，八十年代廣州博物館長謝文勇撰《廣東畫人傳》，是本港北山堂利公贊助出版的。書中所收畫家也是已故才入冊，而其中有不少畫家其實尚活蹦亂跳生猛非常的健在香港。粵港相鄰，而消息不通者如此。七十年代中央文件也曾把仍健在加拿大的張國燾當「已故」。大抵官民都是不管人家

五十年代潘靜安與夫人
韓琪合攝於北京頤和園

死活。

潘靜安長於篆刻兼精於書法，但惜墨如金。幾十年間祇題寫幾家招牌，如：南洋商業銀行、寶生銀行、新光戲院、中銀集團保險有限公司、星光書店。李怡兄創設天地圖書公司，請潘公寫「天地」二字為招牌標準字，潘集王羲之所書「天地」交卷，說這寫得比我好得多，潘公或不想灰調子的天地染紅也。

潘公對晚輩時有照顧。有一回，潘打電話去集古齋，叫小杜送回他所寄賣的一方大西洞巨硯，這方疑似老坑像砧板那麼大，手感極好，觸摸冰涼透心，小杜奉命抱著這重物到中國銀行，一條氣的送到潘公面前放下，潘說：「小杜，送給你，你拿回家吧，有需要時可以賣掉它。」小杜說聲多謝！高高興興抱回家中。過了不久，日本古玩商張允中到集古齋擬購墨硯，看來看去都沒有滿意的，接待張的胡佳塑想起潘公送給小杜這寶貝，帶張去杜家觀賞，張一看就喜歡，胡老勸小杜出讓，胡代杜作價五萬元，張沒有還價，立即成交，小杜按慣例付集古齋手續費，然後拿這幾萬元，作首期購置黃埔花園三十餘萬元的小單位樓花，如今總算「有瓦遮頭」。潘公對小杜恩重如山，小杜感激潘公一輩子。事後胡老對小杜說，放在公司這麼久沒人要，送到你家就有人要，好像命運安排。

潘公是中共中央調查部駐港負責人，身份特殊，平日談話，貌似輕鬆

潘靜安題「南洋商業銀行」

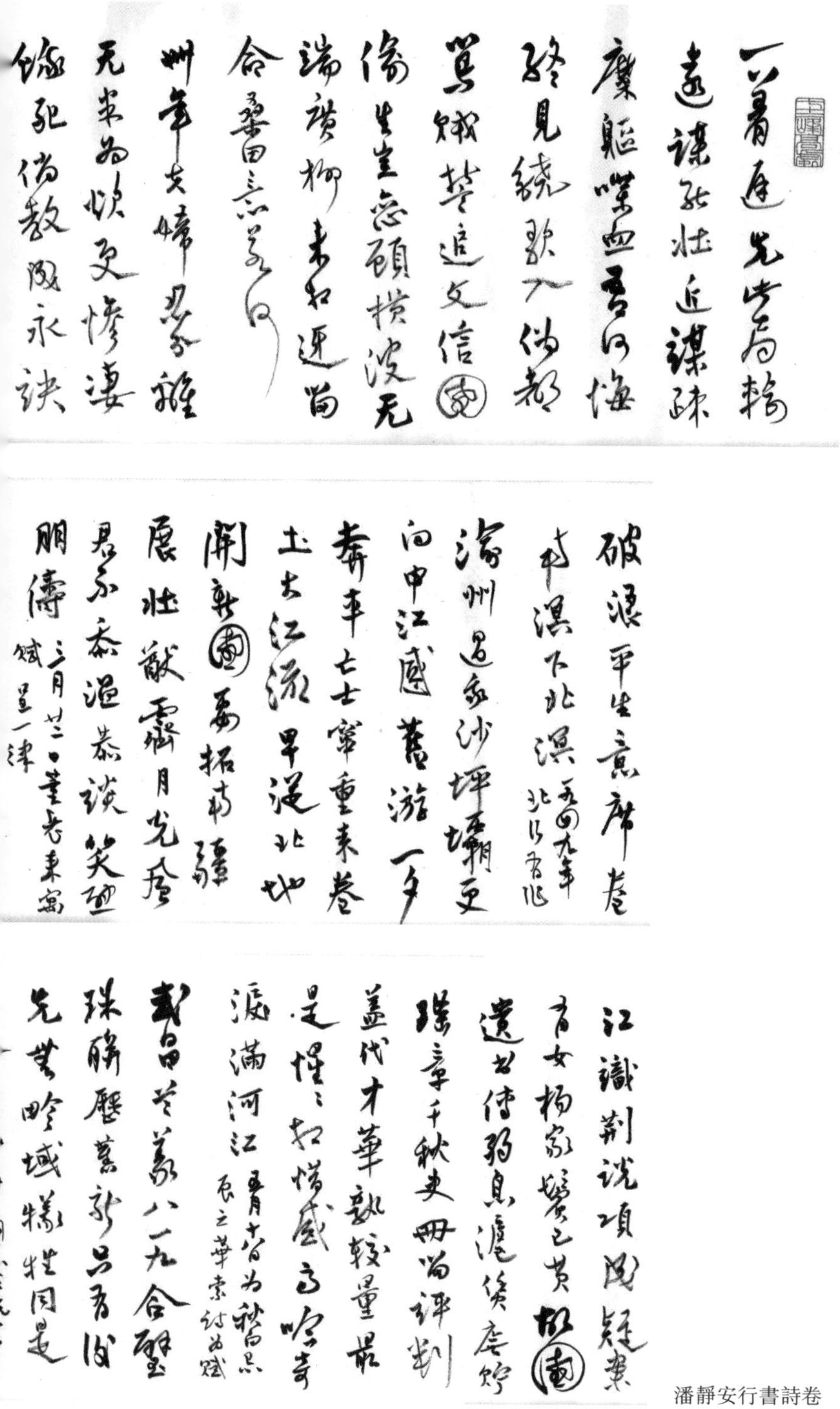

潘靜安行書詩卷

麗藻怪敢和櫻劫
餘何遣日舟流覽
圖中原共紀生南海
波濤吳實另西山薇
蕨伯東籬垂淨七旬
孤帆泊倘各書嫁狗
父來黃粮無利百
驚憂中道逢迎艓
艤舟猶惜江湖濶
俠子只知何處是名
滙　一九四二年流亡雜詩
年三齡萬里穫苗途
真喜向光明乘式歸

詩史自推功一首入閩
更紛法之存旌旗早
樹淮陽幟山水遊容
嚴武量儒侶名園欣
一揮長驅指白渡長
江　一九四九年五一游園時值
攝影得畢支偉賦贈
悲歌易引衣冠白幽
首秦庭哭土黃勞力
還下吾疏桀定能織
錦汝成章粒了最春
中華化身廻同歸
熱血量家緒今明宜
破浪紅旗志懈渡長

天增歲月人增壽春滿
河山洗甲兵元旦壹紅
萬事吉今年先遣下
東寧中山衣鉢易源深
實踐猶紛迎九洲之貴
昭王臺畔住千金駿骨
敢耽求　一九五一年元旦
錄柳亞子先生詩箋
干首時一九六四年四
月五日於香島客
振寧王老先生
潘靜安

誌人王振寧先生肖猶老蘚收藏古墨以為人之我之行跡也家府遺稿未遂小酌後索於書樓初年時寄有而於此詞以流之江海棄置篋戴年仍書於便聊用塞責耳　潘靜安又識

幽默，實際內心如何，誰人曉得。但其談話，弟子都說虛虛實實，「稟神冇句真」。潘公內心世界，對許多事物，有自己看法，但又不能暢所欲言，應該很痛苦。有許多時候召杜小姐去中銀大廈十二樓，談天說地，月旦人物，數這個，罵那個，一吐胸中鬱悶之氣。潘公談次間對許多人有所不滿，在杜小姐聽來，覺得怪怪。杜小姐背景單純，嘴巴密，也聽不大明，反正聽完，可以走了，但甚麼都沒記住。到如今，潘公說些甚麼大都忘了，其實當時已經是左耳入右耳出。潘公總不能對著空氣說話，杜小姐就做聽眾角色了。杜說潘經常欲言又止，似苦悶非常。能不患上抑鬱症就算萬幸了。

潘公也有幽默的時候，喜開玩笑，有次叫篆刻班諸生徒到中國銀行十二樓上課。屆時有一滿頭黑髮而樣貌又似潘公的人出來招呼，說今天潘公有事，我是他弟弟，由弟弟代課。大家信以為真。原來潘公戴假髮跟大家開玩笑。

中銀新廈落成，潘公來港，帶領一眾齋姑（集古齋女弟子）參觀新行寬敞的會客室，壁間懸掛許多領導人題字，潘公很坦白的對大家說：「嗱，這些領導人的字，沒有一個睇得，最衰李鵬手字，見不得人。」中銀各層樓布置，擺甚麼書畫合適，中銀幾個頭頭聽潘公意見。潘公對賴少其有偏見，吩咐他們千祈不要掛賴的畫，說他的畫那裏是畫。潘公眼界很

潘靜安在中銀新廈
落成典禮上

高，上課談到齊白石，照罵齊旁門左道，有厘斯文。這才是藝術家脾性，真情盡顯。

潘公返京後與港友好時有通訊，所以遺留不少信件，這些信件是了解潘公生平、對事物的觀點態度、做人旨趣的重要參考資料。

例如潘公返京三年，一九八五年十二月二十三日致翟公函中，就透露出若干在京無奈實況：「弟處第三世界，（北京就屬第三世界）尚無賀年帖之習慣，亦無從去印刷購買帖子。」不要說潘公，京華出版業鉅子范用當時也有此喟嘆。潘公此函還有一段：「江南才是中國文化中心，北京僅為政治中心。」接著潘公對京華的官僚習氣實在看不慣，再發牢騷說：「且京城為幾代帝皇之地，故宮所在地，洪憲皇帝、溥儀皇帝之所。各種官僚習氣、封建習氣烙印深重，殊少新鮮活躍氣氛，與香港敏感地帶不同。弟處其中如在深山大澤間。加之冬季嚴寒，出門維艱，只有隣近幾家老人偶通電話，或幾個月才過從一次。確是清靜無為之境。」字裏行間，充滿無奈。嗣後潘公提及訪唐山，在唐山陶研所請回一尊彌勒佛像，置諸案頭，朝夕雙對。佛像附一對聯云：「大腹能容容天下難容之事，慧眼長笑笑世上可笑之人」。真是潘公的最佳寫照，難怪潘公說：「如此心境確屬超脱之妙！」

甲子前夕，潘公手書便箋與小杜，頗能反映出其返京後無所施其長之

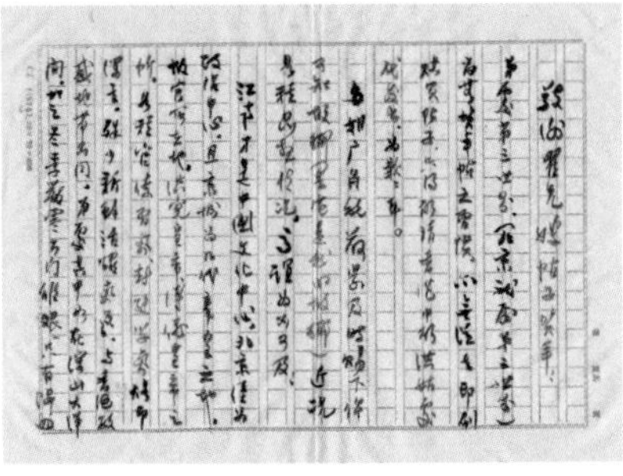

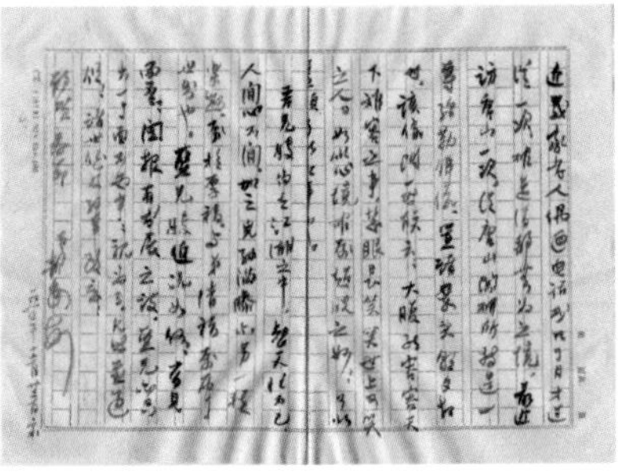

潘靜安致翟暖暉伉儷手札，1985年12月22日

無可奈何心境。「宋時邵堯夫居洛四十年，以寢息處為安樂窩，自號安樂先生。讀書達旦，則焚香獨坐。晡時飲酒三四甌，大寒暑伏居不出，出輒隨意所之。曾有句：莫道山翁拙於用，也能康濟自家身。又有詩句：平生不作皺眉事，世上應無切齒人。於今時移世易，此時此境，已不可能再得矣。」這可是潘公借古喻今的自況啊。

一九八四年七月十四日，潘公致翟公函提及「施將軍展覽將於何時舉行？屆時當一新耳目，盼到時給發一請柬為感！」這幾句話說得客氣，讓施將軍（翟公女婿施雲作）很不好意思。事緣施辦《現代軍事》雜誌，八十年代初在上海辦軍事展覽，相當成功，繼而思進兵京華續辦，惟一拖年餘，無聲無息。施托潘公與有司打個招呼，不出數周，馬上有回應，且接頭者言明潘部長已關照。及正式舉辦時，潘已返京，無官一身輕，但潘對自己促成之展覽也想一觀盛況，始在信中提及。展覽開幕，冠蓋滿場。施將軍忽見潘公入場，忙趨前招呼，潘公揮手止之，叫施招呼其他貴賓，他自己看好了。施年輕人，也沒在意，招呼其他人去了。讓潘公拿著文明棍踽踽獨行，觀看展覽。隔了幾十年，施將軍不無後悔道，我真傻，當日應該陪潘公看，一一介紹展品。沒有潘公，這個展覽是辦不成的。

潘公奉調返京，不甘於頤養天年，仍關心港人港事，尤其關注九七回歸大事。曾數度來港澳，與老友歡敘。當時尚健在的老友俠老、廖、藍、

翟暖暉伉儷，1981年

許、模諸君，與潘公「幾十年憂患與共，長無相忘」。潘公在京是政協代表，常外出旅遊視察，遊張家界、武夷山、湖南、湖北，也撰有《中原遊詩草》，一吐胸中塊壘。但正因為到處考察，在少數民族地區吃了些甚麼食物中毒，人家有抗體，潘公沒有，毒入血，毒到那兒壞到那兒。潘公在一九九一年十月二十八日致翟公伉儷信中有所透露：十月隨老人隊（包括覃異之、吳祖光、馬大猷等等）去廣西南寧、桂林，到那兒少數民族村落考察。本來很高興，有詩為證。「最難風雨桂林遊，龍勝瑤鄉正晚收，淡粧陽朔疑雲夢，點染江山愧白頭。」但高興得太早了，吃方面問題不少，「可午飯仍然各式怪飯，如野麻蜂蛹等，有不少是沒見過的，當然也有狗肉、蛇湯。」後來又去興安縣靈渠附近山區，「又吃了一次民族火鍋，更怪飯一頓了。那是十月十六日中午，結果回到桂林『七星飯店』，當夜近半數人肚瀉了，我也在其中，我一天拉了九次，可難過的。」潘不敢再跟大隊去蘆笛岩了，趕緊返北京，謂「休息了一週已恢復了，未致大病，尚算幸運」云云。其實已然中毒。到次年十月十日，潘公又有一致翟公伉儷信透露：本擬九月入院為前列腺膀胱開刀，「不料八月廿一日因低燒急診住院，發現是感染性心臟內膜炎，比較危險。至今已吊瓶六十天了，每天兩次。兩手背全是針孔，又轉移到腳面扎針，而且發炎。」後來「由細菌性心臟內膜炎發展為心力衰竭大面積心肌梗死，病情反覆，纏綿牀席

潘靜安在北京靜居與
友人合影

……」（見一九九四年一月十三日致翟公函）總之折騰，也就顧不到膀胱前列腺開刀一事了。潘公入院一住八載，俠老說心內膜毛病，不易治療。一說潘公不知是否從前在香港喜吃肥叉燒吃得多所引致。

潘公長年住醫院治療，偶有吟詠。如一九九五年十一月寫有：「臥病三年餘，心內膜殘缺，成不治症。秋來，能無秋感，口占兩段：『心殘腦未殘，忍死須臾間，故舊多歸去，空谷雨潺潺。』『久病從知摯友真，西風斜照欲歸人，室內海棠茁新葉，為迎春雪奮精神。』」潘公跟著欣幸自己「安全降落」：「所幸留得兩袖清風，『一人世界』，胸懷坦蕩，浩氣猶存。」又不忘為黨國說幾句好話：「晚逢淑世，大局剛毅，集體得人，國力日盛，國運以隆，港澳回歸，雪恥在望。」繼而罵幾句反動勢力「幾隻蚊蠅……終歸沒滅」，然後感喟年華老去：「吾儕老矣，幾經滄桑，蘇武自持，歷史自珍」，繼勉後生小子：「德才雙修，端賴後輩。君子貴內秀，曖曖內含光。願與諸兄共勉如何。」這葉行書詩札原件不知何所，影印本則在其弟子與友朋間流傳，另有一幾大同小異之件係致翟公伉儷，錄此用昭其心蹟。

還有一紙影印本，也是在友朋間流傳的，先寫一隸書七言聯：「繼絕學小生愧負，步前武老朽何堪。」繼以行書自注：「余生於香港，幼癖金石訓詁，旁及詩詞書畫。時海內外大師賞以『絕學延緜或可論』，獎藉

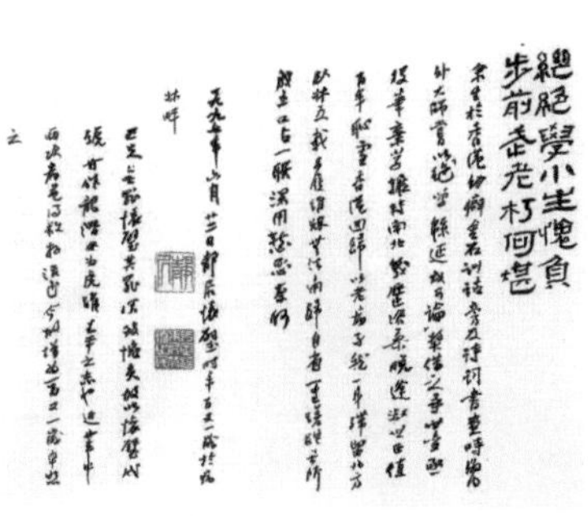

潘靜安書：「繼絕學小生愧負，步前武老朽何堪。」

之。尋世變亟，投筆棄學，輾轉南北，幾歷滄桑，晚逢淑世。正值百年恥雪，香港回歸，以老病孑然一身，滯留北方，臥牀五載，步履維艱。無法南歸，自省一生蹉跎，無所成立。口占一聯，深用慙恧，奈何！」繼署「一九九七年六月廿二日靜居懷璧，時年百又一歲於病牀畔。」怎麼潘公忽然百又一歲呢，原來有下文，幸潘公有附注：「匹夫無罪，懷璧其罪，深致愧恧。故以懷璧代號。甘作龍潛，毋為虎躍，生平之志也。近廿年中兩次病危，得救存活至今，故增為一百又一歲，幸恕之。」這份概括一生的夫子自道，係潘公應中銀內部刊物《中苑》所作，而影本流傳於弟子友好間。

潘公能賦詩流傳，較之於其老闆周恩來，幸福得多了。周偶也寫詩，但每每寫完輒撕得粉碎丟掉，不留片言，也是怕詩言志足以賈禍也。潘公所處時代，相對文明些了。

潘公當年搶救的文化人中，丁聰是其中一位。潘來京後與丁聰老友，政協開會間要求同房，方便交談也。潘公住院八年間，丁聰夫人沈峻常加照顧。沈峻每星期從西城寓所，騎單車去到東單大華路一號北京醫院北一樓一〇五房看潘。潘喜歡吃牛尾，沈峻就燉給他食。有幾天不去，醫院的人就說怎麼家長不來了？沈竣常去，連醫院的人都知道她外號「家長」。有時候沈峻幾天沒去，潘來電話找丁聰，說不是催沈峻，但是丁聰聽完

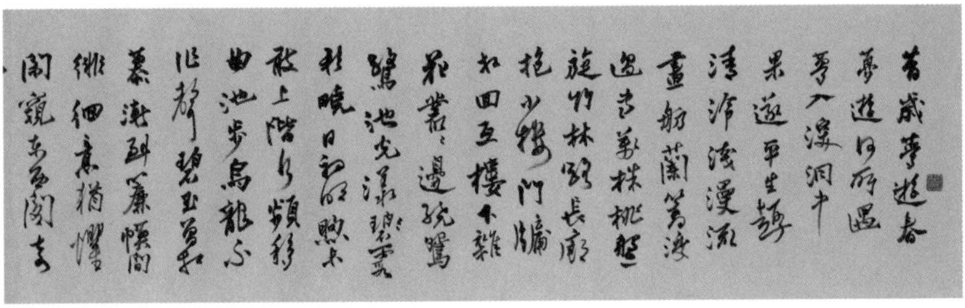

潘靜安行書元稹夢遊春卷贈金堯如（接下頁）

電話，就叫沈峻去吧。沈峻有一次看潘，遇到安全部門的人，遞名片與沈峻，說有甚麼事可找他。沈峻說，我才不找他呢。沈峻也跟筆者說潘是周恩來直接領導的。亦提到大概羅孚出事，潘公也被弄回來調查，最後不了了之。（沈峻口述，二〇一二年六月二日）

潘公平日很少講及其家人，這裏費些篇幅，談一談潘公的家人。潘公在一九九七年四月六日致翟公伉儷信中透露：「我的弟妹全部出生於香港，是荷李活道的土產。我的祖父死在香港，父親母親都死於香港，墳地無從尋覓了。日佔時不知鏟到哪兒去了，可能是現在的薄扶林新村一片地。」潘父潘健康早歲參加革命，後從事教育事業，香港淪陷間失蹤，一說係去西貢聯繫游擊隊時犧牲。（見何銘思《深切懷念潘靜安先生》）遺下兒女十二位，長兄潘公負起照顧之責，並一一導之以參加革命。潘公在一九九七年五月三十日致翟公伉儷信中透露他自己一九三四年已投身群眾運動，「而且全家父母妹弟在三七年前後全部投入」，真是革命之家。「父死於日本兵之年，弟妹紛紛投入國內工作，只留下第十一第十二妹，在全國解放後回國入了大學。」潘公弟妹眾多，港人更是非常陌生。茲舉潘公四妹潘淑均之事蹟可覘其餘弟妹。潘淑均（一九二七—一九九七）十五歲「一九四二年十月參加革命，在香港地下黨的安排下，先在九龍及大埔區公所從事地下工作，一九四四年十二月至一九四六年六月，在廣東

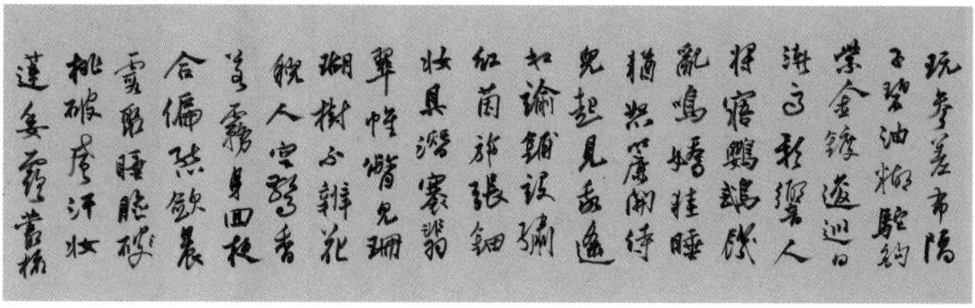

人民游擊隊東江縱隊司令部、香港地下新聞臺任報務員，一九四六年六月至一九五四年十二月，在中國人民解放軍山東軍區司令部調研室、華東軍區司令部二局、公安十六師政治部任秘書、機要秘書；……」「潘淑均同志對黨對人民一貫赤膽忠心，在其父兄的引導下，她十五歲就走上了革命的道路，在充滿艱難險阻和白色恐怖的戰爭年代，她不怕犧牲，出生入死，南征北戰，機智勇敢地和敵人作鬥爭，為中華民族的獨立和解放作出了不平凡的貢獻，把自己美好的青春獻給了中國人民的解放事業。」（見《潘淑均同志生平》） 潘公七弟潘大煒與乃父一樣肥肥矮矮，在香港英華書院讀書（與司徒華同校），後回國攻讀冶金，著有《國外鋼板生產技術》等書。傳聞大煒公子係行為藝術家潘星磊，一九九六年回歸前在銅鑼灣維多利公園向維多利亞女王銅像潑紅漆，一潑成名。而潘公當時繼母尚存，「於今繼母尚在廣州也九十四歲了。仍能獨立生活不依靠子女，是國家優撫。為全國當然也為香港回歸做點事的。」而潘這些弟妹都分散在全國各方，「從東北瀋陽，到上海、福州、洛陽、武漢、廣州、北京，包括珠海、深圳，分散得可觀。近年上海妹妹中風了，武漢妹妹癌病在醫院了。都老了，弟妹都分別離退休了。」而潘公自道「我這個老大正從容就義中，還可看到香港回歸是萬分幸運啊！」

潘公夫人韓琪，相濡以沫，撤離文化精英一役，夫人也共同參與，

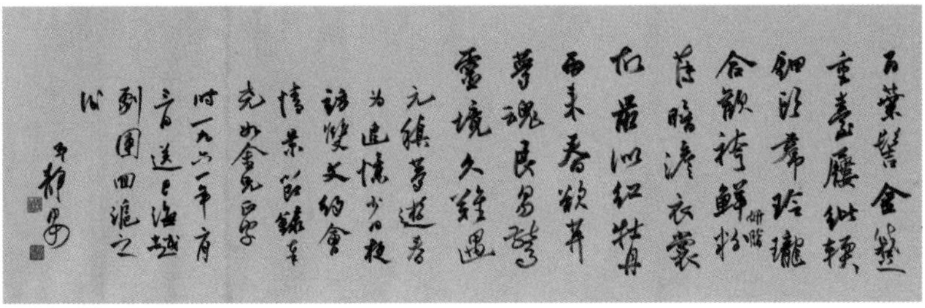

過於操勞，得了肺病，長期住院，潘公也長期陪侍在側。及一九五八年潘公調港不久，夫人病危，潘公因證件沒法北返照顧，旋告病卒，到返得京時，早已人天永隔，變成奔喪了，抱憾終生。在京祗停一周，即返港戰鬥。而亡妻遺下一張平時所用的棉被，潘公一直保存自用，從不更換。（俠老文章透露）此後沒有續絃。潘公嘗刻一朱文長方印：「風流惹恨多」。曾有友好作伐，介紹某花旦為繼，潘敬謝不敏，以鰥居終其下半生。潘公對未能見愛妻最後一面，非常無奈，嘗謂：「位卑未敢忘憂國」，一切事都是次要了（見二〇〇〇年一月三日致翟公函）。一九八二年奉調返京後，住所玄關處懸掛夫人遺像。翟暖暉千金翟惠洸上京登潘寓造訪，一進門潘即指著照像對惠洸說，這就是婆婆，讓惠洸深為感動。潘對夫人感情甚深厚，以他飄逸的書法寫了許多懷念亡妻的詩卷。但文革間女兒卻把潘公這些情深意切的懷妻詩卷和其他珍藏的書畫文物，認為是封資修之物，沒有問過潘公，就拿去燒燬，真是氣死潘公。又潘公嘗刻一朱文方印：「一九五八年十月十三以後」，此日當是其亡妻忌日，大抵鏤諸金石，以誌不忘。

筆者來自澳門，而潘公與澳門關係頗深。早在上個世紀二十年代，潘公才十三四歲，已隨香港文化圈的活躍分子杜其章赴澳門。此行目的係為內地水災籌募賑款，杜得澳門賭業鉅子支持，下榻中央酒店（八十年代

潘靜安刻：「風流惹恨多」

筆者家父曾接手經營，易名新中央）。杜其章是西環裕茂行老細杜四端侄子，杜氏家族雄於資，許多文化活動，甚麼畫會之類，都是由杜其章贊助，故杜係香港畫會之類組織的會長。而共黨辦活動不方便出面，也是由杜出面申請舉辦或租借場地。例如一九三六年左右成立的「中華藝術協進會」，杜掛理事長名，李育中與吳華胥（吳康民父）才是實際負責人。（見李育中《我與香港——說說三十年代一些情況》）杜也擅書。潘幼時已書法了得，有「神童」之譽，而另一「神女」則為鄧梅孫，清季名御使鄧承脩鐵香之孫女，書法家鄧仲果千金也。本港耆宿大千弟子李喬峰早歲曾見小小的鄧梅孫即席揮毫，圍觀的大人們稱譽有加，在當日也頗有名氣。鄧承脩在清末係有名的鐵御史，書法秀硬通神，其行楷有似方筆伊秉綬，在當年很受歡迎，鄧爾疋早歲行楷就受其影響。筆者去歲在京師拍場投得鄧承脩二件小冊，都是每冊幾十萬下摃的昂貴小冊頁，證明現在仍受藏界重視。鄧仲果繼承乃父風格，而鄧梅孫也曾沿襲，後一改為寫顏體。小潘陪杜其章拿著這鄧家父女的書法作品，到澳門各店鋪義賣，更重要的捐款對象，則為煙花地福隆新街妓館的嫖客，往往一擲千金。而潘則為義務勞動，僅免食宿而已。但據潘公後來寫的《澳門雜記》透露：杜「以慈善家的面目出現，其實所得多中飽私囊，僅以少數款項賑災。」潘公應不會亂說。賑災籌款，昔日已如此，今則尤烈，大家不必大驚小怪來彰顯純情。

杜其章

香港淪陷間，潘公撤退文化人，有一條路線是經澳門，到廣州，再轉韶關。路上也是關卡重重，危機四伏，潘公都能從容鎮定，安然闖過。

潘公也長於攝影，抗戰勝利後，潘參加「六二〇」攝影團，應澳督之邀赴澳門議事廳辦攝影展。又到澳督府為澳督拍照。（三十至五十年代，香港一班攝影發燒友，每朝由港島乘船到九龍，趕最早班開六時二十分的火車去沙田、大埔，拍攝鄉郊晨霧景色，被稱為「六二〇部隊」。）

五六十年代以迄九十年代，潘公也常到澳門，離休前他是港澳工委常委，澳門也歸他管的，而且老友多，柯麟柯正平昆仲，都是幾十年同志加兄弟。赴澳有時就在柯正平府第作居停。而與澳門日報王家禎、李成俊、李鵬翥，星光書店林苹，也是數十年老友。李鵬翥丈謂潘公毫無架子，平易近人，與他談文論藝，如沐春風。潘公有時也到澳門治病。

二〇〇〇年潘公再病倒，讓來訪的世侄楊偉添筆錄覆信與翟公：「十一月十五日出了大事，從安靜的書齋，弄進糊裏糊塗的環境裏頭，居然被人強迫我去返老還童。現仍在病牀裏，每天五六個小鬼折磨，把老頭殘廢身心恢復。我現住的房間是八一八，自嘲為八一八怪物。唉，真難啊！你丟了太太沒幾年，我丟了四十多年，本來安安靜靜、乾乾淨淨的去世就好。但怎知現在給醫生搶救，要重新做人，真是莫名奇妙！年紀老，九十多歲，走了就算，何必要保留，此等怪事，勿再談了！將來如真『復

柯麟（左）與潘靜安（中）、柯正平

生』能起來講話再談清楚吧。」（二〇〇〇年六月二十六日）這可能是潘公最後一封信，他自己沒法動筆，請楊君幫忙筆錄，連姓名都由楊君寫上，後來潘公在姓名旁邊勉強簽個名，用昭敬慎。但潘公終未能復生，也沒法再談清楚。不足一月，潘公與愛妻相聚了。

二〇一三年八月四日，二〇一四年五月十八日修訂

潘靜安

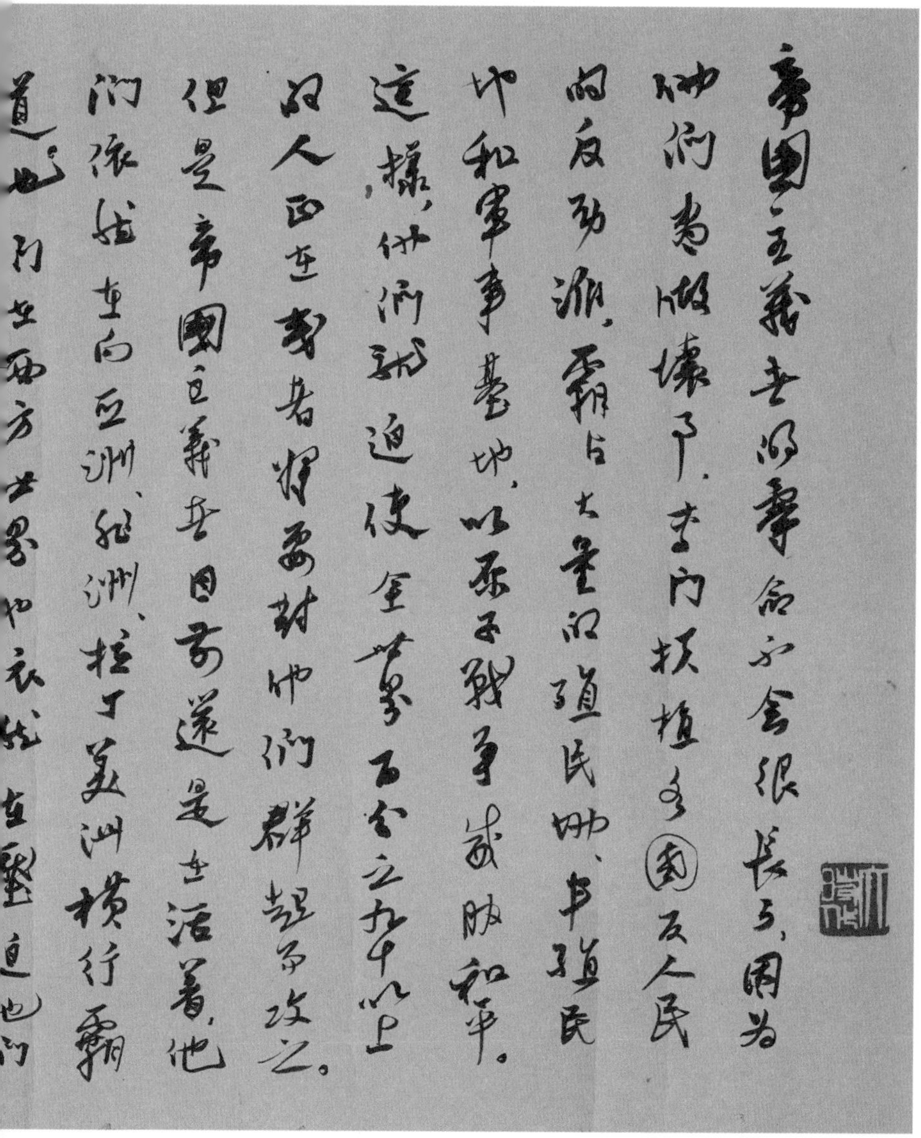

潘靜安行書毛澤東語贈費彝民

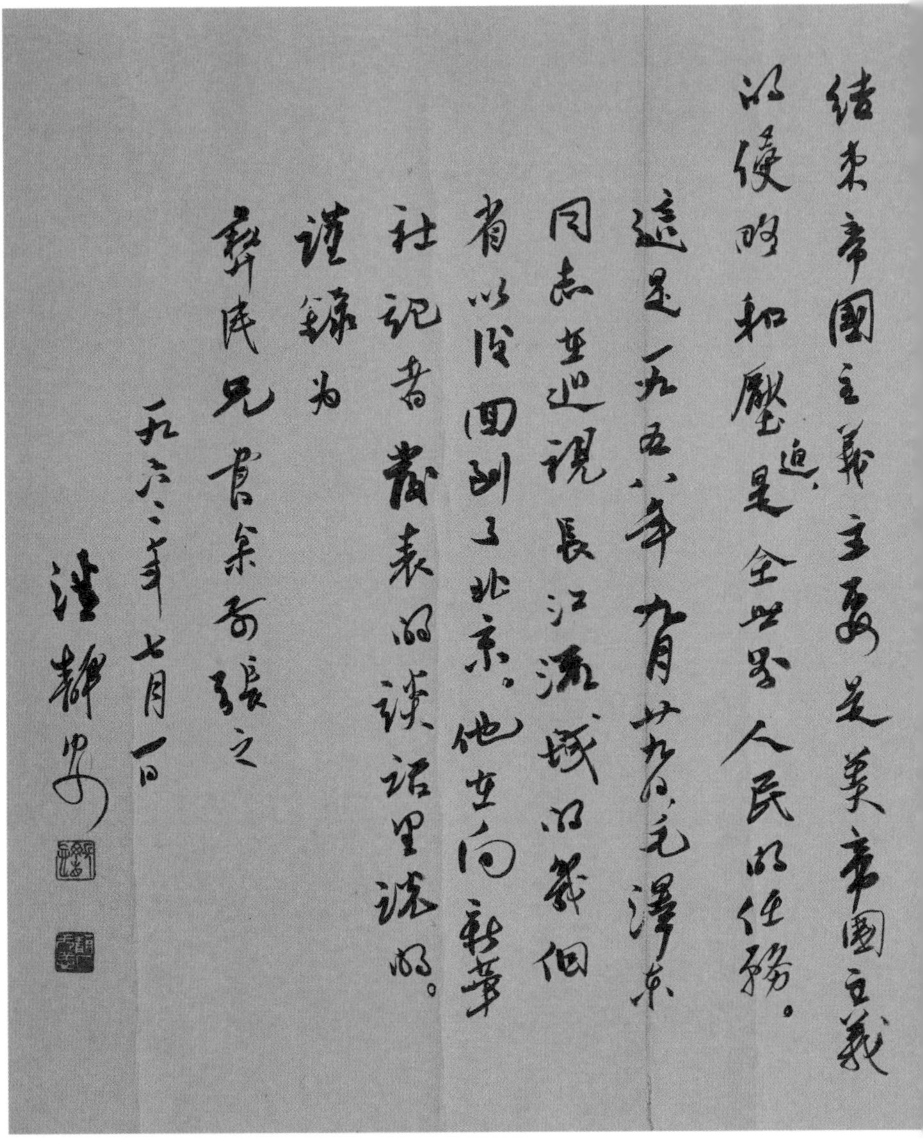

结束帝國主義主要是美帝國主義的侵略和壓迫是全世界人民的任務。

這是一九五八年九月廿九日毛澤東同志在巡視長江流域的幾個省以後回到了北京，他在向新華社記者發表的談話裏說的。

謹錄為

靜儂兄賞余奇張之

一九六〇年七月一日

潘靜安

潘靜安攝影作品《在她上面寫下線條》

神醫柯麟

《水滸》是話本小說，語言有欠雅馴，舊日人家甚至不許孩子過早閱讀，是怕兒輩沾染草莽氣。但奇怪的是，對詩的評騭本是風雅的事，卻有以《水滸》人物作為譬喻的。乾嘉之際的舒位有《乾嘉詩壇點將錄》，近人汪國垣有《光宣詩壇點將錄》，現代錢仲聯的《近百年詩壇點將錄》乃至時人劉夢芙的《現代詩壇點將錄》，都是以《水滸》人物作比擬，從而想像出詩人的風神。這做法讓草莽英雄嫵媚了，風雅了。有時令人能舉一反三，領略到歷史上對詩人評論有所未到之處。

此外，也有把《水滸》人物施用於政治上。遠者在明代就有《東林點將錄》，而近者就有張恨水在寧渝兩地寫的《水滸人物像贊》，這兩者都可說是別有用心的筆墨代表，但這兩者卻沒有甚麼驚人之語，倒是我們的太祖高皇帝，能以一句「宋江要架空晁蓋」，這一句話，不止是金聖嘆為之頓失精采，也讓所有《水滸》評點為之失色。也由此一語，令四海翻騰，五湖雲擾。這真是把《水滸》人物聯繫政治的典範，但也暴露了發動「文革」的動機，只是個人權力爭鬥，而不是甚麼「反修」、「防修」。

柯麟

毛公是以出於個人權勢的鬥爭見解，施之在特定的政治領域上，在這「實踐」過程中形成他自己的那種方法論，那就不在本文深論了。只是他論《水滸》人物特別著眼於權爭，所以只論晁蓋宋江。至於梁山水泊另有救人而不殺人的好漢，卻不為他所著意，大抵神醫安道全是只懂救人而不懂權爭，也更不懂殺人，令充滿權力鬥爭意識的毛氏寧捧白求恩也不提這神醫安道全，那事情不就顯得有道理麼？

但本文要說的「引子」是一位救人而不殺人的好漢，那就是水泊梁山忠義廳排第五十六座次的神醫安道全，這位醫者不爭權位，是只救人而不殺人的。按理，對這「天醫星」的心態作探討，其趣味當甚於宋江、晁蓋兩人的。

日前，承柯耀揚自美利堅舊金山菘港，筆者兩度奉袂，聆其述及族叔柯麟舊日諸事，不期然想到這位澳門老街坊、澳門人視為「生菩薩」的柯麟，不就是梁山泊好漢的神醫安道全嗎？

但柯麟與安道全有所不同，安本來是御醫，是浪裏白條張順連請帶迫，令安道全不得不上梁山醫治宋江，並留下來當這班好漢的郎中。而柯麟呢，他生來就「不安份」，小學時已參加示威遊行，中學階段跟著長他四歲的彭湃「搞搞震」，參加校內反袁世凱的鬥爭。柯麟上大學，更加「不安份」。從來「不安份」的人大都聰明絕頂，柯麟也不例外。且

二十年代中共中央特科
兩醫生柯麟（右）與賀誠

說一九二一年秋，柯麟考入廣東公立醫科專門學校（後為中山大學醫學院），第一學年的學習成績就甲冠全班，攻讀之餘又積極參加校內外各種鬥爭。共產黨人欣賞柯麟的「不安份」，一九二四年暮春，經鄉人彭湃介紹，柯參加社會主義青年團，這就是柯走上梁山的第一步。十月中廣州商團事件爆發，次年「六•二三」沙基慘案，柯麟都有參與其中的宣傳、示威活動。一九二六年夏柯麟完成學業，留校附屬醫院工作。柯麟在年頭轉為共產黨員，也就正式的不落草而為「寇」了，而且更任大學醫科的分支部書記。次年「四•一二」清黨，上海大殺黨人，隔三天，廣東也動手了，黨人大批被捕殺，柯麟上了黑名單，但命大得脱。從此柯麟上梁山泊了。

當時的梁山泊是在漢口，柯與幾位戰友乘英國輪船太古號離穗經滬轉漢口，通過組織安排，柯被介紹到國民革命軍第四軍當軍醫，旋升軍部軍醫處醫務主任。廣州暴動，柯麟任第四軍第二後方醫院副院長，任務是搶救傷兵。後暴動失敗，柯潛往澳門再轉赴香港，與葉劍英蟄伏在大埔墟某屋半年，後同赴上海。而後葉去莫斯科學習，柯參加中央特科（一九二七年十一月黨中央成立的政治保衛機構），改名柯達文，與賀誠（改名賀雨生）在威海衛路春萱里弄最後一幢三層高的小洋房合開達生診所，作為黨中央機關的聯絡站。五個月之後這家診所關掉，柯、賀分開，柯到法租界

中共中央特科領導人周恩來（右）
葉劍英（左）

北四川路五洲藥房掛牌行醫，作為中央特科的交通站之外，也給中央大員診症，徐向前、葉劍英、楊尚昆等人常到這兒由柯治療。柯麟已儼然是梁山好漢的神醫安道全了。

而此時發生了白鑫一案。白鑫是湖南常德人。黃埔軍校四期生，中共黨員。一九二九年初在上海任中共中央軍委秘書。時白色恐怖厲害，黨人叛逃頗眾，白鑫有表弟在海陸豐叛逃，被彭湃下令處決，白鑫求情未果，遂對彭生異心。白通過哥哥關係，投靠國民黨上海市黨部情報處長范爭波，范要白戴罪立功，要求抓彭湃。時彭湃奉命到上海任中央農委書記、江蘇省委軍委主席，而白鑫此時正好擔任彭的秘書，熟知彭的活動時間地點。八月二十四日，彭湃、楊殷、白鑫等五人開會，因白鑫密告，遂一網成擒，九月十三日彭湃、楊殷等人被槍殺。周恩來命特科陳賡要消滅白鑫以絕後患，陳賡令柯麟參與此一行動。

白與柯在北伐時曾是同事，白不知柯是黨員，只知他是醫生。白當時正患瘧疾，找他熟悉的柯麟治療，自投羅網。白求診露了行藏，柯大義當前，參與了殺白的行動，但柯不必親自動手，只發蹤指示，由中央特科陳賡安排紅隊七人組持槍擊殺了白鑫。

白與柯是一對正反的典型人物。白鑫是把私怨看得比大業還重，這可比歷史上的羊斟。羊斟是華元的車夫，因華元分羹不均，而對華元不滿，

彭湃（右）
陳賡在特科時期（左）

在打仗時就把載着華元主帥的戰車駛向敵人的軍中，令華元被俘。《春秋左傳・宣公二年》記：「將戰，華元殺羊食士，其禦羊斟不與。及戰，曰：『疇昔之羊，子為政，今日之事，我為政。』與入鄭師，故敗。」

羊斟只為飲食小故，做了親者痛，仇者快的事，所以《左傳》從道德觀上譴責他說：「羊斟非人也，以其私憾，敗國殄民。」這種譴責，正是對以私忿重於公義的「政治哲學」的批評。而在白鑫事件中，白鑫就是羊斟一類人，但白鑫不足論了。而柯麟作為醫生，是發蹤指示以求殺了這位求醫者。

是醫者殺求醫者，這話頗煽情，也許認為柯麟欠醫德。因為人們有個先入為主的概念，就是醫生必須救人，以為醫者必須像神醫安道全那樣。

白鑫之死，是該死。所以伯仁之死，不存在是由誰殺伯仁。對於白鑫，是大義之下，人人得共誅之。柯是醫生，救病扶危固然是醫生天職，但護黨卻是醫生的大義所在。那麼，護黨和救病之間哪樣纔是第一要義？這也就是「一路哭」和「一家哭」的抉擇。結果，柯醫生是以護黨為第一義。大義所在，柯醫生殺人了。《水滸》的神醫安道全一生是不曾殺人，看見張順殺人便害怕，這比起柯麟就遜色得多了。「惟英雄能殺人活人」，這話柯麟當之無愧。

二〇一三年十一月十二日

白鑫

葉挺

續說神醫柯麟

前時評說柯麟，竊效毛澤東以《水滸》譬況人物，戲以「神醫安道全」喻柯麟，其實，柯麟是自覺地上梁山，而安道全是被逼上梁山，兩者大不相同，但我仍用以相比，是筆者想評敘一個醫者在救人、殺人，行醫、落草等行為中，人的抱負和現實行為是如何能既相反而又可以統一。

而現在筆者再說柯麟，卻想敘說一個革命者和自己的社會專業並不相悖，不但不相悖，而且更能相互為用。也是說本文和前篇重點不同。筆者在此是要對具專業知識的革命者柯麟表示敬意。

日前，承柯耀揚自美利堅舊金山蒞港，筆者兩度奉袂，聆其述及族叔柯麟舊日諸事，再參閱魯陽等撰述諸種文獻，也來談一談潛伏在港澳時期的柯麟。

在三十年代初，上海和中央蘇區之間有一條秘密交通線，這條交通線打破國民黨對中央蘇區的嚴密封鎖，由上海經香港，到汕頭，轉大埔，入永定，然後抵達瑞金，在烽火歲月中，始終暢通，沒有遭到破壞。這條交通線由周恩來直接領導建立，而在香港的交通站長是廖仲愷長女廖夢醒夫

柯耀揚（左）向筆者述及其族叔柯麟舊日諸事

婿李少石，交通站就設在廖家。交通站另外一個秘密聯絡點在九龍深水埗荔枝角道南華藥房，主持人就是柯麟醫生。

柯麟係中共中央特科成員，一九二九年因參與滅白鑫一案，轟動滬瀆，要浪蹟天涯避一避風頭。柯麟跟柯耀揚提到，曾轉移去東北奉天（瀋陽），但東北地區共黨負責人劉少奇見柯人地生疏，廣東口音重，很易暴露，遂遣返上海隱蔽。而此一潛伏時期，紅鸞星動，柯麟贏得美人歸，此美係經陸定一、陽翰笙之介，是上海同德產科學校共青團員陳智英，柯耀揚説新婦是茅盾太太的姪女，相傳是某烈士妻（柯麟長子柯小麟生於一九二七年九月九日，應是亡夫所出）。不久，柯麟伉儷奉命去廈門開設診所，建立特科聯絡站。在廈門得柯耀揚叔柯漢聲（陳炯明四女夫婿，在廈門開餐廳，約一九三二年肺病卒於九龍廣華醫院）和黨人羅明之助，暫時立足。但柯不是福建人，跟在東北一樣，容易暴露，還是回到省港澳較合適。一九三〇年十二月，柯再轉戰香港。但一九三一年一月因中共廣東省委機關交通員叛變，香港的省委各機關相繼被破獲，五十多人被捕，領導人閃退，柯麟無法接上關係。時柯麟族兄柯效棠（柯耀揚九叔，法政學校畢業，陳炯明時期秘書長，鄒魯老友。）在深水埗開聯昌煙舖，招呼子侄開舖可以向他賒煙，售後結賬。那時柯麟親弟柯平在香港也開煙舖，柯麟向柯平借千多銀元，在深水埗荔枝角道一間三層高舊樓地下，買舖開設

潘漢年（右）
李少石（左）

南華藥房，因柯麟係非英聯邦醫生，不能在港行醫，所以掛別的醫生牌子駐鋪診症。柯效棠也有幫助柯麟。柯平那時已是中共地下黨員，但兄弟間互相保密，竟不知係同黨，那時柯平穿唐裝衫，常帶小麟（柯麟長子）、耀揚去深水埗差館旁那條渠游水。

直到六月間，上海黨中央派李少石到南華藥房找到柯麟，柯才正式與組織接上關係。李少石時到香港任省委工作人員兼交通總站負責人，與柯是舊識。從此南華藥房便作為中央交通的秘密聯絡站，嗣後聶榮臻、陸定一等就是通過這個聯絡站去中央蘇區的。一九三五年，潘漢年來香港領導地下工作。潘覺得柯在香港熟人太多，容易出事，不如轉到澳門去。是年中秋，柯麟舉家由潘靜安引領遷移澳門。

其實柯麟在一九三三年開始已常往澳門行醫，與留日名醫黃鼎臣、陳炎冰醫師在澳門大街（即營地大街）八十二號開設南華醫社。當時打出的廣告，柯麟是「精醫花柳、內科專家」。而柯麟這次去澳門的首要任務，是聯絡他的老上級葉挺。赴澳門之前，潘漢年約柯麟一起到九龍彌敦道一家酒店與剛自國外返港的葉挺見面，嗣後葉一家住澳門賈伯樂提督街七十六號一座兩層高的小洋房（後為澳門學聯），柯葉往來頻繁，成為老友。柯將葉的情況，通過潘漢年向中央匯報，讓中央了解掌握。柯也變成葉一家人的保健醫生。葉挺在澳門往來人士中有好些是李濟深舊部，通過

葉挺在澳門賈伯樂提督街舊居（右）
葉挺全家福，1939年攝（左）

葉的介紹，柯與這些上層人士交往，吃飯、打牌，為柯在澳門開展工作提供有利條件。柯在澳門一年多，西安事變爆發，有驚無險，和平解決，國共再度合作。七七事變起，國共達成協議，共產黨組織八路軍、新四軍。中央派軍委副參謀長張雲逸到澳門通過柯麟，找到葉挺。張代表黨中央邀請葉挺赴上海，共商創立新四軍事宜。葉終於可以施其所長，帶兵抗日。葉擬邀柯麟同行，請柯到新四軍主持醫務。但潘漢年不放人，命柯留守澳門。

潘漢年指示柯麟只與中央直線聯繫，不與港澳地下黨發生橫的關係。柯移居澳門後先在板樟堂（即現玫瑰教堂）前街五號租屋開小診所，據柯耀揚說此處原為黃鼎臣診所，黃要離開澳門，正好由柯接手。柯麟由於醫術高明，很快聲名鵲起，兼為鏡湖醫院義務診症，又為鏡湖的護士義務授課。沒多久，澳門街上至社會賢達，下至販夫走卒，都知道柯麟的大名。工商界何賢、馬萬祺、林炳炎都很推崇柯麟。柯在澳門人氣高漲。廖承志任八路軍駐港辦主任期間，也嘗到澳門看望柯，並建議他幫助鏡湖，改善這家小醫院的醫療條件。

抗戰期間，澳門人口激增。廣東淪陷，逃避戰火到澳門的人更多，柯麟在中山大學醫學院老師黎鐸，和一批同窗都來到澳門。柯麟將這些醫生組織起來，正式成立鏡湖醫院西醫顧問團，大大加強鏡湖的醫療技術力

新四軍葉挺軍長（右一）與張雲逸參謀長（左三）合攝於東湯池江北指揮部，1939年

黃鼎臣

量，時在一九四一年。

一九四一年十二月八日太平洋戰爭爆發，香港為日軍攻佔。中共撤退文化精英和民主人士。柯麟在澳門緊密配合撤退行動。范長江、夏衍、金山、蔡楚生、梁漱溟等人，就是逃離香港抵澳門後，由柯安排在鏡湖醫院食宿，再轉送回內地。中共領導人到鏡湖治病，也是柯妥為安排，像博古太太劉群仙、東縱司令員曾生、作家張天翼等，都是柯安排在鏡湖留醫。而柯的私人診所樓上就是寓所，抗戰時期葉劍英的子女葉選平葉選寧等就住在這裏由柯麟照顧，柯耀揚暑假到澳門，也住在這兒，與葉選平同房。葉挺、葉劍英、何香凝、廖承志等人及家屬，經過澳門都會在這兒作客，或居停，或看病。

一九四四年，鏡湖慈善會遇到困難，蔡克庭主席通過馬萬祺值理出面，力邀恒生銀號林炳炎出任值理會主席，林提出若柯麟出任副主席，他才肯出任主席。結果由這一年開始，林、柯出任正副主席。抗戰勝利後第二年，鏡湖改制為董事會，董事會開會認為醫院要改制，擬設院長一職以加強醫院的領導和整頓，林炳炎提議請柯麟出任院長，澳督反對，理由是：聽說他是共產黨人。林炳炎力爭說：如果柯麟是共產黨，那麼我也是。如果柯不當院長，我也不當董事會主席了。澳督找不到證據，只好同意。柯麟當了院長之後，着手整頓，首先爭得中國人醫生有「外科手術大

左起：柯正平、柯麟、馬萬祺

權」，又將醫院長期名義上只有中醫專科，建立起內科、外科、兒科、婦科等專科。並建立院務會議制，定期召開各科主任參加會議，集思廣益，改進醫療工作。加强護士學校教師隊伍，培養大批護理人才。又為醫院擴建提出十八項建議，增設X光室、理療室、檢驗室、產科院等等，改善醫院環境。將鏡湖醫院由一家簡陋醫院變成頗具規模的正規醫院。一九五〇年開始，柯麟還被選舉為慈善會的副主席，努力向各屆募款。一九四六年馬師曾也曾率勝利劇團、任劍輝白雪仙率新華劇團，為鏡湖義演籌款。

柯麟在鏡湖做醫生，做院長，做副主席，付出許多心血，完全是義務的。院方董事會要給他每年二萬元酬金，柯拒絕領取。而柯時間都花在鏡湖的義務勞動，自己私人診所的診症就減少了，收入自然減少。何賢很不解，問柯麟。柯說，個人的一生有限，而民族和人類的生命無窮，我們要以有限的生命為廣大人民造福，那才是不白活一生。何賢深受感動。何賢與柯麟走在大街上，見路上不同階層的人，對柯非常敬重，何賢覺得柯是值得深交的。後來何賢跟人說，柯麟對他影響最大。柯麟與朋友、家人從不談政治。何賢說過，柯從沒有和他講過半句宣傳革命。戰後柯耀揚在廣州善後救總工作，柯麟去找他，我問柯耀揚，柯麟有跟你談政治嗎？柯耀揚說柯麟從不跟他談政治，從不說教。柯麟只是以身作則，以他高尚的品格，感染別人。

柯麟院長（二排右四）何賢（右五）與鏡湖醫院醫生合影

柯麟是聰明人，懂得應變。他曾將石岐國民黨特務機關派到澳門的偵緝隊長收入院，並把他治好。該隊長感激。後來當軍統派特務潛入鏡湖，擬抓柯麟放入麻包袋中運走，偵緝隊長知悉，出面制止。至於柯寓所曾遭手榴彈爆炸，毀了大門大廳而無傷人，有驚無險，則與「澳門王」何賢公開說要保護柯麟有關。後來更有東江縱隊的陳排長持槍貼身保護，這是後話了。

一九四九年秋新中國成立，而廣東尚在國軍手上，柯麟已由地下轉到地面，由幕後走到臺前，率先在鏡湖和自己的診所掛出五星紅旗，這在澳門非常矚目。未幾，廣州等地相繼解放。根據黨的指示，柯麟與其弟柯平（中共澳門地下黨負責人）、何賢、馬萬祺等，將禁運的汽油等一批軍用物資運入廣州。一九五一年初，柯麟奉中共華南局第一書記葉劍英之命，在何賢等老友協助下，設法打通關節，兩三天之內，迅速將「兩航起義」時留在澳門的一批雷達等設備器材二千數百箱，交曾生武裝護送至廣州。一九五一年春節，柯麟奉命舉家乘船遷返廣州，柯出任中山大學醫學院院長，仍兼任澳門鏡湖醫院院長。柯麟將私蓄和澳門友人報答他多年辛勤的酬金合共港幣十萬元上交組織，一半作為黨費，一半資助中山醫學院建設。

丙丁洪羊劫難，柯麟未能倖免。北京紅衛兵串連到廣州，揪出第一個「走資派」柯麟，柯被批鬥百多場。柯的罪名是大特務、大買辦，還有假黨員。說柯是大特務沒有錯，柯早年參加的中央特科，就是中共中央最

馬萬祺（右）
何賢（左）

厲害的特務組織。柯麟在港澳從來不和省委地下組織聯繫，這是嚴格執行潘漢年的命令。柯小麟嘗透露：「我記得在澳門有自稱是省委下面的地下黨成員找到柯麟診所，要父親介紹他去中央根據地。父親曾經拒絕了他，說自己只是醫生，那個被拒絕的人在『文革』期間就以此為證據告發，說父親是解放前的『假黨員』。」（二〇〇九年《南方都市報》）造反派在省委組織部檔案找不到柯解放前的資料，所以柯麟被批為假黨員了。其實柯一直是中央直線聯繫的，中組部才有他的檔案。柯倒霉一陣之後，葉劍英設法保護，下令廣州軍區說要押送柯麟去北京鬥爭，將柯弄到北京，安排在解放軍總參謀部招待所裏避難，但柯也白白浪費十年光陰了。直到一九七八年九月廣東省委為柯麟平反，才重出江湖，任國家衛生部顧問兼中山醫學院院長。直至一九九一年九月二十三日柯麟在北京逝世，享年九十。

柯麟一直是把革命和行醫並行而不悖。這和高劍父很相似，高當年參加了「支那暗殺團」，但仍繼續畫他的國畫，都是能革命專業兩不誤的。而最令人討厭的是那些「空頭革命家」，毛澤東一九四四年就說過反對空頭革命家，魯迅也說過叫兒子不要做「空頭文學家」，但幾十年來，「空頭」就越來越多，相形之下，就越覺有專業的革命家之可敬。

二〇一三年十二月十八日

柯麟，1948年

香港千金小姐與共軍的婚戀

人生好像冥冥中安排好，姻緣更是上天早已拍板。一位住在香港半山羅便臣道七一號小洋房的二樓（樓上是廣安銀號梁季彝行長）的千金小姐，父親還是國民黨將領，外人怎也想不到，她會千里迢迢，下嫁一位共軍將領的。這裏頭有太多的不可能，而最大的障礙，是共軍最為忌諱的將領涉外婚戀，其中當然擔心軍事機密有外洩的機會。而這不可能發生的事卻發生了，繼而也衍生出可以想像的諸種災難。尚幸那個年代，有水平、有擔當的共幹，還是有的，這場苦戀戲才能喜劇收場。

故事的主角周湘玟，湖南新化人。父親是周游，字游子，黃埔第四期的狀元，解放前夕是國民黨政府國防部廣東供應局擴編為第三補給司令部司令（《廣東百年大事記》），廣州陷共前調海南島，海南島也保不住，乘最後一班飛機來香港。而湘玟小姐，一九四五至一九四九年是中山大學中文系斐社的高材生，與當年許多青年學子一樣，不安於黨國培育，積極參加學生運動，湘玟加入共黨外圍組織「愛國民主協會」，幾乎參加每一次的遊行示威，還走在最前頭。有一張沈崇事件後中山大學學生遊行示威

中山大學學生抗議美軍暴行示威大遊行，右下角高舉大纛的孖辮女就是周湘玟

照片，右下角高舉「抗議美軍暴行示威大遊行」大纛領頭的孖辮女就是周湘玟，當時她就有「民主姑娘」之稱。

廣東人說，行就行先，死就死先。周湘玟有沒有考慮到這個問題？當然有。一九四七年五月三十一日，華南學生舉行「反內戰、反獨裁、反飢餓大遊行」，湘玟參加前，凌晨三時，在石牌宿舍，用她名貴的黑色犀飛利墨水筆，寫下遺書，準備犧牲之後，由同室的老友小胖（謝瓊齡／外文系）轉呈老母。這些都是當年熱血青年們早有「成仁取義」之心理準備。

那個年代，人們比較單純。熱血青年學子，都相信黨，相信黨的化身——領導。領導好，你就好，領導衰，你就大鑊。幸好，周湘玟遇到的領導都不錯。

一九五〇年，湘玟與家人到香港，而湘玟這時已為共黨做地下工作了，在諸樺領導下，在《香港學生》雜誌社任編輯，處理許多讀者來信。這時的湘玟二十二歲了，整天埋首工作，還未有對象，領導也關心她的婚戀。此時韓戰已然爆發，當時左翼青年叫志願軍為「最可愛的人」。而志願軍三十九軍參謀長沈啟賢是周湘玟的表姨丈，表嬸潘荻則是湘玟的諍友，表姨丈沈氏伉儷作伐，介紹其部下一一六師師長汪洋與湘玟通信聯繫。湘玟九月收到汪洋的第一封寫於八月十三日，當係讀者來信處理，後來覺得這位「最可愛的人」要上前線了，隨時犧牲也未可知，於是覆函，

周湘玟在香港（右）
1950年周湘玟回到香港編輯《香港學生》雜誌（左）

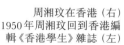

函中「明確表示不可能建立戀愛關係，只能作為一般同志交往。」沒多久，湘玟收到汪洋過鴨綠江前夕寄來的聖誕卡，感情上起了微妙變化，萌生愛意，牽腸掛肚了。當收到汪赴朝的第二封信，湘玟覆以散文詩「我等待著你」（一九五一年十月）。但是一九五一年，湘玟有可能去東北見汪洋的時候，湘玟的領導從工作需要出發，要湘玟返原崗位，並必須切斷和汪洋的聯繫。湘玟服從領導，於六月十五日忍痛寫了封斷交信與汪，斬斷情絲。湘玟以為從此一刀兩斷，一了百了。

那邊廂，汪洋卻並不死心，到處托人尋覓周湘玟的組織關係，找到了，但組織的答覆：「周湘玟本人暫不願談婚戀問題」。儘管如此，汪仍痴心，待機而發。

像編劇一樣，此事忽又出現轉機。汪周通信交往一事，上頭清楚得很。一九五二年三月，軍政委李雪三出任志願軍歸國代表團團長訪廣州，臨行前問汪洋，「怎麼樣？」輕輕一問，汪打蛇隨棍上，請求幫忙尋覓湘玟。遂有廣州組織通知湘玟，三月十三日湘玟赴穗，老領導黃施民親自接車，當晚見到李雪三，一番詳談，慈祥的團長似乎已代表組織「批准」汪、周的戀愛關係的申請，而且還寫了長信與汪洋明確肯定。沒有在大陸生活過的港人，是難以理解此案的困難度的。次日，李雪三還當面向葉劍英、陶鑄為周湘玟請假，方便周去和汪洋會面。六月二十九日在鴨綠江邊

汪洋贈周湘玟第一張照片，係1949年在長春任東北警衛師師長時攝（右）
周湘玟贈汪洋第一張照片（左）

安東市，周汪首次相見，相互審視、溝通，七月三日訂下盟約，確立戀人關係。

韓戰結束，汪、周結合，甲午丙申，得兩子男，庚子又得一女，子女繞膝，一副幸福家庭景象。惟災星驟降。小女兒降生才兩週，瀋陽軍區政委賴傳珠、司令陳錫聯命令汪洋要與湘玟離婚。或怪湘玟長得漂亮，又有文化，有許多將校娶的是土包女，個別女人小心眼，貼個八分錢郵票，打個小報告，看你汪家還幸福不幸福。

湘玟被賜「特嫌」，這還了得。公安局桌面一大疊材料，賴政委一再催促汪洋離婚。汪力辯周是好人，沒有用。汪要求調離軍隊算了，又不批准。庚子辛丑之除夕，汪洋服從組織，呈上離婚申請書。但堅拒組織介紹的新對象，甚至安排相睇時爬窗遁逃。而軍中家屬黨支部派一名家屬負責監視湘玟，重大節日前夕，派出所更派人嚴加看管，都發現不了甚麼問題，監視者反而同情湘玟。有人說這種事情「找毛主席也沒用了」。還好，好人尚未死光，高等軍事學院組織認真調查，實事求是。八月份，湘玟到北京，找到中山大學同學，一位是當年學運的地下黨領導何錫全，一位是《香港學生》雜誌社的領導諸樺（原名諸幼慧，曾領導司徒華，見《大江東去》頁六七，國務院港澳辦主任，澳門回歸前中葡談判的中方代表團成員），他們為湘玟出具這段時候的證明。更重要的是，一九六一年

汪洋周湘玟結婚照

六月，黃施民（原中共港澳工委副主任，廣東省委副秘書長）到北京開會，諸樺通風報信，讓湘玟報告高院組織部，派人去面對面外調。組織部派上校助理員黃祝上京辦此事。七月四日黃施民證明周湘玟一直表現進步，一切服從組織。在香港接觸的複雜社會關係，都是組織布置她去接觸的。離港回國後，這些關係也就斷了。更進一步說明湘玟曾奉組織之命斷了跟汪洋的關係，後來是李雪三、陶鑄等出力，湘玟和汪洋的婚姻才成功。到最後，由解放軍總政治部、瀋陽軍區，高院三家，依據湘玟當年的直接領導黃施民、陳文靖（中共香港工委、中國銀行香港總管理處負責人）的證明材料，和廣東省委組織部的審查結論，為此案下結語：「根據上述各方面的證明材料，我們認為，周的這段歷史是清楚的，政治上沒有問題，應予信任。」跟著總政治部撤銷了對汪洋離婚報告的批准。一個幸福的家庭，終於避免了破碎。而打小報告的小人，相信像沒事人一樣，甚麼事也沒有，不會被控浪費警力，不會被控擾亂軍心，不會被控破壞國家英雄的家庭幸福。

汪洋是國家英雄。行筆至此，要介紹他的威水史。汪洋（一九二〇—二〇〇一），陝西橫山人。一九三七年入陝北公學，繼入抗日軍政大學。歷任八路軍副排長、團長、參謀長。驍勇善戰，從未吃過敗仗，所以三十歲就擔任師長。在韓戰中，首次戰役已旗開得勝，打敗了由華盛頓創建的

1950年12月汪洋116師
突破了臨津江敵人防線

美國常勝師，百年沒有敗績的騎一師。而且收復平壤，攻克漢城。其中一役，汪洋一一六師突破了臨津江，被志願軍副司令員陳賡將此作戰方案譽為「三險三奇」，並被南京軍事學院作為典型戰例授課。此役直插漢城，一一六師進駐總統府，汪洋還在總統府彈奏其鋼琴。更奇妙的是汪洋躺在總統李承晚「龍牀」時，收到軍中遞來湘玟的覆信。（湘玟妹湘琦見告，二〇一三年八月二十日）後來汪洋賦詩：「三八防線堅，臨津江水寒。三奇復三險，破陣旦夕間。撫琴總統府，飲馬漢江邊。應謝信使者，香江有書（素？）箋。」

汪洋歸國後迭升軍長、七機部長、北京軍區副司令員等職。調七機部時，汪不敢應命，中國頂尖的科學家三錢（錢學森、錢三強、錢偉長）等就在那兒，一介軍人，如何駕馭得了一眾專家學者，周恩來向汪強調，就是要你用管軍隊的辦法管七機部。七機部搞的是核子武器，汪洋經常親臨視察，接觸輻射多，結果得癌疾，卒時春秋八十又一，算高壽了。

汪洋作戰英勇，多次負傷。歿後火化遺體，還留下六個彈片連著骨頭。官方評汪洋為「我軍杰出的軍事指揮員」。汪洋是香港女婿，汪夫人周湘玟仍健在京師，湘玟妹湘琦則在香港太古城頤養天年。

二〇一三年九月十五日

1976年汪洋任國務院七機部長時攝

吳南生一語護持香港武俠文化

報載，白鶴派掌門陳克夫已於七月二十七日在澳門逝世，筆者深為嗟悼！

一九五四年陳克夫與香港太極派掌門吳公儀在澳門擂臺比武，而何賢親臨裁判，此事哄動當時。更成了武俠文化的一種誘因。要言之：陳吳比武是誘因，梁羽生是起點，金庸為代表，更重要有吳南生為之護駕。以上姻緣俱備了，成就了六十年的香港武俠文化。

陳克夫與吳公儀在澳門擂臺比武的哄動，使《新晚報》羅老總（孚）為之靈機一觸，立約陳文統以「梁羽生」為筆名撰武俠小說《龍虎鬥京華》，在《新晚報》連載，結果大受歡迎，銷紙頓升。次年查良鏞以「金庸」筆名撰《書劍恩仇錄》也在《新晚報》連載，異軍突起，伯仲之間。嗣後武俠小說和電影便蔚然成風，至今六十年未有頹勢。

金庸足以代表當時香港的武俠文化。金庸年輕心儀白羽的《十二金錢鏢》，是日後創作的參照所在。金庸一九四七年入上海《大公報》，次年派香港。一九五二年籌辦《新晚報》任副刊編輯。一九五三年為長城電

1954年陳克夫與吳公儀在澳門擂臺比武

影公司撰《絕代佳人》及歌詞。一九五五年在《新晚報》連載《書劍恩仇錄》。一九五六年為《商報》撰《碧血劍》。一九五七年離《大公報》入長城電影公司。一九五八年撰《射雕英雄傳》。

以後金庸辦《明報》，創刊號第三版是小說版，其第一通欄就是金庸的《神雕俠侶》，佔一千字位。跟著是宋玉的《赤眉女傑》，白祺英的《劍馬縱橫記》，另有圖式武俠小說《雙雄爭霸》。這可見武俠小說成了一股狂熱。而《明報》在第六天的頭版更出現這樣的廣告：「金庸名著《射雕英雄傳》，每日下午五時三十分在麗的呼聲銀色電臺廣播。」「武俠」文化，令香港人心醉了。

但武俠文化的產生和發展並非一路坦途。因為詭異之處在於武俠文化已泯滅於大陸，卻興盛於紙醉金迷的十里洋場，更令人想不到的是這武俠文化的始發點在於中共香港工委領導的左派機構。於是悄然的危機出現了。幸好，共黨要員中也有仗義無畏的「黃衫客」，「黃衫客」舉重若輕，只閒話表態，香港的武俠文化逃過了一次滅頂之災。

話說五十年代末，那正是香港武俠小說火紅年代。吳南生招待香港電影文化界人士包括金庸、夏夢、傅奇等，在從化溫泉小住幾天，吳南生和金庸等一起討論當時風靡港澳和海外華人社會的武俠小說，金庸在會上提出能不能將武俠小說拍成電影，當時有人反對，且對金庸的提議有所責

1954年陳克夫與吳公儀在澳門擂臺比武（右）
梁羽生《龍虎鬥京華》在《新晚報》連載（左）

難。幸得吳南生發聲遏止。當時吳南生是出掌中共中央華南分局宣傳部，中共廣東省委宣傳部，也就是兼管中共香港工委的文教宣傳工作的領導。吳說：「我從小就是看《三俠五義》、《施公案》、《彭公案》、《火燒紅蓮寺》等武俠小說長大的，現在都能當共產黨的宣傳部長。」吳南生明確主張武俠小說可以拍電影，並強調武俠小說和武俠電影也可以講愛國的。

「武俠小說和武俠電影也可以講愛國的」，吳南生一錘定音，但按當年的政治局面推想，吳南生著實在擔戴風險。因吳氏說這番話是在一九五七年之後，那正是全黨全國反右之後全面左傾的年代。為生民請命尚且有不可，更何況為舊社會的武俠作護航請命？吳南生主管宣傳，在以馬克思主義實踐為職責的同時，或基於掌握「內外有別」的政策，無懼於惹火燒身，敢對俠義精神作宣揚，這本身就是一種政治危險，但又是一種「俠義」之舉。這話令香港武俠文化的高潮再延續多年，至今六十年後回首，猶得為當時的吳氏喝采！

就在吳南生「從化論劍」之後，李怡兄之尊翁李化便乘勢創辦峨嵋影片公司，改編製作金庸《射鵰英雄傳》（上下集）（一九五八／一九五九）、《碧血劍》（上下集）（一九五八／一九五九），梁羽生《白髮魔女傳》（上下集）（一九五九），風行一時。嗣後長城的《雲海玉弓緣》，邵氏等相繼出品許多武俠電影，雄霸一方，影響深遠。武俠文

梁羽生（右）
金庸（左）

化的追本溯源，是吳南生一語，帶出了六十年的興旺。

這事衍生出另一命題：就是「俠義」之氣和共產黨的「黨性」能否相容？

「俠義」向為國人崇尚。《史記》就有「遊俠列傳」，其實史記「刺客列傳」說的也是遊俠。《戰國策》的遊俠記載也不少。傳統道德和法律涵蓋不了的，一種「俠氣」往往是弱者的予告。東漢多黨爭，人重名節，《後漢書》當中就多俠義之士和俠義之氣。譚嗣同「望門投止思張儉，忍死須臾待杜根」，說的就是東漢時代富於俠氣的人。「陶潛詩喜說荊軻」，中國這禮義之邦，歷史上卻是容得下「以武犯禁」的俠氣。

試用現代觀點分析，「俠」的具體表現有三：

一、「民粹」，是喜民所喜，惡民所惡。如《尚書》所說的「天視自我民視，天聽自我民聽」。道理只存在於底層大眾，大眾底層就是正義。

二、「虛無」（無政府），不以官府是非為是非。是「以武犯禁」。可以「千里殺人」、可以「三步濺血」、可以「事了拂衣去，深藏身與名」。

三、「人道」，是劫富濟貧，鋤强扶弱，替天行道。重然諾，輕生死。不畏强權，甘為孺子牛。

以上三者都互有含攝而難截然判分，只能以大體傾向作出分別。

揆諸歷史，會發現「俠義」的三特徵和馬克思主義是有共通的基礎點和相容處的。像馬克思「共產主義者同盟」之前身，那「四季社」

羅孚九二華誕晚宴
與金庸笑談

（法國的秘密革命團體，宗旨是用暴力推翻金融貴族的統治／一八三七—一八三九）、「正義者同盟」（十九世紀三十年代流亡法國的德意志工人秘密革命組織）都是富於俠義的組織。帶民粹主義的味道，其「均貧富」、「人人皆兄弟」口號就很民粹，很有水泊梁山那劫富濟貧，替天行道的意味。其實馬克思也親自認可過民粹黨人的綱領。馬克思主義之能傳入俄國，那更是民粹者的功勞。

其次，關於虛無（無政府），「俠以武犯禁」，這話正暗合於虛無主義者。在中國，李大釗就發展了黃凌霜等六個無政府主義者為共產黨員（後來又把黃等逐出共黨）。而張國燾也曾發展劉仁靜等。（後來劉是共黨一大的代表，後轉為托派）。共黨和虛無，在蔑視政府，鬥爭强權方面都是一致的。

最後一點是關於「人道」，人道主義就是俠義精神。這精神也見於馬克思主義實踐者的「打土豪、分田地」「解放全人類」等口號。

當然，「俠義精神」絕不能和馬克思主義的理論高度相比。但可以肯定的是「馬克思主義」和「俠義精神」其出發點和基礎點都是相近的。

因此，老一輩共產黨人也熱衷於武俠小說。毛澤東在四十年代初自延安寄書去蘇聯給毛岸英毛岸青，當中就有《峨眉劍俠傳》、《小五義》、《續小五義》、《俠義江湖》等。賀龍睡的牀學毛公做得很大，以便

吳南生

把書擺滿半張牀，其中就有許多武俠小說。而鄧小平更是標準武俠小說迷，習慣中午和晚上睡前半小時看武俠小說，尤喜《射雕英雄傳》，所以一九八一年鄧在北京接見金庸時說出：「歡迎查先生，我們已經是老朋友了。你的小說我讀過，我這是第三次重出江湖啊！你書中的主角大多歷經磨難才成大事，這是人生規律。」

但吊詭的是解放初開始，國內不需要俠客了。許多武館都成了反動社團，本來人道主義和人性是普世的，俠義也是馬克思主義的出發點。但一九五四年，中共青年團中央給黨中央寫報告說：「武俠小說和黃色書刊在社會上流傳，散播形形色色的地主階級和資產階級反動腐朽思想，毒害很大。」於是出版總署下禁令，令文學史上有平民文學，有鴛鴦蝴蝶派，就是沒有武俠文化。而在事事學蘇聯的年代，列寧的「搶掠搶掠者」（打劫銀行）行動成了後來紅衛兵的「打砸搶」的範例，對於「反俠義」都成為「革命精神」。

而香港這邊廂呢，小市民們卻厭膩那相爭不已又謊話連篇的政治宣傳，數十年來，大量讀者、觀眾都悄然地轉向武俠文化。

二〇一三年八月十七日

鄧小平與金庸談話

羅孚與書畫收藏

香港新聞界傳奇人物羅孚，以九十四歲高齡駕鶴仙遊。此間報導、評論、懷念文章，林林總總，而言及羅公收藏的尚未之見。承羅孚哲嗣海雷世兄，邀筆者談談其先父的收藏。這是囑托，也是使命。是義之所在，所以義不容辭。

羅孚是報人，也是收藏家。

羅公所藏以書畫為主，而側重點是在近現代名家。他沒寫「藏畫目」、沒寫「讀畫記」，沒寫「銷夏錄」等著述。他似是退藏於密，所以不廣為人知。但留意書畫活動的人都會知道，因為羅公每喜襄助文化活動，大型書畫展覽會，多慨然借出藏品，久而久之，已為香港收藏界之公認支柱。

屈指能數的是：

一九五九年八月《大公報》和香港藏家羅原覺、唐天如、陳仁濤等發起，在中華總商會舉辦的「廣東名家書畫展覽會」，其後又舉辦「黃賓虹書畫欣賞會」，一九七三年七月市政局香港美術博物館（大會堂）舉辦「齊白石作

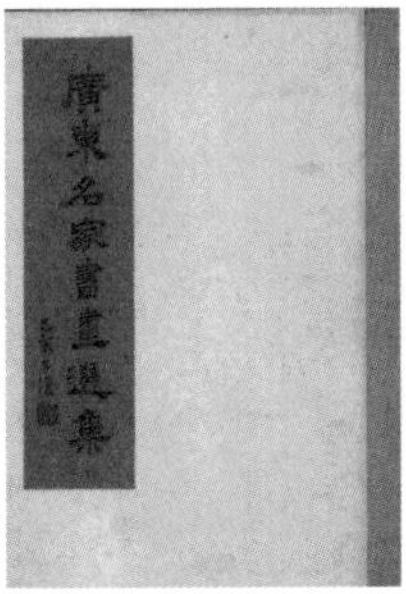

羅孚提供藏品參展的圖錄

品展」，一九八〇年香港藝術中心舉辦的「黃賓虹作品展」等等。以上這些具有影響力的大型展覽的展品，當中有不少為羅孚提供。

記得二〇〇三年廣東省政協由吳南生丈倡議，舉辦了一個「廣東歷代書法展覽」，當時我曾請羅公提供展品，羅公慨然借出一件蘇曼殊書法卷，另一件黃節自書詩卷。問他收藏單位用甚麼名義，他說就寫翰墨軒。我說這怎麼行？不是我們的東西嘛。羅公堅持要我照辦，恭敬不如從命，心想，等展覽結束，請他老人家割愛轉讓，令「翰墨軒收藏」五字得以副實。後來展覽結束，東西回來了，羅公應允我的請求，願意轉讓。我問該付多少錢，他毫不計較，由我隨便給。我雖然係無產階級，未能出手闊綽，但也不能讓老人家吃虧。就參照早幾個月的兩個拍賣先例。

一、北京嘉德拍得一件蘇曼殊山水軸連書法卷，十萬元下槌；

二、香港蘇富比年前拍出一件黃節自書詩卷幾萬元。

據此，兩件合計二十多萬元應該合理，於是我問三十萬如何？羅公說太多了，我就不客氣開了支票呈奉，老人家一句謝謝，我也連忙鞠躬回禮。但羅公接下這支票不當一回事，夾在書中，後來好像找不到了。我只好將此票作廢，重開一張。於此可見，羅公對錢財是不大重視。

有一晚訪羅公，也是為「廣東歷代書法展覽」的事，羅公主動提出有件《膚功雅奏圖卷》（《袁崇煥督遼餞別圖卷》），可以借展，並徵問我

左、右頁：膚功雅奏卷

展後捐贈與誰為恰當？

《膚功雅奏圖卷》係明季崇禎元年（一六二八），袁崇煥為朝廷重新起用，第二次督師遼東，離粵之際，粵中名流在光孝寺為之餞別。趙焞夫為之寫圖，鄺露、陳子壯諸名士十九人題詩而成此《膚功雅奏圖卷》。近世又添加了羅振玉、倫明等四家題跋。是一件流傳有緒的廣東重要文物。

當時我向羅公建議，這個展覽在廣東舉辦，這件又是廣東重要的歷史文獻，不如就捐給廣東省博物館吧。羅公首肯。我即時在羅公面前，打電話與吳老（南生）報告。吳老很高興，電話中向羅公致謝。接著致電當時廣東省博的古運泉館長報告。後來省博問起要感謝羅公，要發新聞宣揚此事，但羅公極低調，囑咐道：一、捐贈者不要寫上他的名字，要寫就用無名氏；二、不要任何獎金；三、不要宣傳。

羅公還保藏有不少名家書信、手稿。例如他收藏有魯迅致徐懋庸的信，珍貴不在話下。羅公收到不久即將這香港極罕見的魯迅手札捐贈與魯迅博物館。羅公還收藏有魯迅弟弟周作人的手稿，這些手稿現在市場上熱得很，十分值錢。但羅公只論其文物意義，而不管其經濟價值，都慨然捐贈給北京的現代文學館。

以上只是我知、我見的羅公的捐贈，而我未知、未見的捐贈可能更多。由此，可以覘見羅公的胸襟。他搞收藏，沒有據為己有的陋習，也沒

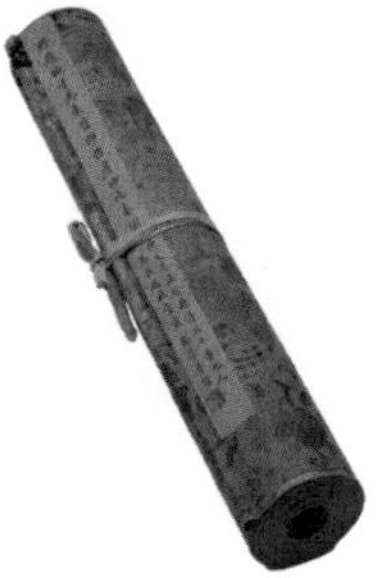

有要子孫永寶的意識。他的藏品有些甚至連藏印都沒有鈐上。真是瀟灑大方的「暫得於己，快然自足」。

羅家不知是風水欠佳，還是羅公父子太愛黨愛國，愛到先後出事。羅公一九八二年在北京開始了十年軟禁。雖說軟禁，但自由得很，還可以訂閱「反動報刊」。表面上看似無事，但其實我很為老人家的處境憂慮。當時更加想不到他可以重返香港的。我曾好幾次去雙榆樹，羅公在京師受到嚴密保護的官邸探望他老人家，或約他出來在王府飯店會合餐敘。當然要入鄉隨俗，盡量「莫談國是」，是「准風月談」，談他在香港的老朋友、他原來的統戰對象的近況，而談得更多的是書畫方面的事，還請他老人家為我們《名家翰墨》寫文章，寫他崇敬的齊白石，寫他的老友虛白齋主人劉作籌先生。但羅公到底是憂國憂民的愛國志士，閒談間，有時仍不避忌的談六四，談時政。閉門吹水，卻不顧官邸處處充斥的竊聽器！

九十年代初上海文學發展基金會成立（由巴金、于伶、王元化三位倡議發起），要籌款，有人捐出書畫作為籌備經費之用。羅孚當時托我找這個會的負責人常務副會長李子雲女士，她是夏衍的秘書。當時基金會售賣書畫中有件黃賓虹的山水，羅公托我與李子雲洽商購買。當時我就想，羅公現在這處境，是今天不知明天事，還要花十幾萬買畫，有無搞錯？繼而想到，該是寄情書畫，所謂「樂琴書以銷憂」吧？繼而轉念，始恍然這是

羅孚滯京十年，可到處活動，還為拙編《名家翰墨》撰寫關於齊白石等文章在臺港發表

羅公對巴金、于伶、王元化三人倡議的無言支持。

我說是「無言」，是因為他確沒公開說支持。他的身份也不宜於支持誰。因他的「問題」尚未有結論，還是疑似的戴罪之身。如果說支持誰，就會坑苦了對方。試想巴金、于伶、王元化和羅老都有相同的不公正的遭遇，人家會怎樣看這四個老人？所以羅公只由我出面和李子雲洽購，也並沒明說是支持籌款，這是老人家處事的一種分寸。

九七回歸前，羅公要乘桴浮海，我曾勸他留港，因為美國的環境對老人家有所不便，尤其醫療問題。有醫生朋友說，據統計，美國每年誤診死亡十萬人。但羅公說孩子都安排好，不好不去。果然，去美國不久，人都變呆滯，身體狀態出了不少問題。聽簡又文的公子簡幼文醫生說，有次羅公在美國入院，簡醫生探望羅公時發現該院對羅公的醫治方法錯誤，向當值醫護人員投訴，不獲理會，遂喚來院方管理層說，如果這位羅先生被你們醫死的話，我會出庭作證，醫院怕惹麻煩才改善，讓羅公逃過一劫而活下來。

羅公移居美國前，要處理大批藏書就十分頭痛。捐贈與廣西老家的大學，又要抄清單，要費很大的勁。還有，去美國生活也要準備糧草，於是又考慮放售書畫。

我們翰墨軒辦過好幾次黃賓虹書畫展，都是從幾位藏家借些展品，羅

簡幼文醫生

黃賓虹畫贈李任潮（濟深）的山村圖

公借得最多，也有小部分羅公願意割愛的，但有些繫其心魂的作品，尤其跟羅公故鄉廣西有關的，他是不賣的。記得有件黃賓虹畫贈李任潮（濟深）的山水，色彩斑斕，極為悅目。美國堪薩斯大學李鑄晉教授來看了，擬替博物館收購，問價，知係非賣品，頗為失落。過了些時候，這件山水卻出現在中國嘉德拍賣場中，小弟莫財，勸一個老友陳醫生力爭，終於拿到。皆大歡喜。

還有一件黃賓虹的《湖山爽氣圖卷》，我們從羅公借展好幾次，也是動人心魂，奈何羅公不賣。在羅公軟禁京師時，錢學文醫生曾登新東方臺羅宅，請羅太太割愛。錢醫生係出名孤寒，當時也願以十萬大元請讓。羅太堅拒，不為所動。

一九九五年十月，香港藝術館搞「澄懷古道」黃賓虹畫展，羅公也借出這件《湖山爽氣圖卷》作為重點展品，以之充作封面和海報上。這是對羅公收藏眼光的肯定。

及九七回歸，羅公即將去國，該考慮這件寶貝的歸屬了。香港藝術館想要，羅公開價百萬，藝術館開會，搞來搞去，顧問們不肯簽字，買不成。最後勉強還價至六十多萬元，與羅公心目中的價位還有一段距離。我找羅公，開具百萬元支票，如羅公首肯，立即交易。羅公卻堅持等一下，希望這件黃賓虹代表作精品進入博物館。羅公明確說，藝術館優先，藝術

香港藝術館朱錦鸞總館長與香港大學周汝式教授、饒宗頤教授在翰墨軒欣賞羅孚藏黃賓虹《湖山爽氣圖卷》，1995年

館放棄了，才輪到我。我把寫著羅公抬頭的百萬元支票袋在身上，沒幾天，碰到香港大學藝術學系周汝式教授，他是藝術館顧問。周教授有國際視野，懂收藏之道，大家又談得來，我把曾向羅公請讓賓翁《湖山爽氣圖卷》一事相告，並出示羅公暫時拒收的百萬大元支票。周教授識寶，為藝術館著急，經多方努力，但藝術館顧問仍嫌貴通不過。最後由彭定康夫人擔頭的「藝術館之友」捐款，作為「藝術館之友」購買此卷來贈與藝術館，方能成事。此一賓翁晚歲得意之作，幾經波折，才歸藝術館永久收藏，了卻羅公一個宿願。

羅公處理畫作，得款之後作何用途呢？早期花費在供孩子出國讀書之外，其實有不少畫款是用來支持文化事業的。雖然羅公從來不說，妻子兒女也不一定知道。但是我還是在其他渠道獲知：他用畫款支持友朋的出版經費。聶紺弩的詩集、鄭超麟的回憶錄等等許多種書，都是羅公資助推動而成事的。但羅公從來不說。他為善而隱名，就像捐贈書畫一樣，刻意低調。

或者有人質疑，羅公用稿費怎可能買得起書畫呢？大家要用歷史觀點考慮問題。齊白石在五十年代的行情十多廿元一張。鄭春霆前輩跟我說，四十年代末五十年代初他代售賣過齊白石，五元一尺，他賣過一個齊白石冊頁（十二張）與澳門崔德祺丈（澳門特首崔世安叔父），六十元而已。香港藝術館時常掛出的一張齊白石《松鷹圖》，係虛白齋主人劉作籌

黃賓虹《湖山爽氣圖卷》

先生捐贈的書畫之一，劉公跟我説過，此畫是五六十年代之間港幣二十七元買的。四川畫家彭先誠在小弟藏書室見到五十年代國內印的《任伯年畫集》，他説過去畫冊很貴，名家畫作反而不那麼貴，他知道有朋友曾以一小幅齊白石去換這本《任伯年畫集》。黃般若公子黃大成説，五十年代在摩羅街買過一幅吳湖帆山水，五元而已。而從前稿費其實相當高，十元千字。寫幾篇短文，就可以買一張齊白石、黃賓虹的畫了。

文革暴亂，破舊立新，書畫係封資修之物，價格暴跌。當時集古齋沒甚麼生意，也怕將書畫當四舊銷毀，遂大賤賣。大陸更慘，抄家抄出大批書畫文物，甚麼田黃雞血、趙之謙、吳昌碩刻印，一律一分錢一方。你當時敢問津嗎？人家丟也來不及，遑論去買。羅公其時尚行運，無災無難，遂人棄我取，買了不少。

我這麼説，係為不了解歷史上書畫行情的人釋疑。

羅公臥病一年多，終於大解脱，離開我們。他是夢中登仙界的，走得很安祥。羅公著述生前都能發表和出版。他的收藏，能在及身之年處理，有捐贈長留博物館，也有在同好者手中保藏。前幾天，我還撿出承讓的蘇曼殊書法卷，開卷懷人，彷彿羅公的音容宛在。

二〇一四年五月十八日

附記：羅孚生平簡介

羅孚（一九二一—二〇一四），原名羅承勳，筆名：絲韋、吳令湄、史復、柳蘇等。廣西桂林人。四十年代起在桂林、重慶、香港，《大公報》工作，由練習生累遷至香港《大公報》副總編輯、《新晚報》總編輯。一九四八年加入中國共產黨。報館工作之外，兼為中共情報部門效力，積極開展香港、臺灣、北美學術文化界之統戰工作，成績卓著。一九八二年被誘至北京逮捕，控以美國間諜罪，判刑十年，而未嘗坐過一天牢獄，在北京軟禁而享受部長級待遇，案情撲朔迷離。（可參拙文《霧裏看花說羅孚》）一九九二年歸港。

羅孚被譽為香港文壇伯樂、拓荒者。眾所週知，梁羽生、金庸的武俠小說，是羅孚催生的；李怡的才華，是羅最早發現，並鼓勵支持的；董橋、小思的著述，是羅最早向中國大陸推介的。

羅孚著述有《風雷集》、《西窗小品》、《香港，香港》、《香港文叢／絲韋卷》、《南斗文星高／香港作家剪影》、《北京十年》、《文苑繽紛》、《絲韋隨筆》、《羅孚說周公》、《繁花時節》（香港散文典藏／羅孚卷）等多種。

羅孚爲友不平鳴

羅孚被軟禁京華十載，能挺過來，實在不容易。似以此經歷，使更能體現覆盆下哀哀無告的滋味，故持論更能設身處地而為他人作不平鳴。茲舉數事如下：

香港淪陷間，葉靈鳳受潘漢年所托出任日偽文化機構大同公司之職，編輯《大同》、《亞細亞》雜誌，實為搜集情報為抗戰效力。而日方亦早已偵知葉係重慶分子，惟擬放長線釣大魚而未發。但解放後對葉靈鳳定性為「漢奸文人」，而潘漢年又出事，使葉無法申辯，十分委屈。故羅公在三十年前以特殊身份，在北京為葉靈鳳撰文平反，還編輯幾冊葉的文集由三聯出版。

羅公滯京時，接觸各方老友，所知更多，也寫了不少為潘漢年鳴冤，為周作人叫屈的文章。

還有，羅孚老友舒蕪（方管），係胡風弟子，反胡風運動時上交胡風信件，輾轉到極峰之手，遂有《人民日報》刊登御筆「要研究他們的策略」。胡風及一眾弟子遂被定性為「胡風反革命集團」，倒霉幾十年。舒

黃苗子羅孚在香港合影

燕被世人認為是出賣者，而舒蕪有口莫辯。舒蕪病卒，羅公為文鳴不平，刊諸《大公報》大公園（二〇〇九年九月）。羅公作一士之諤諤，為友發聲，難能可貴。然羅公為撰此文，竟至中風入院急救。出院後筆者登宅探望，海星世兄說其父寫此文代價甚大（中風），成本極重（醫療費十幾萬）云云。在羅家造訪中，筆者忽接《澳門日報》李公來電話，謂鍾敬文公子鍾少華，擬請羅公執筆為黃苗子辯誣。惟筆者以為苗公高齡近百，近日臥病醫院，當不能有所動作，至於請羅公出頭反擊，當亦有難度。筆者遂以羅公因撰寫舒蕪一文中風，甫出院，恐短期不便執筆。嗣後羅公康復較佳時，筆者以當日李公來電轉告，而羅公真的上京，約苗公相見。某日苗公在朝陽醫院透析（洗腎）後返家中，兩老相會，羅公本係沉默寡言，苗公又很疲憊，沒詳談，也就告別了。後來羅公發表了《黃苗子還是詩家》（二〇一二年九月十六日「蘋果樹下」）苗公已不及見，文中前段為喬冠華被冤枉而發聲，末段則為苗公被誣而鳴不平，此文亦成為羅公絕筆。

筆者曾請苗公為羅公被誣「美國間諜」而寫清白證明（詳拙文《霧裏看花說羅孚》），而羅公的絕筆則是為苗公鳴不平。其論交不以順逆為諱，不以生死相違，確是令人感慕！

二〇一四年五月二十二日

羅孚與葉靈鳳（右）
舒蕪（左）

吳荻舟是香港守護神

對《吳荻舟筆記輯錄》的先睹為快

舊日讀余汝信兄《香港，一九六七》，佩服其史料文獻之豐富，分析之透澈，立論之持平客觀，令人於紛繁迷亂中能洞明那不堪提的六七暴動。今歲首，又承饗以《吳荻舟筆記輯錄》，此為余兄與吳輝（吳荻舟千金）共同整理而未刊，擬增入《香港，一九六七》再版本中。惟余兄知我渴求近代資料，且知我搜羅中又每以先睹為快。知我顧我，故蒙惠贈此未刊稿。

此《吳荻舟筆記輯錄》有助了解六七暴動，當中史料細節，當年中英角力，周恩來對極左的質疑，吳荻舟本人的糾偏等等，每如實紀錄。而吳荻舟對此只是備忘紀錄，原無出版意向的。而日後的出版和使用，僅出於後人的愛惜史料而已。

關於「七百打斬蔗刀」事件

《吳荻舟筆記輯錄》所載其最觸目的是「七百打甘蔗刀」之事：

勞資糾紛轉化為政治鬥爭初期

六月廿七日：

提出七百打蔗刀問題，我認為這不應搞，還是要搞文鬥，但先摸清情況。

六月廿八日：

「為了積極支援我們的抗暴鬥爭，請速供應七百打甘蔗刀。」我暫止於深圳。

兩段紀錄只五十七字，而又事隔四十年，這仍足令香港人為之驚愕。這事，除了見於《吳荻舟筆記輯錄》，也見於《吳荻舟傳記》，云：

又有一次外貿部門用電話報告說有人以××公司名義打鑄了七百把割竹大刀運去香港。吳荻舟馬上通知無論如何不能運出去，運到甚麼地方就停在甚麼地方，查清用途。

傳記作者還不無慶幸的寫道：

這時大刀已到深圳了，果然不是正常貿易，而是準備遊行用的，幸好及時截住了。

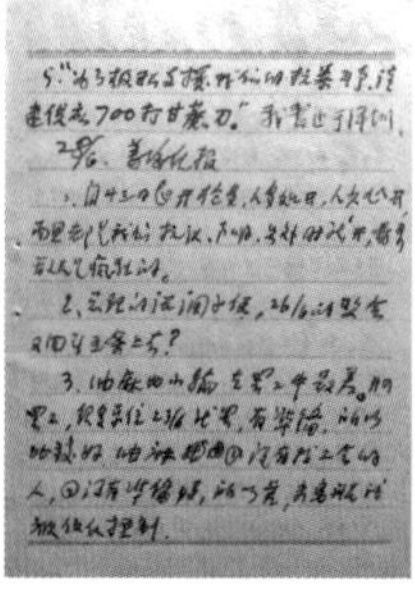

吳荻舟（右）
六七暴動中，香港有人要求內地提供七百打甘蔗刀，並已運到深圳，被吳荻舟及時攔截（左）

這哀哀天地有「殺人如草不聞聲」的設局者，而同時也有「潤物細無聲」的高人。有吳荻舟老成謀國，在沉默中把這血腥的計劃擱置了。

試想，「七百打斬蔗刀」，每打十二，即八千四百之數。有那麼多的刀，自應有那麼多的刀手。那就是八千四百位執刀壯士。那麼，那八千四百位刀客又該是怎樣的一個概念呢？

試想：馮白駒領導的游擊隊，建立以五指山為中心的根據地，至一九四七年十月，已發展到八千餘人。這數目足令中央軍委給予升格，准易名為「中國人民解放軍瓊崖縱隊」，憑這八千多人為基本力量，已能夠政令遍布海南全島，形成了對蔣軍據點的海口、北黎、瓊東、榆林等城市的包圍態勢。

而香港這彈丸之地，比海南島小得多。但把一個數量幾等如「中國人民解放軍瓊崖縱隊」的八千四百人的大刀隊，於繁盛的皇后大道「曬馬佔中」，那該是怎樣的世界？

兩年前，筆者也曾承吳輝小姐惠賜廣東省委黨史研究室出版發行的《吳荻舟》一書，中有《吳荻舟傳記》，對此截運甘蔗刀事是早有透露，我對這敘述不免存疑，因為太出常理之外了。及至讀到《吳荻舟筆記輯錄》的未刊稿，始知事情是信而有徵，世間確有作悖理設計的狂人。

這《吳荻舟筆記輯錄》只是「輯錄」，並不是吳荻舟筆記全部，但在

防暴隊施放催淚彈驅趕示威學生

吳輝《有關香港一九六七年的原始材料》一文中，我們可以看到吳荻舟不單制止了七百打刀運港，他還制止了運送和撤回已運抵香港的一批槍械。試看：

一批海運局護航用的槍枝運到香港，被拿上岸，並說還要更多。香港左派有人說是「中央有指示」，吳說中央沒有這樣的指示，即報告周恩來，並命令停運，已運港的要撤回。「經查，這些槍是準備武裝幾個據點作為堡壘與港英政府對峙。」

在那艱難的日子中，吳氏一直是香港的守護神，但舉國欲狂的年代，吳荻舟這「獨醒」的做法，是容易樹敵的，輕則被視為右傾的保守派，甚者，可以被誣為叛徒、內奸、洋奴。

溫室人語

「溫室」是指漢代「溫室殿」，是商談國事之處。有人問大臣孔光，溫室樹是怎樣的？孔光不答。這是內廷保密。現世道不同，人要知情權，政事要公開，故反其義而用。

吳荻舟筆記中多處紀錄下周恩來的無奈。以下是《輯錄》紀錄一九六七年五月廿七日周恩來總理聽港澳工委常委朱曼平（新華社香港分

示威群眾手挽著手
與防暴隊對抗

社副社長）等匯報時的談話，以下是摘錄，而【】內者是筆者所加的參讀。

1.「大屠殺」26/5還出現，是不符合毛澤東思想的。

【說的是五月廿六日《人民日報》報導過火，用詞不當（大屠殺），激發香港左翼群眾擴大暴動，陷中央於被動。周妙用「是不符合毛澤東思想的」（指「實事求是」）大帽壓下去，無人敢駁。】

2.既不和英打一仗，又不準備收回香港，那末强調過了頭。

【是指《人民日報》報導的是五二二事件。因新華社香港發出電訊謂「港英……血洗香港街頭。據初步了解，至少有二百名同胞被打死和受重傷，輕傷的不計其數。」而《人民日報》以訛傳訛，據此冠以「血腥大屠殺」的標題刊登。「周恩來指示新華社進行核實，結果發現實際上只死了一人。周恩來嚴厲批評說：這是嚴重的失實，更加激起人民的義憤，使我國在政治上很被動。發這樣大的消息報導，為甚麼事先不向我請示？你們越搞越大的目的是甚麼？」（《「火燒英國代辦處事件」始末》）】

3.重新批評……「報紙報導過火」，「大屠殺」。

【《人民日報》報導過火，是因為香港方面「謊報軍情」，誇張失

被捕示威人士振臂高呼口號

實，抑或是當時極左思潮下，黨報的慣常處理新聞手法。錯誤資訊害中央領導作出錯誤決策，似是這幾十年大陸政圈常態。舊日封建時代矯詔是死罪，是要殺頭的。而六七暴動中這些「失誤」，層峰似不當一回事，未嘗聽聞有因此而受處分者。】

> 6.朱談到敵人的看法，和估我不解放，要搞世界革命時，總理「那也不一定，中央下決心的問題」。

【這一條可圈可點。朱曼平「談到敵人（港英）的看法，和估我（中共）不解放（香港）」，因為要利用香港「要搞世界革命時」，周總理說：「那也不一定，中央下決心的問題。」這句話暗藏玄機。與第十五條，周恩來說的「即使要收回，也要選定時機。」和「要出其不意的一擊（舉了反擊印度）」相連繫。此兩條顯示了六七暴動時，北京曾經考慮過收回香港，但沒有回收，那是「中央下決心的問題」，那時毛澤東即中央，毛說了算。「中央下決心問題」即是祇待毛公下決心。】

此外，吳荻舟筆記還透露出一些過去從未聽聞的細節，例如六月二十二日：

> 港督通過利××私下詢問費、王、高，是否願受政治庇護，還是願被驅逐出境。

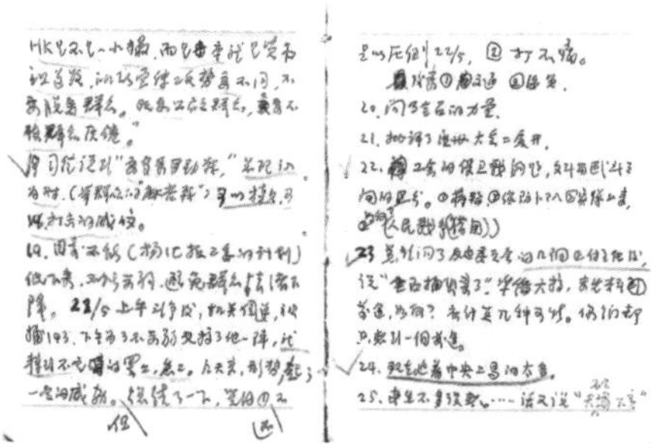

吳荻舟筆記中有不少處反映出周恩來的無奈：「現在迫著中央上馬的太多」

費是費彝民，王是王寬誠，高是高卓雄。可見當年高卓雄離港他去，遠離這是非地，是因港英傳話威嚇。王夫人也偕兒子飛瑞士。這傳話的利某，不知是否利銘澤？

又六月二十六日：

> 皇仁、真光，不要孤立行動，要隨大流，只要不單獨搞一套，就不會暴露。請速通知下去。如皇仁、真光這樣做，反突出和暴露了自己，如果是我們布置的話，要馬上糾正。

還有，香港鬥委會指揮部要搞大遊行，準備了一份二百多位骨幹力量的名單。吳荻舟提出要把名單立即銷毀。吳有白區工作經驗，不能蠻幹，不能將骨幹力量暴露，要慎加保護。

吳荻舟對北京官方的極左舉措，也竭力阻止。例如當吳荻舟讀到外交部一個報告（一說是姚登山起草的），內容是最強烈抗議港英瘋狂迫害香港愛國新聞事業，「英國政府和香港英國當局必須在四十八小時內撤銷對《香港夜報》、《田豐日報》和《新午報》的停刊令，無罪釋放上述十九名香港愛國新聞工作者和三十四名工作人員。」「否則英國政府必須對此承擔一切後果」。吳即電周恩來秘書錢家棟，請錢報告周總理，是否把文件壓下來。其時神州大亂，外交部也已失控（部長陳毅已被奪權），壓不

防暴隊鎮壓示威群眾

下來了。已奪權的外交部造反派，在八月十九日晚上，「故意在深夜周恩來極度疲憊、已上床就寢之際，以特急件讓他簽批。」（《「火燒英國代辦處事件」始末》）此一說法不知有否依據？但可以肯定的是，第二天外交部西歐司負責人將這件最後通牒式的照會交與英國駐華代辦唐納德•霍布森。當天並由謝富治指揮在北京體育場舉行數萬人聲討大會，以壯聲勢。但英方早摸透北京底牌，根本不為所動，不理會中國外交部這照會。北京很被動，下不了臺，繼而發生北京紅衛兵火燒英代辦處的鬧劇，越弄越糟。

老成謀國

老成謀國的吳荻舟（一九〇七—一九九二），與香港關係密切，解放前已經調港，任《華商報》編輯，一九五七年出任香港《文匯報》社長，是中共香港工委常委，主理交通、文教、新聞界工作。一九四八年羅孚入黨，就是吳荻舟介紹的（前年羅孚語筆者）。吳荻舟一九六二年奉調上京，是國務院外事辦公室港澳組組長。一九六七年香港暴動期間，周恩來指示，由國務院港澳組、外交部、中央調查部等組織「聯合辦公室」，指定外交部副部長羅貴波負責。聯辦下設三個組，吳荻舟掌「群眾鬥爭組」，負責聯絡香港一切事宜，每晚向周總理秘書錢家棟匯報請示。

九龍大專院校學生上街遊行示威(右)

在教育司署門外示威的群眾抗議港英非法逮捕和毒打學生(左)

但形勢比人強，吳的建議也有「毋謂秦無人，吾謀惜不用」的時候。那時候的人總以為極端纔是革命，於是老成謀國者，或說話持平者，都被扣上難聽的「帽子」，只有挨批和靠邊站的份兒。而在香港如火如荼的局面中，就在外交部遞交照會與英國駐華代辦之時，吳荻舟自身也被隔離審查，失去人身自由。（《吳荻舟傳記》）隔了三天，紅衛兵火燒英代辦，吳無法「救火」，自身已經惹火，陷入紅色怒濤中，經歷漫長的審查、批鬥、監督勞動，而且禍延闔宅八口。吳荻舟身心俱疲，也無法理會香港了。

二〇一四年六月二十四日

左翼群眾到港督府貼大字報抗議

余汝信《香港一九六七》

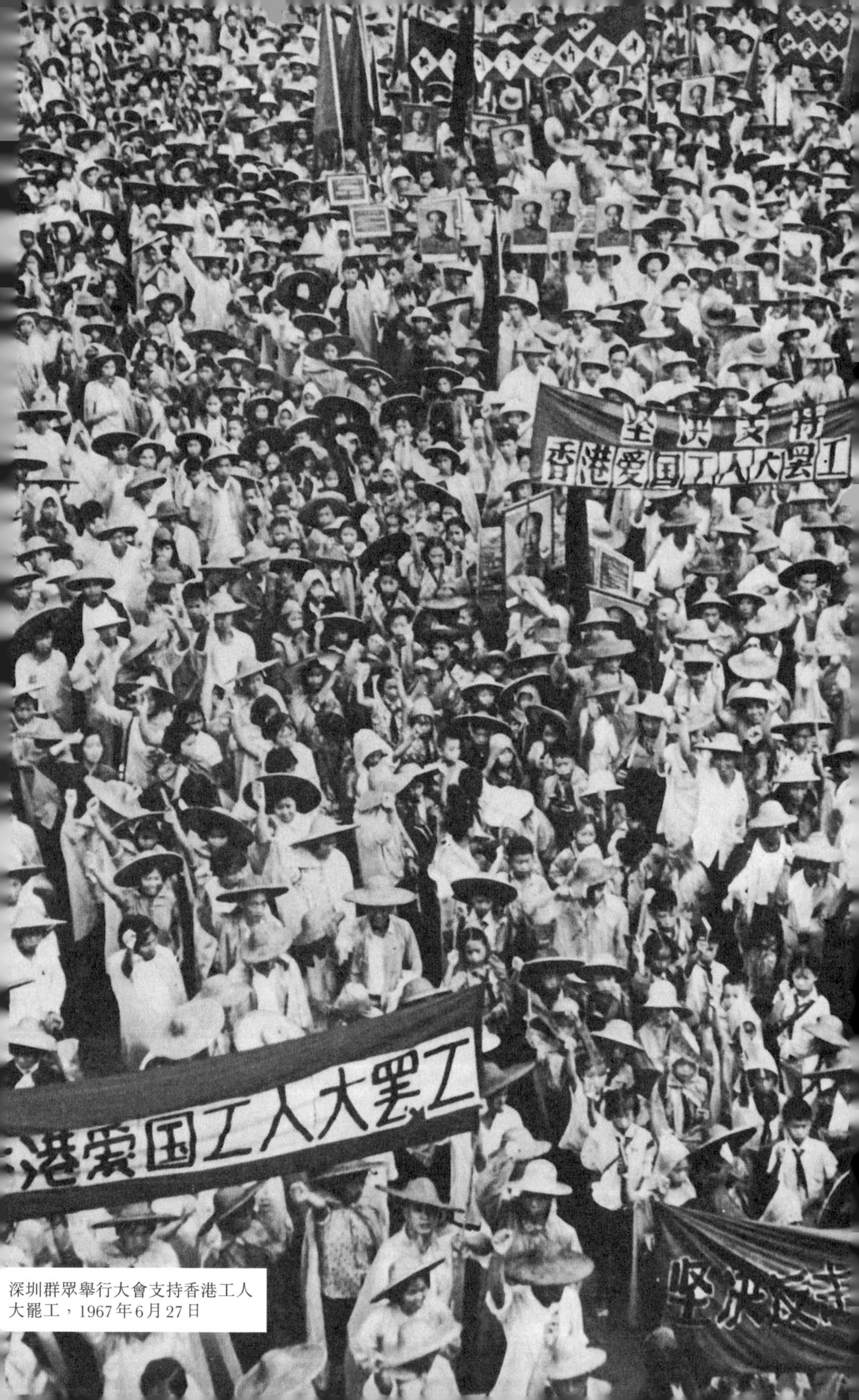

深圳群眾舉行大會支持香港工人
大罷工，1967年6月27日

獨立特行一楊勇

舊日中大中文系一眾教授中，有一獨立特行之士，名曰楊勇。楊勇午饍，多在范克廉樓教職員餐廳，其他教職人員三五成群共饍，楊則往往獨自一人「埋頭苦幹」，消滅飯餸。有一回楊坐在我對面，打個招呼，各吃各的。楊沉默寡言，筆者一句話，楊立即眉飛色舞，滔滔不絕。你道說的哪一句？

筆者見楊的容貌、走路姿勢，酷肖蔣經國，所以誇楊一句：很像今總統經國先生。楊笑顏逐開，與我的距離立即拉近，說，有一回他到臺北，出席某場合，一出現，眾人鼓掌，大呼「蔣院長來啦！」（小蔣那時是行政院長）原來不單只我一人，臺灣一眾將校官兵，都誤將楊勇當小蔣。楊還言及有一學生是蔣經國的部下，也與蔣報告香港有一老師很像蔣，蔣問姓名，答楊勇，蔣反應很快，問是共軍將領楊勇嗎？答曰同名而已。筆者還笑問楊，蔣總統有找你做替身嗎？一九七〇年小蔣在美國紐約曾遭行刺（刺客某君係李登輝康乃爾大學同學兼老友，李因此被查，限制離臺），有些場面，讓替身亮相較安全也。

楊勇

有一次下班回家，與楊勇一道乘火車。楊滿腹牢騷，沿途向筆者一吐胸中鬱悶，數這個，罵那個，評論某教授像茶樓知客、舞女大班，某先生的文章，只有中學生水平，……逐個教授評論，只是隻字不提我的大波士劉殿爵教授。那時我剛在中大返工，不知道學校的「階級鬥爭」如此複雜，也沒遇過如此尖銳場面，應也不是，不應也不是，惟惟哦哦，應以像日本人聽人家說話時發出的哎哎驚嘆聲。

楊勇的年齡，一直是像霧又像花，看不清。記得有一次下班，我與王德昭教授一齊步出文化研究所，正巧楊勇自碧秋樓（當時中文系在碧秋樓）走過來，揮手打招呼。其時王教授在歷史系已退休多年轉到中國文化研究所任高級研究員，我好奇語王教授，你好像比楊勇還要年輕，王朗聲應了一句：「他在學校的年齡是四十七！」怪不得中文系有人說，楊勇小報二十歲，可以延遲二十年退休。也有人說如果寫楊勇年譜，八歲已帶兵剿共，真神童也。

饒選堂教授是楊勇的恩師，楊的碩士論文，就是饒公指導下完成的。八十年代，楊到中國文化研究所二樓饒公辦公室，當場由饒公撥電話與學校有關方面溝通，大概是為楊升高級講師的事說項。但講電話間，選翁忘記了楊勇在校所報年齡，而言及楊一把年紀，快要退休。楊非常尷尬，連忘搖手示意饒公。此一場景是曾公憲通教授現場所目擊者。

楊勇《世說新語校箋》一九六九年十月香港大眾書局初版

楊勇以著述《世說新語校箋》名世，但此書也曾引起過一些爭議。八十年代初，周祖謨教授伉儷莅港訪中大，就曾關注過。周的岳丈大人是余嘉錫，余自三十年代以迄五十年代撰寫《世說新語箋疏》，但一直沒有出版。後來才由周教授伉儷整理出版，被學界認為係眾多世說新語箋注中的最佳版本。

而中文大學同樣有另一著述也引起過爭議，是一九七三年中大出版的某前輩著《黎簡先生年譜》。緣於一九五四年曾有同書名的油印本行世，著者係黎簡後人黎騷字暢九（黎心齋叔叔）。油印本極罕見，筆者也未嘗寓目，無從比較。也許英雄所見略同，筆者不是研究黎二樵，也不必深究了。只是順便紀錄中大中文系曾因以上二書引起過不同議論吧了。

九十年代在銅鑼灣遇到楊老，交談幾句，知道他已敢返大陸，並且擔任他鄉下溫州大學的名譽教授。前幾年，聽說楊老故去了，春秋幾何？實在搞不清。

二〇一三年十月十七日

饒宗頤

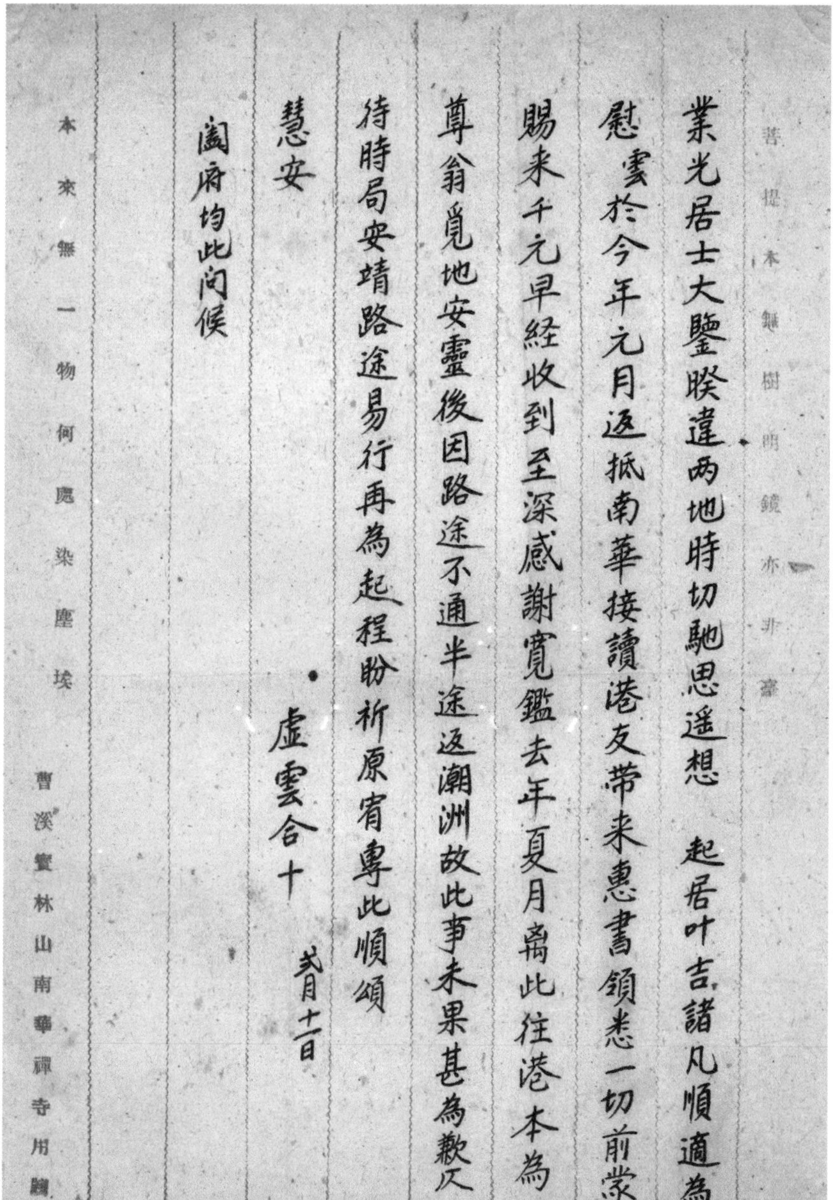
菩提本無樹明鏡亦非臺

業光居士大鑒睽違兩地時切馳思遙想　起居叶吉諸凡順適為
慰　雲於今年元月返抵南華接讀港友帯来惠書領悉一切前蒙
賜来千元早経收到至深感謝寬鑑去年夏月爲此往港本為
尊翁覓地安靈後因路途不通半途返潮洲故此事未果甚為歉仄
待時局安靖路途易行再為起程盼祈原宥專此順頌
慧安
闔府均此問候

虛雲合十　二月十一日

本來無一物何處染塵埃　曹溪寶林山南華禪寺用牋

虛雲致方寬烈手札

結緣花布方

七十年代聽到常公宗豪提及花布方（業光），而未見其人。嗣後臺灣藝術圖書公司何恭上兄來港，蒞銅鑼灣興發街美城花園大廈訪寒齋（星島何錦玲大姐在同廈高層，柴娃娃騎在寒齋頭上，薛興國則在同廈另一座），約方到寒齋晤面，始認識方先生。交談之下，原來就是美城大廈右面永興街豐昌順的老闆，豐昌順是香港校服有名的專賣店，難怪他被稱為花布方。

筆者習慣向新相識者請教出生年月日，方報稱一九二八年農曆八月四日，潮安人。但後來聽他自己言及十七歲那年，日軍襲港，父親被炸死。那麼方就不可能生於一九二八年了，應該是一九二三年癸亥屬豬吧。有一兩次與方閒談，只當作他未說過一九二八而直言他生於一九二三年，方也認了。（有些資料說生於一九二五年肯定也是不對的。）

方的生平，有各種各樣資料介紹過，而以二〇〇四年「香港中央圖書館口述歷史訪問紀錄」最為詳盡，不必筆者饒舌。

方有潮州人的慳儉傳統，雖雄於資，卻自奉甚儉。方氏伉儷住在鰂魚

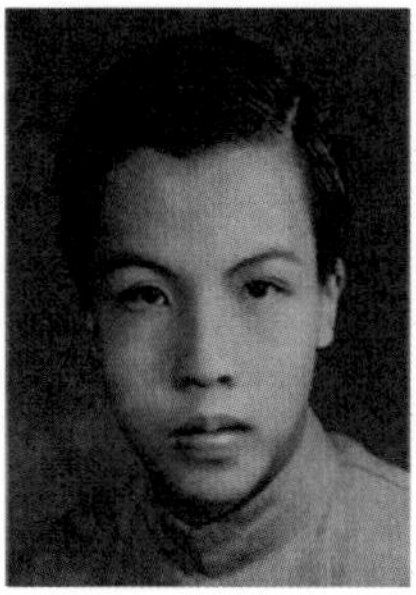

早年方寬烈

涌南豐新邨一個幾百呎的小單位，有一菲傭侍候。而前些年，方身體尚可時，經常在外邊走動，訪友尋書，手中往往攜著兩三層頗髒舊塑膠公司袋，大概是撿到的舊書，穿的西裝又很不講究，不會是自己豐昌順的產品吧，邋邋遢遢，一副拾荒老人形象。禾稈蓋珍珠，怕張子強標參嗎？

方雖然做生意，卻從不在筆者面前提到此凡世俗事，而是只談掌故、談文、談書、談詩。方雅好詩詞，有「方詩人」之稱。三十年前，方知道筆者有王力、周祖謨、王辛笛等等學人題贈的詩作，要我提供照片與他，說要收入他編的一部詩詞集中。我雖然遵命奉贈這些學人詩詞墨蹟照片，但不無擔心的問，詩的作者是否同意將之入集呢？而作者可能有其他更佳的作品，你收入集的未必是作者滿意之作。方說，這我可不管了。老人家熱情率性，其餘不問。

方喜集郵，和平後次年，方與陳江峰發起「中國郵學會」，陳任會長，方副之。還辦了一份《中國郵學會會刊》。方知我不集郵，所以從不與我談郵票事。但他的集郵，卻間接豐富了我的收藏。怎麼說呢？方後來喜集名人手札，老人家經陳子善教授之介，與集藏名人手札著稱的鄭逸梅聯繫上，鄭老一九九二年病故，鄭公子鄭汝德雅好集郵，花布方就拿郵票換取其家藏名人手札。方跟許多名作家通訊，保存了這些名學者、名作家給他的信，如曹聚仁、簡又文、謝冰瑩、瓊瑤……還向好些作家索取別的

晚年方寬烈

名家給這些作家的書信，所以他藏的手札真是一大批。十年前吧，方也八十過外，開始處理藏品，筆者不好意思直接跟老人家交易，而是通過他身邊的朋友，陸續購買他的藏札，而在他面前從不言及。所以老人家直到故去，並不知道其所藏大都歸了筆者。前幾年陳子善兄蒞港，約方晤面，也把筆者拉去，談次間，知道筆者也收了些名人墨蹟，始表示他年高老邁，請筆者到他家承接他的藏品，筆者也就聽命去了好幾次，接收了好幾批，但已沒有甚麼精品了。其實花布方的珍品：如印光法師致方父方養秋的手札，周作人致高貞白手札，朱自清、朱湘等致羅香林手札，呂碧城致陸丹林手札，周璇致吳其敏手札等等，早入寒齋中了。方有心讓我承接，開的價錢都很實在，大家不用猜度，他要多少，筆者立即遵命開票，悉數照付。

三年前，方得了癌症頑疾，說服用標靶藥治療，但每天仍忙個不了，處理藏書，捐了一批珍本與香港中文大學圖書館，又趕緊整理自己的書稿，間中來信約我去接收東西。有一回拿出一大疊石印本書的插圖，他說鄭振鐸編印了明清木刻本插圖，而沒有來得及編清季的石印本插圖，方本有意賡續其志，收集了一大批有插圖的石印本書，書太多放不了，就把插圖都抽出來，擬編輯成圖冊。方續說現在沒精力了，條命攞不了多久，像恆生指數往下跌。老實說，我也哪有精力弄這事，但做慣「好好先生」，

方寬烈題贈著作與筆者

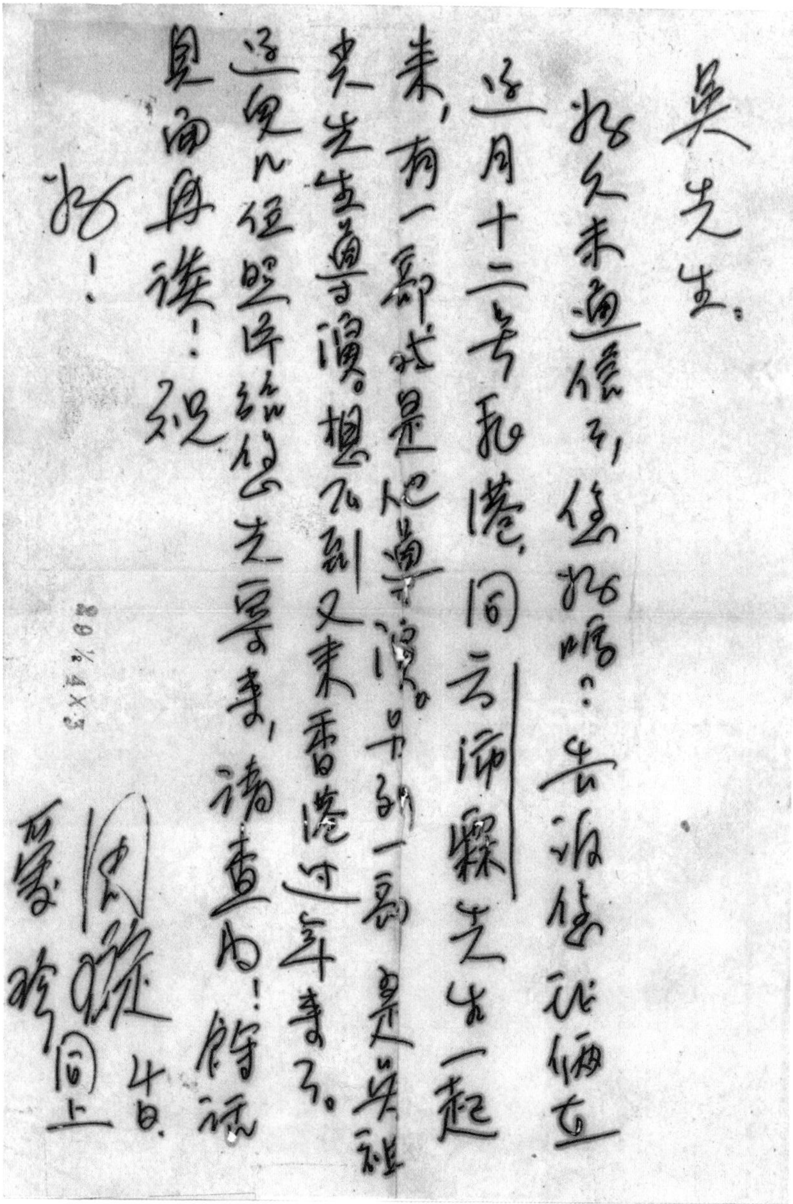

吳先生：
好久未通信了，您好吧？！告訴您我倆在這月十二號飛港，同方沛霖先生一起來，有一部戲是他導演。另外一部是吳祖光先生首導演。想不到又來香港過年來了。這幾張照片給您先寄來，請查收！餘話見面再談！祝
好！
周璇
愛珍同上
廿四

周璇、愛珍致吳其敏手札

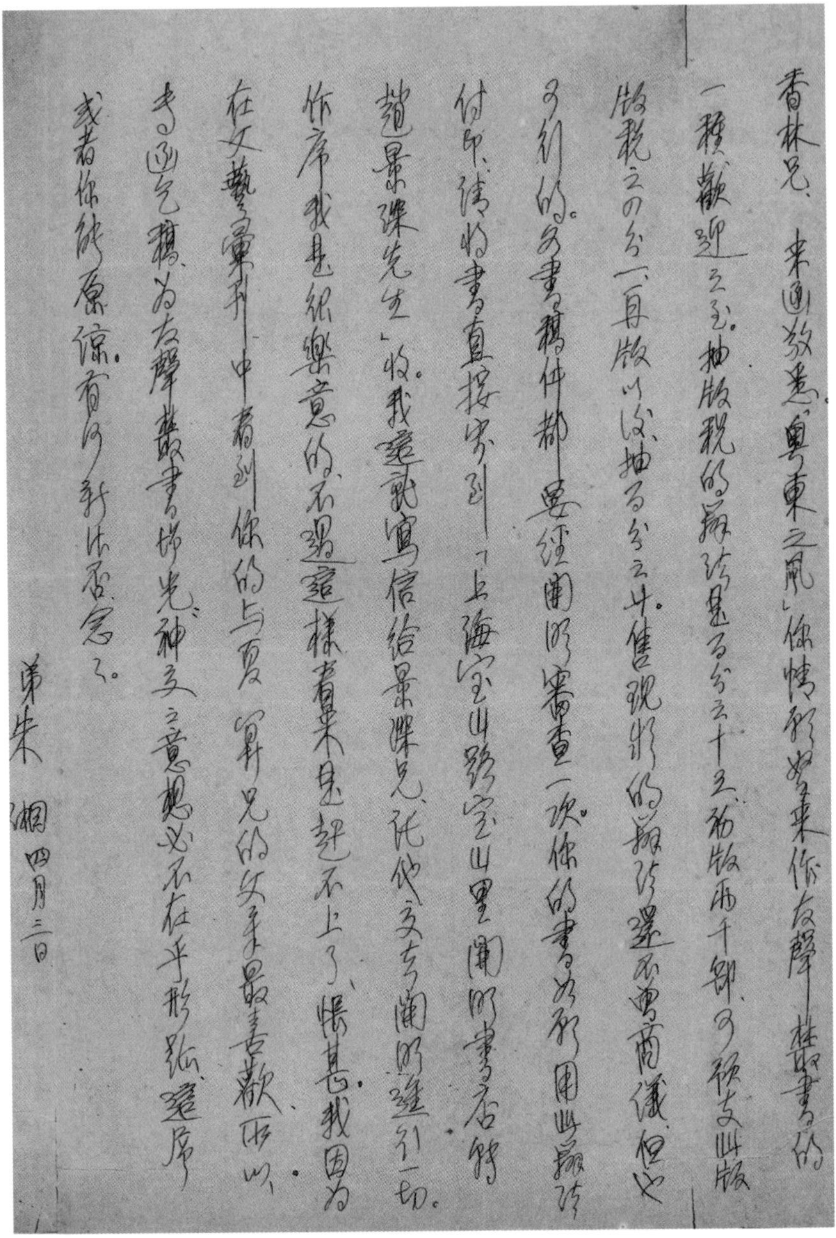
香林兄、來函敬悉。「粵東之風」依情形加入作友聲叢書的
一種，歡迎之至。抽版稅的辦法是百分之十五，初版兩千部，可預支出版
版稅之四分一，再版以後，抽百分之廿。售現稿的辦法還不曾商議，但也
可行的。叢書稿件都要經開明審查一次。你的書如用此辦法
付印，請將書直接寄到「上海寶山路寶山里開明書店轉
趙景深先生」收。我這就寫信給景深兄，託他交去開明，並[illegible]一切。
作序我是很樂意的，不過這樣看來是趕不上了，悵甚。我因為
在文藝彙刊中看到你的與夏[illegible]兄的文字最喜歡，所以，
寄函乞稿，為友聲叢書增光，神交之意想必不在乎形跡，這序
或者你能原諒。有何新作否？念念。
弟朱湘 四月三日

朱湘致羅香林手札

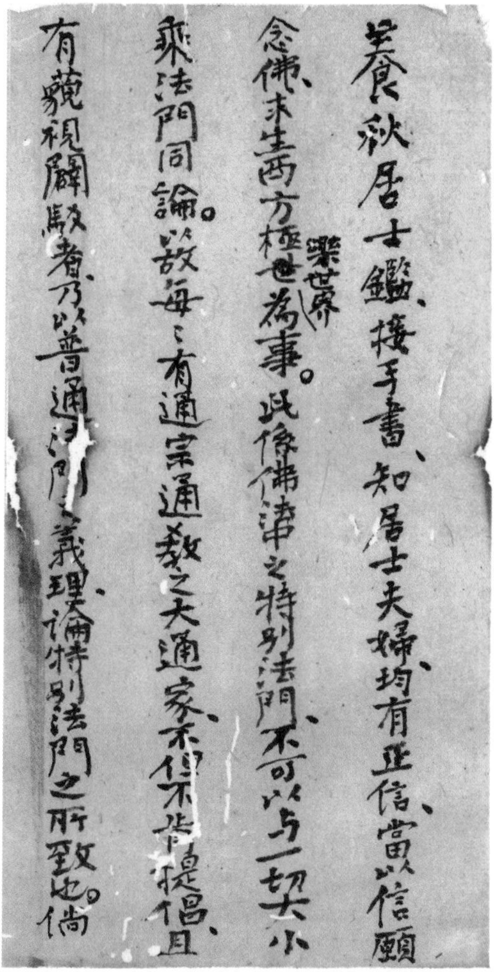
養秋居士鑑、接手書、知居士夫婦、均有正信、當以信願念佛、求生西方極樂世界為事。此係佛法之特別法門、不可以與一切大小乘法門同論。故每每有通宗通教之大通家、不但不肯提倡、且有藐視闢駁者、乃以普通法門之義理、論特別法門之所致也。尚

印光致方養秋手札

也照開支票接收了。一直放在寒齋沒有再翻開過。前兩月，借陪翟惠洸施將軍參觀中大圖書館之便，見該館整個團隊有心而又有能力任事，遂向該館霍主任表示，小弟接收了方氏一批石印本插圖，可以轉贈，由他們保存整理，待下一回他們蒞寒齋時奉呈。

上個月，方先生又來信，命筆者電方夫人約時間到他家見面，有甚麼手札已檢出來，可以轉讓。惟收信去電時，方已入院，方夫人說過幾天出院再約。有兩三次去電，知老人家仍在院中與癌魔拚搏。

及至九月九日星期一，上午去電方宅，無人接聽。下午再電，找到方夫人，問方先生出院了嗎？方夫人說，方已登天國，語帶欣慰。本來擬說的「節哀順變」等套話在嘴邊停住沒說出口了，改為說，總算賺了三年，大解脫了，也九十歲了。方夫人糾正說九十一了。證明花布方生於一九二三年，沒錯。問方夫人方先生哪天走的，答記不起了。

方夫人復說，方在醫院奈不住，自己簽名出院返家，說可到處走動。上星期某日七時半，要吃晚飯了，方說很飽，不吃了，覺得很累，先去睡覺，睡得很平靜，但身體漸冷，夫人有點不知所措，打電話喚住在康怡的兒子趕來，即叫白車，救護人員來到時即行急救，已不行了。方夫人說人家會扯氣，方則無聲無息，走得很安祥，很平靜。我說真是幾生修到，可以叫笑喪了。方夫人說一切從簡，有心。我應以：請她老人家自己保重。

或許花布方信佛，走得安祥。他是虛雲弟子，虛雲弟子都是寬字輩，「寬烈」就是虛雲賜的法名。筆者與花布方交往幾十年，感覺到的是寬，看不到烈。但能認識，能交往，又能得其所藏，都是一個「緣」字。

二〇一三年九月十一日

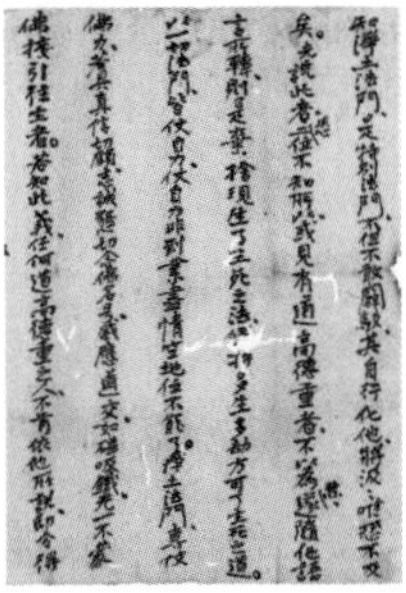

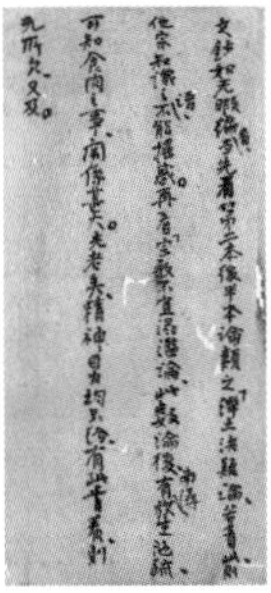

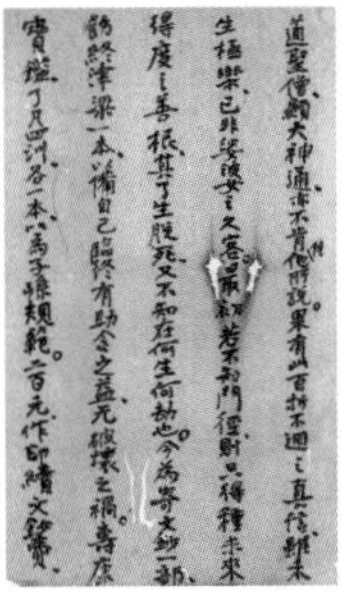

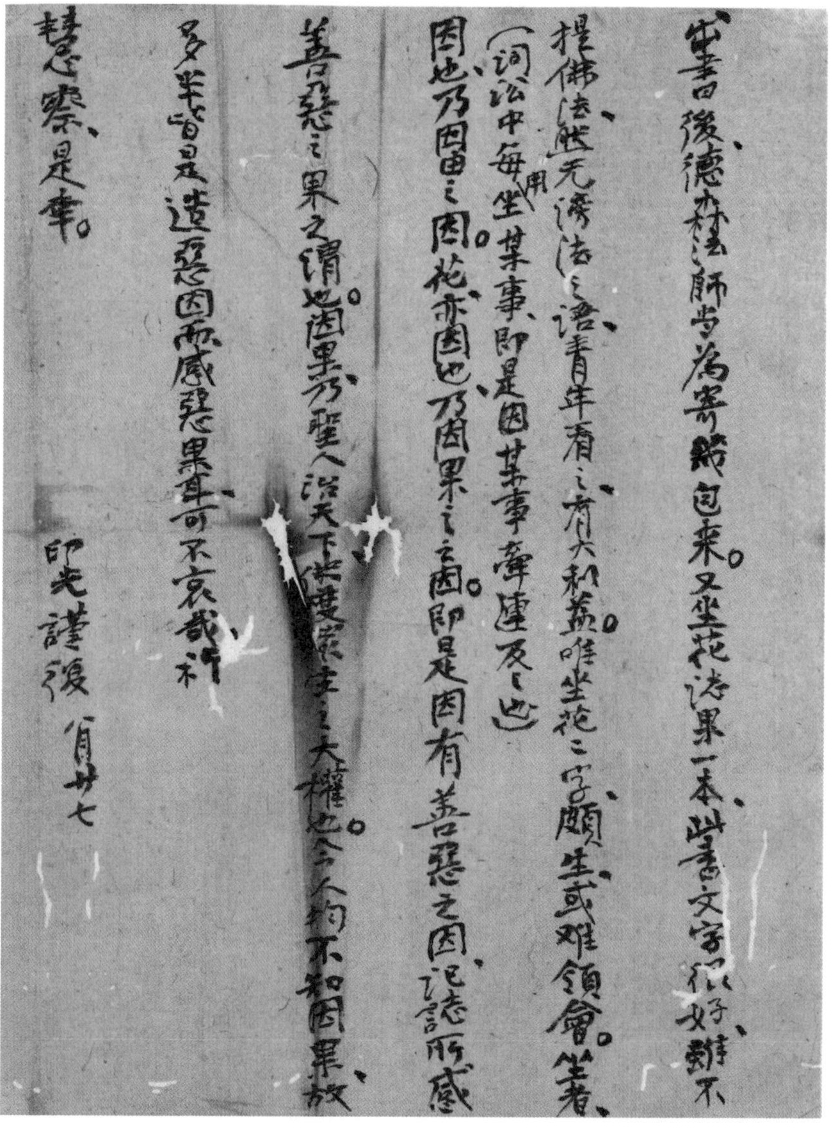
此書後，德森法師當為寄兩包來。又坐花誌果一本，此書文字很好，雖不提佛法，然無礙法之語。青年看之，有大利益。唯坐花之字，頗生或難領會。筆者、（詞訟中每用坐某事，即是因某事牽連及之也）因也，乃因由之因。花亦因也，乃因果之因。即是因有善惡之因，記誌所感善惡之果之謂也。因果乃聖人治天下，佛度眾生之大權也。今之人均不知因果，故多半皆是造惡因而感惡果耳，可不哀哉。祈轉送蔡，是幸。

印光謹復　月廿七

牛棚小友萬青屴

萬青屴教授數十年立德、立功、立言於香港，這都有典冊高文可以說明，不必我來叨絮作錦上之添花。本文只想側記「高文典冊」所未及載的萬君瑣事，也讓人從萬君的事例中，體認「天道無親，常與善人」，以及「禍兮福所倚」的道理。

上個世紀八十年代初，中央美院一眾師生擠在副院長朱丹家中，那天萬青屴到得晚了些，朱丹瞥見，招手要萬來到跟前，高聲語眾道：這位就是我的牛棚小友萬青屴。萬遂雅號「小棚友」，後來萬更倩人以此刻成閒章。

「小友」一詞，是唐人張九齡稱呼李泌的，那是「舊典」，但「牛棚」一詞卻是「今典」。港人要是讀過楊絳、季羨林的著作，那會有所認識。要不然，就需在這解說一下。

丙丁紅羊劫難，中央號召「要橫掃一切牛鬼蛇神」，一時全國大亂。舊日搞運動，倒霉的是「地富反壞右」，這回搞運動，倒霉的卻是共黨自身在各個領域的當權者，而且越出名越倒霉，後來發展至全民皆倒霉。那

萬青屴（右二）與李可染、李庚（左五）、周思聰（左二）、張仁芝（左三）等在北京香山合影，1976年

些學術權威，也被作為牛鬼蛇神打倒、橫掃。有被當場鬥死打死的，而留得餘命的要關押，關押這些牛鬼蛇神的地方就叫牛棚。那時萬青屴以學生之身竟也成為牛棚中的一員。

本來，萬青屴抗戰勝利那年出生，文革初起是中央美院的學生，名不見經傳，只有二十一歲，不是教授，更談不上甚麼學術權威，怎麼也變牛鬼蛇神而成為小棚友呢？只緣萬青屴無政治警覺性，或者叫單純，或者叫會獨立思考，這種人就是不肯隨波逐流（董建華妹妹董建平說萬很獨立），難與中央保持一致，那在大陸生存就要吃大虧了。有回中央美院一眾學生批鬥老師，是批鬥班主任程永江，說程是保皇派，眾人高呼打倒口號，但萬青屴卻覺得老師很好（程老師指定萬做班長），不應該打倒，沒有跟著大伙振臂喊口號，這就被其他造反派同學發現，這還了得，立即把這異類萬青屴揪出來，推上臺上陪鬥。由此美術史學系造反派注意萬青屴了，覺得萬有問題。當時批中央美院修正主義招生路線，萬便被作為這一路線招生典型而被批。那甚麼叫修正主義招生路線呢，其中一條是指：只看學業成績，不問出身成份。

當年申請報考中央美院的人龍長得不得了，挑出合乎資格可以參加考試的共五百位，而入學名額只有十名，扣除了留給西藏和海外學生，實剩七個名額，那考入學試也像入少林寺木人巷。可見能考進這家中國美術學

1966年11月，北京帥府園中學紅衛兵衝入中央美院，批鬥吳作人院長、劉開渠副院長、黨委書記陳沛、國畫系主任葉淺予、人民美術出版社長邵宇等

府，絕非僥倖。

但萬的祖父在國民政府做過事，家庭成份算黑五類了。再把眼前各種因素相加，萬青屴遂變成學生中的牛鬼蛇神，先在北京電影學院地下室隔離審查，幾個月後才調離此不見天日的「黑獄」，轉移到關押一眾中央美院老師的牛棚。牛棚中同一輩小棚友共三位，鄧小平千金鄧琳即其一。而數萬青屴年紀最細，因名小棚友。

萬青屴莫名其妙的被拉入牛棚，與一眾「反動學術權威」關押在一起。老人夜尿，怕住上鋪，於是「小棚友」可以淩駕眾師之上了。他睡上鋪牀，而下鋪牀是李苦禪。一個多月之後遷移至另一室，他也是上鋪牀，騎在另一姓李的李可染頭上。這間房較大，關了二十多人，李可染之外還有吳作人、田世光、黃永玉等，都是響噹噹的大師級人馬。在牛棚生活很苦，要勞動，洗廁所，寫檢討，又吃得差，還被歧視。飯堂有位分發飯菜的師傅也姓萬，在萬青屴托缽領食物時，就曾出言罵萬青屴說：你也配姓萬？這萬師傅連湯連菜的一勺，故意倒掉半勺才分給萬青屴，萬青屴的心情如何，可想而知。但能與一眾大師日夕相處，對萬青屴卻有莫大裨益。有人問過萬青屴，如果再來一次文革，你願意再入牛棚嗎？萬青屴回答，如果可以與老師們重聚，他還是希望能夠再入牛棚。

關於牛棚，廣州也有一牛棚奇人，是可以和萬相比的。是住在大新街

萬青屴與李可染，1977年

高大威猛的李根。單看名字就夠草根，李根是當年看管牛棚的人。他看管的牛棚當中就有商承祚，近水樓臺，以牛為師，後來也居然做了收藏家，這也算是可與萬青屴相媲美的牛棚奇遇。

在牛棚歲月之前，萬氏的早慧也可一說：萬是安徽宣城人。自幼父母雙亡，靠姑姑撫養成人。小時已雅好書畫，因畫作被老師送去一個國際兒童畫展，並得了一個獎，萬青屴被選拔入北京少年宮學畫（一九五六）。當時教萬畫畫的老師柴定芳尚健在，這位近九十歲老人家說，「當年所教學生中有個萬青屴，萬青屴的名字現在還有人知道的」。而牛棚歲月之後，那是文革後期，萬青屴漸入佳景，他被調入北京畫院畫畫（筆者藏有萬這一時期的作品《赤腳醫生》），他在藻鑑堂中國畫創作組工作了三年，期間萬青屴拜倒那「牛棚」下鋪的李可染為師，算奇緣了。一九七六年再經李可染同意拜陸儼少為師。嘗見萬青屴此一時期寫生冊，畫風深受李陸二位恩師影響，允稱得「北李南陸」兩家真傳。到中央美院招研究生時，李可染又招收萬做研究生，畢業後分配入中國畫研究院籌備處創編《中國畫研究》，幹了三年多。

就在他努力工作的時候，災星忽降。話說中國畫研究院成立，國務院副總理谷牧出力不少，黃胄也花大氣力。但黃胄丘八習氣重，法制觀念不強。六十年代初曾捲入文物走私案（將徐悲鴻畫作切為四張糊在筆記本

1980年夏萬青屴（右）與陸儼少在上海延安中路「就新居」合影

上被海關發現）。當時中國畫研究院訂了數噸宣紙，財務審計時發現缺了一半，警惕之下展開調查。文化部同時要萬參加文化部三個調查組之一的「藝術局調查組」（由藝術局李剛局長領導，除此外還有另外兩個調查組負責經濟財務等方面的問題），萬並執筆寫過關於中國畫研究院現狀的報告。有一天，黃冑請萬在友誼賓館吃飯，全廳只一桌二人。黃問萬，我待你如何？萬答：很好。黃再問：上頭調查我甚麼？萬不能答，也無法答。當時黃冑是借谷牧名義壓文化部，稱谷牧提議他當畫院院長，黃冑提出由李可染任院長，他本人願意出任常務副院長。文化部調查後發現，谷牧並沒有提出過院長人選問題，因此文化部開始對黃冑不信任，而蔡若虹也囑咐葉淺予管住黃冑。但黃冑交遊廣，辦事能力強，風風火火，甚麼人都管不了。文化部有一官員過去曾是鄧小平的警衛人員，部裏借此君關係，連同調查報告及萬起草的報告一併上呈鄧大人，當時鄧正要尋機會修理谷，嚴厲發話要谷不要插手干擾文化部工作。而谷牧當時最怕鄧小平，因文革後期他「批鄧」表現頗為積極，因此立即停止不再干預文化部事物。後來黃冑也就被攆走了。畫院的一位司機因別的事情犯案被捕，供出曾受命要教訓萬青屴，還要傷及他的妻兒（據猜測或是黃冑部下親信所策劃），萬一家三口處境危險，每日提心吊膽。因此期間中國畫研究院同事張晨（美術史家張安治公子）、趙力忠每天護送萬上下班。看來是北京呆不下去

吳作人、蕭淑芳伉儷在萬青屴家留影，1982年春節

了，不得不走。萬通過吳作人，張安治推薦，一九八四年去美國留學，在美利堅開展人生另一頁。

萬青屴到堪薩斯大學隨李鑄晉教授攻讀，得博士銜，即取得在高等院校、博物館搵食的「奶神」（執照）。一九八九年港大美術史學系莊申教授退休，美術史教席遂有一缺，港大在美國招聘教授，其時萬正在納爾遜博物館幫何惠鑑搞「董其昌世紀」大展工作，何惠鑑叫萬申請此教席，結果在十多位候選人中跑出，遂與香港結緣。但因當年從未有拿中華人民共和國護照受聘為港大專任教授者，萬的簽證搞了許久，也辦不下來，聽說結果要港督出面過問簽證才批下來。（後來萬出入港境偶也有麻煩）二〇〇六年萬青屴在港大快退休了，浸會大學借調去草創新成立的視覺藝術學院，出任講座教授，直到前兩年雙六年華始正式退休。萬在香港二十多年間，為我們香港培養了數十位碩士博士和博士後研究生，在美術教育方面是貢獻良多的。

人生總有些波折。萬青屴在大陸有文革的折騰，來香港不久，糊裏糊塗得了個白血病。但上天還是眷顧萬青屴，因患此頑疾時是在香港大學教授任內，港大教職員的醫療福利奇佳，當時港大醫學院治療此惡疾的專家，用了瑞士出的特效針藥，每週注射三次，每次兩針，幾年下來，總算治愈了。（李可染太太鄒佩珠曾教萬服用民間偏方，萬大概沒有敢試）。

萬青屴與葉淺予、黃永玉
在香港看畫展，1992年

而這種特效針藥當時已高達數千元一針，這醫療所需鉅款統由學校負擔。設若萬青屴不是港大教授，此病會要了他的小命的。萬得病時嘗言，或活不了幾年了，但瑞士的特效藥卻救了他。要是回想當年畫筆下的「赤腳醫生」，萬博士該作何感慨呢？

萬青屴少年時代瘦小個子，架副眼鏡，屬文弱書生之列。九十年代初筆者陪同虛白齋主人劉公作籌到尖沙嘴天香樓飯局上認識萬，萬嘴上已蓄有小鬍鬚，看來正值盛年，但甫一交談，即覺得此君不食人間煙火，談話間著實受不了他的迂腐，忍不住要「潤」他幾句，還好沒有吵起來。與萬同出李鑄晉教授之門的藝術館朱錦鸞博士（唐太）坐在萬與筆者之間，聽到我們唇槍舌劍，互不相讓，陰陰嘴笑，也不敢做魯仲連幫閒。不打不相識，嗣後卻經常與萬過從，約他為拙編《名家翰墨》寫文章。萬交來的文章都是分量不輕的佳作，為拙編刊物扛鼎之作。還時常一起出門，如遊三峽，赴瀋陽遼寧省博物館觀畫等等，竟又老友得很。

筆者覺得萬青屴純真，沒有政治經濟頭腦，但勝在好命。諺云：糊裏糊塗天理照顧。數十年來積累了師友所贈「存念」書畫一大批，筆者從前在萬青屴寓所或辦公室，偶爾也有所欣賞，不意此間藝術館花大氣力，將萬青屴所藏李可染陸儼少諸名家書畫八九十件，公開展覽，還出圖錄。雖然展出的並不是萬所藏的全部，例如萬藏有林風眠畫作卻一直找不出來，

萬青屴在香港藝術館講演，
2013年12月21日

萬青屴於佛州
侵權
時聞有所謂形象侵權訴訟如今鼠標橫行天下
四十餘年矣却至今未見鼠小姐鼠先生有何打算
不知何故也 甲午歲末為樂安漫筆盲七十衰翁

萬青屴《侵權》

萬青屴《龢為貴》

但已琳琅滿目掛滿展廳，令人艷羨了。這八九十件書畫，足以顯示出七十年代以來中國畫壇概貌。值得留意者，在名家偽作充斥市場的大環境下，這批得自畫家親贈的第一手書畫，當可視為標準器，而更為難得的是師友的手札，細讀內容，有不少第一手的藝壇史料，可匡補舊說。

二〇一三年十二月三十一日

萬青屴《夢筆生花》

批黑畫的兩幹將

——王曼恬、高錦德

黃永玉九十大壽，尚見精神奕奕，可喜可賀。黃老現在是畫壇、文壇的泰山北斗。論畫藝，早已獨標一格，又不斷出新。四十年前，吳冠中就怕黃永玉，因黃不斷創新，令一眾畫家拜倒。論文筆，黃更是一絕，他的著述，無論內容的含金量、可讀性，均是獨出心裁。六十多年前風靡一時的電影《兒女經》（一九五三年長城電影製片公司）就是黃寫的劇本。那時黃在港大開畫展，港督葛量洪也出席捧場，黃認為港督是英帝國主義，不理睬他。但令黃永玉成大名的，卻是七十年代江青一伙搞的黑畫事件，讓黃永玉和他畫的貓頭鷹，名聞天下。

話說文革期間的一九七一年底，周恩來指示要擴大工藝美術品的出口，要在賓館布置中國畫，擴大宣傳影響。於是有關部門便組織畫家創作畫幅，出口創匯。並印製了一本畫冊《中國畫》。但到了一九七三年和一九七四年初之間，姚文元在上海發起對此書的批判，說畫冊中的「黑山黑水」，是「復辟逆流」，而一幅《迎春》，被批畫上的公雞「翻著白眼

黃永玉

怒目而視，尾巴翹到了天上去」，完全是對文革「極端仇視」。這本畫冊遂變成毒草畫冊。上海《解放日報》、《文匯報》陸續刊文批判。

而北京這邊廂，一九七四年二月十五日在中國美術館也搞了個「美術領域黑線回潮的復辟逆流」畫展，展出二百一十五幅「黑畫」，三月再精選出一半，移至人民大會堂展出批判，這就是著名的「批黑畫」鬧劇。這個黑畫展牽連甚廣，包括吳作人、李苦禪、黃永玉、黃胄、宗其香、李斛等等。初瀾（江青寫作班子）撰文謂：「值得注意的是，這些反動傾向十分露骨的黑畫，竟然得到了某些人的鼓勵和支持，為之開綠燈。」這裏說的「某些人」，指的就是周恩來。這個批黑畫事件，和當時的批「無標題音樂」，批意大利導演安東尼奧尼電影《中國》一樣，目的是江青一伙借這些批判，擬在外事部門打開缺口，達到攻擊周恩來的目的。

而這個黑畫展榮登榜首的，就是黃永玉的《貓頭鷹》。這幅貓頭鷹是出自黃永玉訪許麟廬時，為宋文治委托許麟廬求畫的冊頁上畫下的（宋公膽子最小卻無意中闖下大禍）。黃永玉最喜畫貓頭鷹，一九四二年已開始畫了。被批判的這幅貓頭鷹跟正常的一樣，睜一隻眼，閉一隻眼，被說成是黃永玉「仇恨無產階級文化大革命和社會主義制度」的證明。這是一九七三年十一月二十三日晚在友誼賓館開會時，邵宇揭發黃永玉畫了這張黑畫《貓頭鷹》，並說「趙浩生在香港反動刊物《七十年代》發表訪問

江青

李可染、吳作人的文章，內容十分惡毒……」從而引發出這場鬧劇。參加這個會議的還有當時美術部門的負責人高錦得，和高的頂頭上司被黃永玉稱為「羅剎女」的王曼恬。王表現興奮，馬上要向首長（江青）匯報。

黃永玉當時也夠倒霉，中央美院還派人去上海調查，報告上有這麼幾句：「黃畫了一張國畫，在一隻鳥的眼圈上有十二個白點，很像國民黨的青天白日旗，當地有人指出這個問題。」這些欲加之罪的捕風捉影的言辭，令黃永玉等畫家陷於萬劫不復之境地。

尚幸皇上毛公發話，「是呀，這種鳥（貓頭鷹）就是這樣的，總是一眼休息一眼工作的勞逸結合喲！」加上當時毛公說江青形而上學猖獗，片面性，於是這一起「批黑畫」鬧劇才偃旗息鼓，鳴金收兵。但已讓黃永玉等一眾畫家，承受極大的精神壓力。

這些鬧劇的搞手，王曼恬、高錦得是何許人呢？隔了四十年，讓我們重溫一下。

文革間，許多機構被砸爛了，文化部不存在了，而其功能由國務院文化組代替，組長由政治局委員、北京市革委會主任吳德兼任，實際操作是副組長于會泳。于是江青的人，文化組下面有個美術組，由萬里推薦毛公的親戚王曼恬（王海容的姑姑，毛澤東二姨媽生王星臣，王星臣生王曼恬）擔任。王曼恬（一九一三—一九七七），湖南湘鄉人。三十年代上海

于會泳與江青在大寨

新華藝專學美術，從事地下工作，後去延安教美術。解放後任天津教育局分局長。文革間造反崛起，任天津市委書記、革委會副主任。

王曼恬的手下幹將高錦得，山東人，農民出身，解放戰爭時期，解放軍過山東，他隨軍入伍。解放後高進入南京軍區政治處工作，大概五十年代末由南京軍區保送入浙江美術學院學習，成績優異，畢業後留校任教，做素描教師。文革間與潘天壽等名家一起受到衝擊，高被批走白專道路。後來卻被王曼恬看中，上調中央，在國務院文化組美術組做王的助手。王是國戚，能常到毛處走動，高也為江青看中。於是王、高一起秉承江青懿旨，策劃這場批黑畫事件，而高為具體執行人。

所謂小人得志，抵死非常。高在批黑畫事件開會面對畫家，惡狠狠的批，非常賣力。文革間許多人在不得已的情況下執行上級指示批人整人，但也有人應付一下就算了。而高骨子裏面卻像中山狼一樣，好像出自刻骨仇恨，所以批得帶勁。當時把黃永玉弄得很狼狽，所以黃是非常恨高，後來見到他要揍他。

四人幫一倒，于會泳、王曼恬、高錦得也一起垮了。于會泳、王曼恬在獄中相繼自殺，高被隔離審查一兩年之後，被處以「黨內嚴重警告」，差一點就開除黨籍。恢復工作後，由文化部派往中國畫研究院籌備處，做基建工程工作。大概此時高的名字改易為高錦德，不算畫家、不是領導幹

王曼恬

部，成為普通一兵的辦事員而已。

那時，高雖然要夾著尾巴做人，但對藝術卻有自己的一套倔強的觀點。一九八一年吳冠中畫展在北京北海公園畫舫齋舉行，中國畫研究院工作的趙宜明參觀完歸來，碰到葉淺予高錦德，告以看了吳的畫展，葉應以不是中國畫，高以不屑的語氣吐出三個字：「沒內容」。以此，筆者在九十年代曾與吳冠中直言：畫家都不喜歡你，而藏家卻擁戴你。

文革是大漩渦，許多人都逃不了這滅頂之災。所謂小人多才，像關鋒就深闇莊子「虛己」和「有待」的哲學，但卻自己做了「出頭鳥」。而高錦得也是深闇此道，但一樣遭遇上「滑鐵盧」。在筆者所存檔案中，就有一通高錦德以中國畫研究院紅頭信箋，致南京軍區政治部創作室副主任陳其的手札，與陳推心置腹，頗能反映情況。茲摘數段如下：

「當今的社會，錯綜複雜，千變萬化，我們就要不斷調整自己的主觀世界，與之相適應，否則就要出毛病。」

「不少老同志下來後這也看不慣，那個也生氣，結果自己氣出一身病，而客觀世界依然如故，奈何！所以必須鬧中取靜，超然塵世之上才是。」

「我現在就持這種觀點，一切都看透了，如此而已。所以身體狀況基本正常，或者說良好狀態。」

高錦德

「工作上任憑他人你爭我奪，我卻是與世無爭，悠然自得。並非意志消沉，而是只能如此，也必須如此。」

「例如彭彬同志（筆者案：解放軍總政文化部創作室創作員）爭鬥了十幾年，有甚麼用，又有誰來理睬？如此幹了一輩子革命的老同志竟然落得這種地步，還有何話可言，有甚麼原則與是非可講。」

這分明是《莊子》「無待」和「至人無我」的思想在安頓自己。同時也有著沙特「他人即地獄」的感喟在其中。

高由「高處不勝寒」，一下子掉到地上，有些人是接受不了的，但高很能調整心態，能在日常事務中現出辦事力。像對談話、講話的筆錄都記得準確。又善察言觀色，在中國畫研究院籌備間，見黃胄比較有辦法，跟他有前途，就處處在黃面前表現其工作能力，黃也欣賞他，許多給張百發、谷牧的報告、文件，都由高執筆，在中國畫研究院籌建期間處境尚可。後來，黃胄搞炎黃藝術館就把高拉去。（高關係仍在中國畫研究院，借去炎黃幫黃胄而已。）由中國畫研究院同去炎黃的還有李延聲。但炎黃像家族館，高、李不好受。李回中國畫研究院畫他的畫，高年齡到，也就退休了。曾有東北老闆在北戴河請高去辦大型古玩商場，但卻弄不出甚麼名堂。

高娶了個上海女人，上海雜技團的，頗漂亮，後夫妻不和，糾纏了許

高錦得繪連環畫《東進序曲》

久才離成婚。育有一子，在上海。高對部下趙宜明說：上海女人實在難以理喻。

高有從前部隊的舊戰友，以做生意發財，在杭州有好幾間新別墅，邀高住其中一家。整間屋就一個人住，有晚洗澡一滑，中風倒地，爬不起來，在零度寒夜躺在地上，到第二天才有人發現，送院搶救，高自知救活了也無人照顧，拔輸液管、針管，堅拒搶救，也就死了。時一九九五年前後，春秋六十出頭（高約生於一九三四年）。作品知有連環圖《東進序曲》（一九六三）行世。高的母親活得比兒子長，身體一直不錯，有些血壓過高而已，前些年才告卒。

而有關高錦德的文字材料則極稀，遍查各種美術人名辭典及工具書均未見有關高的記載。一九七六年美術復刊號見有高的文章，署名高錦得，也有誤以為即高景德，但這高景德另有其人，是清華大學校長。

尚幸原四十三軍一二七師（師長張萬年，四十三軍已取消，現只剩下一二七師）的趙宜明，一九八一年調去中國畫研究院工作時，頂頭上司就是高，高教趙素描達兩年之久，趙以高之生平概略，述知筆者，今憶錄如上。

二〇一三年九月十一日

趙宜明

黃永玉《貓頭鷹》

故宮的「刺馬」奇案

世上冤案、疑案，都會賺人熱淚和嘆息。而「奇案」則更能讓人嘆息之餘兼有錯愕。因之，奇案是最易為人所津津樂道的。「奇案」為的是事出於「奇」，都有令人匪夷所思的情節，也即是人情事理上有不可解釋之處。因而人們談論「奇案」時，便可按自己的想像加以推理和考據，為案情拚圖尋找那失落的圖塊。馳騁想像時，可以擬自己為李昌鈺（刑事鑑識專家Henry Chang-Yu Lee）。

有些奇案是「沒結論」的，但「沒結論」的事似乎更能觸動人們，能使之茶飯之餘都樂為評說。往昔文人如狗仔隊，能鍥而不捨，有筆記、有小說、有戲劇，都繪影繪聲，所以社會就有所謂四大奇案。

清末的四大奇案，諸家的選入和排列各有不同。但筆者認為，當中只有「楊乃武與小白菜」、「張汶祥刺馬」這兩案才是百多年來「奇案」的首選。但楊乃武案是富於情節，最終是有了定案的。案結之後，楊乃武仍在世，百死之餘，驚弓之鳥，據說他除子女外，不向外談論案情。

真正算是「奇案」之首的還是「張汶祥刺馬」，這案成了往日許多戲

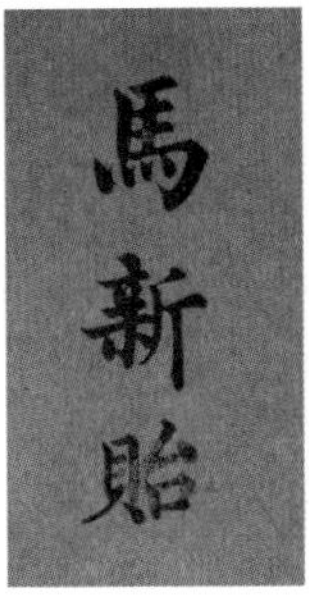

馬新貽名刺

劇和小說的題材。僅就在香港而言，一九七三年張徹就把這本事拍成電影，名為《刺馬》。是由姜大衛、陳觀泰等主演的。隔廿年，即一九九二年，張徹又再用該「案」為臺灣拍成四十一集的電視劇。這次妙則妙在由當年扮演張汶祥的姜大衛改飾馬新貽。電視中，除見到姜的演技高超，也可覘見到該「案」對觀眾的吸引。繼之又再隔了廿年，有李連杰、劉德華主演的《投名狀》，是循「張汶祥刺馬」的本事改編。但戲劇總是要劇情和結局的，隨著情節的推衍，太完整了，就失去「奇案」應有離奇錯落和因果無端。但當今之世已無蒲松齡和希治閣，奈何！

現在，我順便為讀者諸君說一新版的故宮「刺馬」。那是真實的新案，是未予張揚的新案。

二〇一三年十月二十五日中午，故宮展宣部有兩位處長橫死，一位名編導垂危。

橫死的一位是剛升任處長的馬繼革（後改為馬季戈），一九六五年生於北京。一九八三年入宮，從事古代書畫的陳列和研究，著有《清代隸書》、《王蒙》、《吳昌碩》等書和學術論文多篇。筆者與之雖未識面，但他卻曾為筆者所編刊物寫過一篇關於于非闇的文章。他是在故宮博物院近東華門職工飯堂埋頭吃飯時被連捅三刀斃命的。據門外閉路攝錄顯示，就在鄭志標出入飯堂間的十秒，那肥胖的馬處長已被鋒利的新疆刀（前端

馬繼革

新月形）直插心臟和兩脇。當時書畫部的大姐大楊丹霞剛從倫敦參加甚麼研討會趕回北京，在飯堂用餐時坐在馬氏後面，見鄭志標像是摟著馬，手中拿著綠色的條狀物體，於是楊指著鄭正想喊叫不要騷擾人家吃飯，但食指直伸的右手還未放下，已經發現馬鮮血直冒。楊傻了眼，那舉著的右手不懂放下，左手猛力拍打身旁的傅紅展，大喊趕緊打一一〇叫救護車，有人受傷啦。一時飯堂中人忙成一團，楊丹霞懷抱馬氏，弄到滿身是血，連鞋子也有血。事後楊大姐大受刺激，不知是否還有時差關係，要吃十顆安眠藥才睡兩三小時。北京慣例塞車，救護車四十五分鐘才抵現場，救護人員把馬繼革抬上飯桌急救，一會兒宣告死亡，不用救了。與此同時，在飯堂附近的廁所中，有人發現剛卸任處長、身中三刀的胡建中躺在小便池前方的地面上，已沒有氣息。

至於那在眾目睽睽下揮刀「刺馬」的鄭志標，他事後抹抹刀，裏挾著出門，在門口遇到同事還互打招呼，沒事一樣。但逕回辦公室後，自行在頸項抹兩刀，但死不掉，再插腹部，腸臟流出，還是不死，被送協和醫院搶救。

此一慘案，故宮有人說是私人恩怨，說鄭是情緒失控而做出激烈的事。也有些同事說鄭志標是老實人，現在搞到動刀捅殺兩位上司，自己的命也不要了，總是有甚麼不得可了的冤屈，才使出此霹靂手段，讓三個家

胡建中

庭，同陷悲痛。總言之，論者都沒歸咎於人事體制和申訴機制的積弊所在。

倒斃廁所的胡建中祖籍河南，一九五四年生於北京，一九七七年八月北京大學歷史系畢業。受業於鄧廣銘、宿白等名師。一九七九年入故宮，先後在保管部、陳列部的宮廷組工作，官至展覽宣教部主任。長期致力於明清宮廷史和清代兵器的研究。連續數次沒評上研究員，但鍥而不捨，屢敗屢評，終得研究館員職稱。曾主持「末代皇帝宮內生活展」、「西藏歷史文物展」、「清代皇家政務與內廷生活展」、「戊戌變法百週年紀念展覽」、「故宮博物院五十年入藏文物展」、「藏傳佛教文物展」等大型綜合性展覽。發表、出版了一些論文和圖錄。胡氏今年才卸任處長，明年一月準備退休，但竟未能全身而退在廁所蒙難。那殺人而又自殺的鄭志標，一九六四年生於知識分子家庭，父親是南開大學東方藝術系主任，母親是畫家。鄭在中央美院附中畢業後考入中央美院國畫系，是姚有多弟子。一九八八年入故宮，先在紫禁城出版社擔任美術編輯，搞書籍裝幀設計，業務水平高，人也老老實實，彬彬有禮。後為胡建中調入展宣部，搞立體設計，甚有心思。當故宮與中央電視臺合搞百集的電視紀錄片《故宮》，鄭是執行總編導，攝製非常認真，這百集紀錄片很成功，影響也很大，也從此奠定了鄭在藝術界的地位。但鄭在故宮二十多年，職稱卻一直未能解

鄭志標

決，前一陣鄭已經獲評為研究員，但領導沒有給報上去。事發當日上午鄭向馬處長遞交辭職信，據説馬即簽回，也不挽留。

案發前，鄭早收拾好辦公室，好些書籍也分別送人，顯然是已抱必死之心。四十年前張徹導演的《刺馬》收名獲利，沒想到鄭志標自導自演的《刺馬》卻是自以身殉。張徹的《刺馬》是有情節結局的，而鄭的《刺馬》只是讓人知道他是滿腔的悲憤，但卻不知其由來。只可以説，鄭自導自演的《刺馬》比張徹的《刺馬》更具離奇的意味。

筆者與鄭志標等三位專家素未謀面，但屢聽他們的故宮同事的敘述，我嘗循眾人所説，想像着那鄭志標殺人後的挾刃離場，要回自己辦公室自裁卻和同事相遇從容招呼的情景，那讓人怎麼想呢？一句話，「人間慘烈」！

二〇一三年十二月八日

張徹導演《刺馬》海報

張大千為郭有守寫墨荷圖，1965年

記奇人郭有守

人說近代四川的奇人怪士多，我想郭有守該是當中一位。奇人總是有難能之處，我是欣賞郭某數十年的官運亨通，卻能把「社會事功」和「個人志趣」截然分途。他當官的建樹是凌厲無前的，而志趣方面則數十年來都韜晦自好。他的人生當中，讓人看到「凌厲」與「韜晦」兩種不同人生態度，在他身上得到統一。

「君行令、臣行意」（史記）

「君行令、臣行意」語出《史記・越王勾踐世家》。意思是說：君主是發施命令，但臣子卻是能參以己意去執行命令。這話就和「將在外，君命有所不受」的意思相似。所以民初，朱執信給陳炯明詩「五湖去日臣行意」，就是以這典故微諷孫（中山）陳間的態度。

而本文所記的郭有守，他曾當過教育廳長、外交官。又曾兼管電影教育，而其間大膽建樹，有令人側目咋舌的。他沒有像其他當官者的因循，他是按政府條文意思，大膽參以己意，所以他的管區就和其他的有所不

郭有守與友人在潘玉良畫室聚會。前排右起：蘇雪林、方君璧、潘玉良、郭有守，後排左一陳源

同。可以說是「君行令、臣行意」的結果。

郭有守北大法科出身，留學巴黎大學得經濟學博士，在抗戰期間，郭任四川省教育廳廳長，曾規定四川境內所有能考上大學的學生其學費和生活費由銀行貸金支付。（見孫健三編著《中國早期電影高等教育史料文獻拾穗》）

一九三二年，郭有守曾籌創中國教育電影協會，而且是首屆執委，長期主持協會工作。另外又是電影檢查法起草人及中國教育電影協會惟一駐會常務執委。他大膽將田漢、陳翰笙等拉入協會，令中國初生的電影業掌握在共產黨人手中。

郭氏那大膽進取的「臣行意」的做法，使能完成淩厲的「社會事功」，但反觀他的「個人志趣」，卻是反向的低調而行的。

「述而不作、信而好古」（論語）

「述而不作、信而好古」出自《論語》，但用來形容郭某對於文學和鑑賞的態度那是恰當的。

當官的郭有守和文化人一直是密邇不分。遠在上世紀二十年代，郭已在巴黎和徐悲鴻、蔣碧薇、張道藩、邵洵美、劉紀文、謝壽康、陳登恪、孫佩蒼、江小鶼、常玉等成立「天狗會」，郭更被會眾謔封為「行走」。

天狗會成員邵洵美（左一）、常玉（左二）、郭有守（右二）結伴郊遊，約1925年

這「行走」不知是取義於「南書房行走」、「軍機處行走」之類，抑是取義《水滸》的「神行太保」或黑社會「草鞋」之奔走傳令的含義？反正是團體中謔而暱的表現就是了。這天狗會的成員後來都聲名顯赫，試縷數一下：徐悲鴻、蔣碧薇是無人不知，不贅說了。張道藩是國民黨中宣部長。邵洵美是大詩人兼出版家。劉紀文是南京市長（傳為宋美齡前度男友，當時有以「宋美齡」猜三國人名，謎底是：劉禪、蔣幹）。謝壽康是中國駐梵蒂岡大使。陳登恪是寅恪五弟、五四運動中堅、任武漢大學文學院長。孫佩蒼是國民參政會第一、二屆參政員，以收藏西洋名畫著稱於時。江小鶼是江建霞之子，雕塑家，陳英士、陳三立的銅像即出其手。常玉，當年吊兒郎瑲的油畫家，這些年可紅得不得了，其遺作是拍賣場的寵兒。……

郭有守三十年代在上海更與葉恭綽、蔡元培、胡適、楊杏佛、林語堂、邵洵美、鄭振鐸、戈公振、徐志摩等十二人創「中國筆會」，他被選為理事。抗戰間，郭在四川又結識了很多文藝界人士，如雕塑家劉開渠，舞蹈家戴愛蓮，畫家吳作人、張大千、傅抱石、黃苗子、郁風等等。可見他一直是熱心地和文化圈中人相處，但卻低調。

為甚麼說是「低調」，因為讓人奇怪的是，郭有守終其一生，都不以文學著述面世。至於一九四一年郭氏與劉百川合著《國民教育》及四川省教育廳出版的《國民教育論集》則皆教育專業，與文學藝術無涉。

田漢（右）
陳翰笙（左）

另外與此情況相似的是：郭氏精鑒賞，嗜收藏，但也是低調的。由於他沒有「藏品目錄」及「讀畫說」之類的著作，那我們只能以他的書畫損失和捐贈作為窺測了。

就目前所知他曾兩次遭遇大損失，一次是一九五二年國內土改波及他的藏品，他寄存於兄嫂處的四大皮箱書畫在資中土改時悉數為農協焚燬。另一次是一九六六年因暴露了「間諜」身份而黯然歸國，未及撤離的藏品悉遭臺灣當局沒收。但兩次的「劫餘」之後還是可觀的。在一九七一、一九七二年，郭仍能先後向北京故宮博物院捐出文物及圖書共計二百七十五件，其中有傅抱石畫作八件，由此可見「劫餘」之物仍非少數。而據張大千的年表一九五三年條中也有郭氏捐贈藏品的記載：「張大千好友郭有守贈大批藏畫給巴黎 Cernuschi 博物館，包括張大千畫作精品。」但作為蒐藏家，終其一生卻沒有類似「讀畫錄」、「題畫記」甚或藏品目錄之類的文字出現過。可以說，對於文藝和鑒賞，郭有守意趣的態度就是「信而好古」，同時也是低調地「述而不作」，聚散也無所縈懷。

「瓦裂人間事，雲浮身後名」（陸游）

但郭有守是在事業鼎盛時，遇上挫折事，黯然歸國，從此十二年的餘生憔悴京華，過的是「魚龍寂寞秋江冷，故國平居有所思」的日子，是由

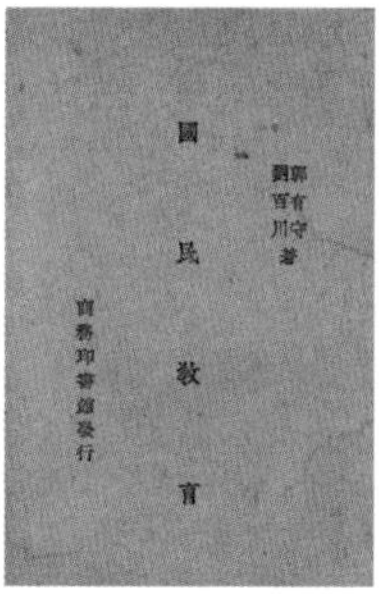

郭有守（右）
郭有守劉百川合著《國民教育》（左）

此沉寂，直至死去，而死後又過了三十多年，沒誰提起，知者漸少。

可是近幾年，就國內而言，對郭有守這名字忽又「人氣」起來，許多的回憶紀念的文章在書刊、在網上都可以讀到。文章作者有親屬，有文史愛好者，更有列明由統戰部組稿的，可謂漪歟盛哉！

這些回憶文章都無例外地會提到他一九六六年在法國機場的事。這次是郭的生平最濃重的一筆，但可惜的大都是無例外地含糊其詞，甚至敘述上年份、人物、地點都不那麼準確，而一些應有的關鍵敘述卻忽略了。

為此，須重新一說筆者所知的一點始末。郭有守是以國民黨政府駐比利時外交人員的身份，跑到瑞士中共使館和高層見面時，被瑞士當局錄了音，一出使館即行逮捕。以後是瑞士方面詢其所願，並從其所願，將之驅逐至法國，再由法國登機經莫斯科返北京。其間，國民黨是指郭為大陸所「脅持」，而中共方面則指郭是「起義」。兩軍罵陣，大抵都不須依據事實。揆之當時的中共，也只有「起義」一詞才是最可能免去尷尬。因「間諜被逐」畢竟是不光采的，但「起義歸來」那就不同了。當時的中共當局該是會有此考慮的。

本來，任何國家都有自己的間諜，而天下也沒常勝這回事。偶然的失利肯定會有。但在當時那不以人為本，而處處要面子工程的年代，郭既失利，又不能像吳石中將那樣成仁，那只好算是「起義」回歸了。礙於國際

郭有守起義回祖國

郭有守「起義」回國，在京發表聲明，香港《大公報》1966年4月9日

視聽，即使「起義」是「假戲」，但也必須「真做」，於是郭回國後人民日報即刊載其「起義聲明」。

但明明是地下工作人員，卻又由「臥底」變成「起義」，那數十年的「臥底」功勞，都給掩蓋了。因為據筆者估計，郭有守在三十年代該已為中共效力。他的岳丈大人楊度是一九二九年入的黨，郭是否受岳丈影響未見記載，但他主持的中國教育電影協會，當中左翼人士居多，如中共的田漢、共產國際的陳翰笙（佐爾格領導）等，令中國電影業由一開始就掌握在共產黨人手中。其推薦到海內外參加比賽的電影，也是左翼的多，得獎的電影不是田漢的、夏衍的，就是蔡楚生的。反而國民黨中央黨部拍的電影要參加比賽也是被郭有守等人刷了。單單一九三三年夏衍領導創作生產的二十六部左翼電影，郭有守全部發放「准演執照」，而同時禁演二十一部非左翼的國產電影，讓這二十六部左翼電影有足夠的票房空間。以此觀之，或許三十年代郭已是中共地工。

可以作為筆者佐證的有黃苗子在二〇〇四年底有「答李輝問兼憶往事」中謂：「雲慧，即楊雲慧，楊度之女，郭有守之妻。郭是四川教育廳廳長，國民黨駐聯合國教科文組織之高官。解放後，郭（地下黨員）與雲慧假離婚，但卻釀成悲劇。雲慧那時在科影廠工作。」黃苗子在談話中直指郭是地下黨員。這番話後來發表在李輝的《吳祖光和他的日記》一文中。

1932年7月8日，郭有守和陳翰笙在南京主持「中國教育電影協會」成立大會。蔡元培（前排中）任主席。

其次是郭有守的妻子楊雲慧回憶中透露：

剛解放時，楊雲慧自倫敦歸國，而郭有守在巴黎來信「表示有意回國內來參加工作。」但「領導上認為，郭有守目前在巴黎的工作條件很好，可以繼續留在那兒為國效力，暫時不必回來。」但這些敏感意見又不便在信中傳達，組織上讓楊借口出去接孩子，再去歐洲，「當面向郭有守說明白」。一九五〇年四月楊到了巴黎，「並安排好郭有守為黨工作的關係」。楊頗自豪的清楚交待，「這一次出國，因為是組織上交下的任務，心裏比較高興。」

也許當時說郭有守「起義」之說是臨時遮醜的做法，但從郭返大陸之後的生活安排而言，似乎又是一齣弄假成真的劇了，但這是後話。而現在說到的卻是這「起義」之說，可難為了寫回憶文章的親人，因為郭與家人分別在兩個不同的世界，消息隔斷了十多年，情況是互不清楚的，那種糊塗，也是不能過問的。甚至後來郭有守「起義」歸來的消息也是要由統戰部門通知才知道的。那麼家屬寫的回憶，自然要按此統一口徑。

因此，那些由統戰部統一命題的回憶錄就有令人越讀越糊塗的地方。真正是「流傳不實，訛為丹青」了。如郭有守的兒子就這樣說：

匪諜郭有守
已潛返匪窟
〔美聯社東京八日電〕「新華社」今天報導，郭有守已經到達北平。
按：郭有守於上月廿四日經瑞士政府指控為共匪作情報工作，並於傳遞情報時，在現場被捕後，以間諜罪名予以驅逐出境。郭某即潛返巴黎，在匪方人員安排下，於卅日自巴黎潛赴匪區。
郭某現年六十六歲，四川資中人，原任中華民國駐法國文化參事，法承認匪僞後，任駐比利時文化參事。

1966年4月9日《中央日報》第二版報導郭有守返京

郭有守「在瑞士與中國大使館聯繫時，不慎被聯邦特工部門竊聽了電話，所以一出中國使館，就遭到瑞士警方拘捕，後來通過外交斡旋，父親（郭有守）才離開瑞士，到法國的中國使館避難。一九六六年四月初，在中國駐法使館的嚴密布置和法國政府的配合下，父親被護送到巴黎機場，當他正走出候機室，只聽到好像老朋友在喊：「子杰，子杰」，原來是國民黨駐聯合國教科文組織首席代表陳西瀅。父親恐被劫持，不敢回頭，在兩旁護衛的簇擁下，疾步登上飛機。」（見：郭安東《我的父親郭有守》）

王世杰

讀者會為此感到蹊蹺，為甚麼身在法國的國際機場，又是在「中國駐法使館的嚴密布置和法國政府的配合下」，還要「恐被劫持，不敢回頭，在兩旁護衛的簇擁下，疾步登上飛機」？這為甚麼？為何不能廣召記者，把法國機場當是國際講壇，大義凜然地向世界發放「起義聲明」，然後又在舉世矚目中堂堂正正地登機？現在卻出人意表不敢回頭地倉皇登機，並要歸國後才補上這「起義聲明」，這就讓人覺得那回憶文章是有所言未盡和欲蓋彌彰。

本來，數十年生聚教訓，人們早習慣自動和當朝政府統一口徑，那麼今朝「沿村聽唱蔡中郎」時，那蔡中郎其實是已被抽象化、模式化了。於

是讓人看出紕漏了。

前引楊雲慧的回憶，清楚說明郭有守在一九五〇年四月已由楊雲慧作上線人而為共黨效力了。那麼，郭的「失手」回歸只算是歸隊，至於為國際視聽而稱作「起義」，這就似粵俗所說「跌落地拿番渣沙」。

既然國內的回憶錄沒法完整反映真相，那麼我們可聽另一方面的說法：據與郭共事又在巴黎機場參與營救行動之陳西瀅，案發後不久有一長函與他的老友兼領導王世杰（時為國民黨政府外交部長），詳述當時情狀，其中八處順序述及郭有守的行蹤。這個報告一直未見有人徵引。今節錄要點，參以中央社前社長黃天才當年對筆者解述該案時的說話。

二月十八日	郭（有守）經巴黎去日內瓦開會為二月十八 十九日。
二月二十四日	廿四日晚曾在劉蓋章（國府駐瑞士大使）公館酒敘……。
二月二十五日	廿五日晨李曼平君去送行，郭已離旅館，到車站，車上亦尋不到。但亦不以為意。
三月二日	到三月二日比文化參事處助理傅維新君按預定時間去接車未接到，又接李小姐信問何故失約未去Zurich，方開始打聽，知道已失蹤。
三月十日	三月十日得閻部長電，方知子杰被捕。

負責處理郭有守專案的陳雄飛

三月二十四日	三月廿四日得外部電，說子杰廿一日被釋，他曾請求政治庇護，瑞士拒絕，乃要求來法。外部囑我去見他，詢問經過，及探聽原因及意旨。當即托人往訪其門房，則他未回，打聽他所熟識之法國友人，均未見。
三月二十五日	三月廿五日晚，得周麟電話，說中共八人，押二卡車到郭寓，將存物全部取去，卡車上有外交標記，為首宋姓留下地址電話，均為中共使館。
三月三十日	三月卅日此間得密報，子杰將於二時二十分乘機去莫斯科。弟與周麟夫婦及齊佑趕去機場。到機場時有中共壯年二十人，三三兩兩布列各處。已有三人正在交驗護照，一人在中，穿了極大的外套，頭戴大幾號之帽，眼戴大黑眼鏡，弟走至其近旁，認出是子杰，即拍其肩呼之，四五壯年立即湧上將我們分開，不能得近，左右二人即將中間一人拉到裏面去。

據此報告可知臺灣官方到三月二日才知道郭有守失蹤。據中央社前社長黃天才丈與筆者言，郭有守在瑞士被捕，國府方面最初完全不知情。當時負責歐洲事務的陳雄飛（國府駐比京大使）不在瑞士（不知去了哪裏）。中共遂把郭弄到法國去。

又據黃天才丈透露，當時國民黨政府曾成立專案小組處理此案，要爭取郭有守。此事或是由陳雄飛大使負責。當時國民黨各方特工匯集巴黎，伺機而動，而臺灣有關方面也得到法國警方幫忙，法警方答應：

一、絕不容許中共秘密運走郭有守。（其間中共也作出保證，絕對堂堂正正出境，連哪一班機都可以通知你們）

二、離境時若郭有守呼救，表示不願去大陸，法國警方要即時插手阻

陳源

止，保護郭的個人意願。

另據巴西作家許啟泰在《張大千的悲劇表弟郭有守》一文也為此事另存一梗概：

……據國府陳雄飛大使稱，「郭是在瑞士開會期間，因與中共高幹交換情報，而被瑞士以間諜行動被捕，但郭實際所交之物，是轉給其在大陸妻子所要的香水等化妝品，這自然可能是一種障眼法。郭被保釋後，瑞士當局曾問其意欲何往？郭答法國。不料一入法國就渺無音訊。後來陳大使得到消息，說郭將被押往大陸，立即趕去機場，只見郭正由約廿位彪壯華人青年圍擁上機，郭亦發現陳大使到場，而頻頻回首相視，形容沮喪，不敢言語，國府方面居然無計可施，眼看被挾持而去。」

「竟為妻子累，遂作死生分」（張大千）

另外，當郭有守「出事」後，張大千曾寫「罵子杰」詩（郭別字子杰），用以表示撇清關係。但這詩題滑稽，本來稱別字是一種尊重，罵人則該叱名而罵。如罵「一夫紂」，如罵「秦檜」，如罵「嚴嵩」，那都是不客氣叱名。總不會到秦檜墓罵句「秦會之」，再說「十奏嚴分宜」吧？

黃天才講述郭有守案，2016年7月13日

張大千這溫情脈脈就和臺灣官方當時的「漢賊不兩立，王業不偏安」的政治氣氛很不相稱呢！其實，張大千罵在口邊，疼在心裏。

但最近翻查新版的張大千詩文集卻沒「罵子杰」這題目了，只有一首「聞郭有守變節」的詩，到底是另作抑是舊作改了題目？那未能推究了。詩云：

落拓杜司勳，長貧鄭廣文，竟為妻子累，遂作死生分，
人道君從賊，吾道賊陷君，已枯雙眼淚，音訊不堪聞。

詩寫得好，畫人的詩足令職業詩人慚愧。中間兩聯都是十字一句直落，那「竟為妻子累，遂作死生分」、「人道君從賊，吾道賊陷君」是善體人情，能分析入微的。大千是不避嫌地為表弟辯白，也表達心底的懷念。大千晚歲在臺北嘗向香港弟子李喬峰垂詢有關郭有守消息，但當時李喬峰對郭是一無所知，自然無法覆命。到大千歿後，李偶爾跟筆者語及大千曾有此一問，遂告李翁郭氏在京的點滴情況，惜已無法轉知大千了。

大千是聰明人，當年對於表弟郭有守陽為國府官員，陰為中共地工，該有所覺察的，只是沒有捅破而已。在大千歿後六年其在巴黎時的朋友林藹女士撰有《張大千在巴黎》一文，就透露出郭勸說大千返大陸一事。說：

郭有守（左）和張大千在八德園張大千自立筆冢前

有一天我（林藹）和另一女學生到郭家去，入得門來，感覺到張先生和郭有守正在爭吵之後，張先生忽然對我說：「林小姐，你也替我想想，共產黨要我回中國去，我欠了十五萬塊美金的債，他們也願替我負責償還，但我這一大家子人，靠我一人賣畫討生活。在那邊又不能賣畫，我又不會勞動，將來的日子怎麼過……」，郭有守不等他說完就不耐煩的說：「她們小孩子家懂得甚麼，何必對她們說這些廢話！」我們嚇得惶恐不堪，趕忙敷衍幾句溜去看電影去了。

林藹的描述，讓人看到郭有守和張大千兩人間的不拘形蹟。從前大千到歐洲，是離不開郭的。郭本身喜好收藏，常與大千在巴黎逛古董市場。大千不擅英語更不懂法語，郭有守則通曉英法德等諸種語言，在法蘭西文化界吃得開，所以大千在歐洲各國舉辦畫展的接洽推動，登廣告搞宣傳，拜會畢加索等等，都由郭有守打點安排。在巴黎，大千偶住大使館武官處的大房子，而多住在郭有守的私寓。

自郭有守事發之後，張大千即命葆蘿赴巴黎，向郭的助理傅維新瞭解情況，並取回留在郭家的書畫物品。而大千畫上帶子杰款的書畫，都作為郭有守個人財產被國府當敵產充公，後來撥歸臺北歷史博物館保藏。今天歷博所藏張大千作品有不少就是來自郭有守的。郭出事後，大千從此不再到歐洲了。

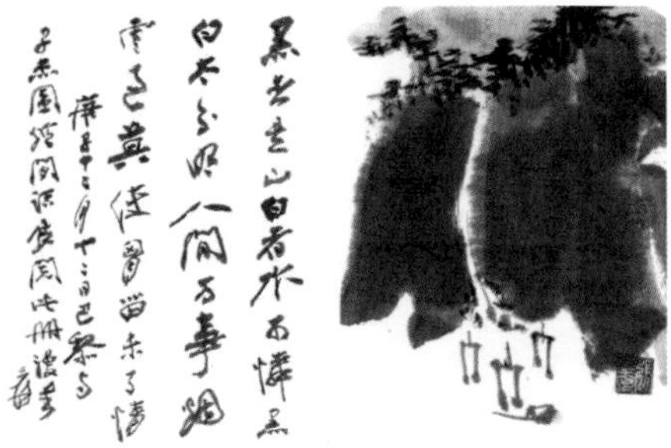

張大千為郭有守寫雜冊之一《黑山白水圖》，題跋別具深意

大千詩說的「竟為妻子累」，這裏得說說郭有守的妻子楊雲慧。楊氏是楊度千金，光華大學學生。楊雲慧喜愛劇藝，而劇藝界大都較左傾。楊雲慧嘗請田漢導演，楊登臺演左翼話劇，還上了上海的小報，被乃父楊度狠罵一頓，命令她即時退學回家嚴加管教。舊日一般人把楊度視為帝制餘孽、籌安六君子，而不知他後來做孫中山密使，更不知他與李大釗老友，更在國民黨「四一二」清黨之後投共，係秘密黨員，由周恩來、潘漢年直接領導，夏衍單線聯繫。如此敏感的身份，不容千金胡亂搞渾而危及地下工作，或因此讓楊度叫楊雲慧二哥楊公兆介紹對象，趕緊把雲慧嫁掉。楊公兆介紹同在南京的郭有守，雖然郭大雲慧許多，楊度仍同意這頭婚事，還請得郭有守恩師蔡元培做證婚人在上海舉行婚禮。雲慧母親後來向雲慧透露，楊度要雲慧嫁郭有守，還有一層考慮，郭是國民黨的官員，當時色彩偏右，可以沖淡一些人對楊家的看法，有利於楊度的工作。楊雲慧不知是否得了乃父左翼的遺傳基因，抗戰間在成都與文藝界人士往來密切（她最羨慕郁風），有一次跟某批左翼人士聯名發表宣言，惹怒時為四川省主席的張群，張把部下郭有守叫去訓斥一頓。

郭有守派駐法國時，是帶妻兒赴任的。京滬解放前夕，楊雲慧說回上海探親，先到香港，住太子道呂恩和吳祖光寓所，吳帶楊見邵荃麟（中共香港工委文委、南方局文委書記），邵傳達夏衍邀她上京參加首屆文代

張大千一家與郭有守合影

會，楊遵命而行，在京見到周恩來。前已道及楊雲慧後來透露出：郭有守此時想回國工作，上頭要郭原地候命。一九五〇年楊再去巴黎，「並安排好郭有守為黨工作的關係」。準此推斷，郭有守最遲在一九五〇年春已成為中共地工了。而楊該是郭的上線人，所以大千詩有「妻子累」之說了。

郭有守身為國府外交官，而妻子定居大陸，總有不妥。所以郭在巴黎時，「一天到晚說跟太太已離了婚，因為政見不同云云。」（林藹《張大千在巴黎》）這種表態是顯示與返大陸的老婆劃清界線也。為了地下工作的特殊需要，有關組織部門辦了一紙假離婚證書。這就是本文前面所引的黃苗子說的日後衍生出不少麻煩來。

「別有尊前揮涕語，英雄遲暮感黃金」（龔自珍）

郭有守歸國後，也有些關於書畫的插曲。話說抗戰勝利後，郭有守奉派赴法蘭西。而傅抱石當時已成大名家，但抗戰間華人普遍窮困，只求溫飽，哪有能力去購買書畫。不知是傅抱石委托還是郭有守提出，傅抱石將畫作六十幅交郭有守帶去法國，在巴黎東方藝術博物館舉辦展覽，也順便銷售出二十七幅。惟當時國共內戰，兵荒馬亂，鼎革之際，郭、傅斷了聯繫。解放後，郭是國民黨官員且人在巴黎，傅在大陸的南京，不可能聯繫，當時傅也顧不了這些畫作，反正傅畫那時沒這麼值錢。

林藹與張大千在巴黎，1961年

文革前夕郭有守由巴黎飛返北京，住建國門外大街靈通觀國務院的房子。七十年代初，傅抱石的朋友、科學院考古所外號「假洋鬼子」的王俊銘，也住建國門外大街寓所，有一天在陽臺朝下一看，發現頭亮亮的郭有守走在大街上，始知道郭在北京，立即寫信告訴傅抱石太太羅時慧，（王俊銘八十年代見告，二〇一三年再重述）其時傅抱石早已過世。筆者曾打電話向傅二石兄瞭解此事。二石說，一九六六年他們看《人民日報》，有報導郭有守回來，連某某去迎接也寫出來。其時傅抱石過世不久，羅時慧遂托郭老（沫若）瞭解郭有守在甚麼地方。郭派秘書王廷芳處理。王廷芳本來係公安系統的人，容易找到郭有守，回報羅時慧。但所回的話顯示郭有守向王廷芳撒謊，郭有守說的是傅抱石托他賣的畫已賣了，錢也匯與傅家了。羅時慧與王廷芳說，解放後匯錢必須經中國銀行，一查即知。也真去查了，明確沒有郭匯款紀錄。解放以來，傅家一毛錢也沒收過。至此郭有守只好坦言錢已花光，沒有辦法。但透露尚有一半三十多件未賣出的存放在巴黎東方藝術博物館。羅時慧遂通過郭老，再由外交部出面協助，派員持郭有守親筆信函，向法國東方藝術博物館索回，法方同意，但要求先辦個展覽，結束後再歸還。歸還就歸到故宮去了，這是當年羅時慧答應捐獻的，大概也是郭沫若出的主意吧。而故宮當日發獎金三千三百元與羅時慧，作為答謝。三千三這個數目在七十年代初的中國是筆鉅款。

王俊銘

其實委托郭有守售畫的不單止傅抱石、羅時慧夫婦，徐悲鴻前妻蔣碧薇也同樣托郭有守賣畫，也同樣沒收到錢。九十年代初，臺灣歷史博物館館長陳康順曾私下語筆者，他也聽到蔣碧薇托郭有守賣畫沒收到錢的傳聞，而郭已投共，又怎麼可以付款與身在臺北的蔣碧薇呢。郭有守與徐悲鴻蔣碧薇多年老友，在南京時同在傅厚岡比鄰而居，郭每天早晚都到徐家去一趟。抗戰在四川重慶，郭又騰出兩間廂房招呼較遲入川的徐悲鴻蔣碧薇伉儷一家幾口，後來徐蔣雖然離異，郭與蔣仍保持友誼，而且大家都是天狗會多年老友，賣畫又沒幾個錢，也就算了。此事的準確性如何？現已無法找人核實，蔣碧薇的回憶錄也沒提到。這就是命裏無時莫强求的道理。

不知是否郭有守因代傅抱石售畫而未能把畫款結清，在回國後更加無力償付，倉皇間還用謊話搪塞，大抵心有歉疚。抑或是日子吃緊。是到了「一分錢逼死英雄漢」的牀頭金盡，壯士無顏之時？況且在那年代私人文物都是「四舊」，社會有一種力量要摧之而後快的。倘幸運的，會遇上政府人員日夜輪番動員捐獻歸公，還可以作一種愛國表現。在那年代文物不能私賣，也無私人敢買，獻給國家卻可得美名且有獎金，這該是最佳出路了。郭有守不似是貪財的人，也不是拆爛污的人，或者是出於前者的這些考慮，郭將他私人所藏的文物、圖書捐獻給了國家。

「一九七一年十二月十七日，中國人民解放軍總參謀部第二部致函國

陳康順（右）
蔣碧薇（左）

家文物局局長王冶秋，告知一九六六年起義回國的原國民黨駐比利時使館文化參事郭有守願將一批文物及資料捐獻給國家，經詢問郭沫若（第三屆全國人民代表大會常務委員會）副委員長辦公室，囑與王冶秋聯繫此事。故宮革命委員會按照圖博口（即圖書博物館系統）領導指示，派工作人員於當月二十五日到郭家取回陶瓷、繪畫、中外文圖書等一百一十九件。一九七二年三月十日，郭有守先生又向故宮捐贈一批文物、圖書，共計一百五十六件，其中便有傅抱石畫作八件。故宮博物院為表彰他的兩次捐獻活動，遂決定頒發捐贈證書與獎金。一九七三年一月，故宮派工作人員將獎金送交郭有守先生。」（汪亓《傅抱石畫作入藏故宮博物院的歷史細節》）

郭有守在法國時手面甚闊，「生活頗為豪奢」。林藹的文章透露，郭「每天花在買古董上的錢起碼六七十元美金（那時六七十元美金價值很高）」。人們不得不懷疑，錢從何來？所以當郭共諜身份暴露，其財政來源即被疑為中共所提供。有人懷疑郭為了買書畫古董，需款甚殷而從事間諜工作。即是為了金錢而入局的。持此看法者，或將郭的品格低估了，郭可是在三十年代已為共黨效力，那個時候「附匪」是「貼錢買難受」的。

郭有守返中國大陸之後，掛在甚麼單位，未見透露。但從其捐獻文物由總參二部出信，當與此單位有關。總參二部係軍方情報部門，與郭所從事者大有關聯。既是軍方情報系統的事情，牽涉國家機密，不便打聽也無

王冶秋（右）
郭沫若（左）

從打聽，我輩平民祇好靠猜測了。

郭的「起義」是「假戲」，但卻是「真做」了。這可以從他歸國後的待遇看出來。他妻子楊雲慧的回憶文字說到：「這時已找不到管事的幹部，他的工作也得不到安排，學習和勞保都沒有份，只能整天在家看報紙，越看越不懂，這局面怎麼會是這樣的呢？他老是一個人在那裏唉聲嘆氣，愁眉不展。我也很擔心禍及家門。」

從上可以推測到，這顯然是不信任的給予投閒置散。郭有守歸國不久碰上文革，全國大亂，人人自危，郭有守的確很不解，問楊雲慧，「你們多年來就是過的這種日子嗎？」楊雲慧也很無奈，還「擔心他再問出甚麼不妥當的話來，連忙捂住他的嘴，叫他不要問了。」（楊雲慧著《從保皇派到秘密黨員——回憶我的父親楊度》）郭有守剛「起義」歸來，新鮮熱辣，或受特殊照顧，萬幸沒有受紅衛兵衝擊和批鬥（早一年回歸的李宗仁卻倒霉被批），但他的親屬則沒有這麼好彩，夫人楊雲慧的大哥在北京被批鬥，楊母在上海被作為賣國賊地主婆批鬥，四弟公敏關進牛棚，五弟公武被批鬥想入牛棚而不准，弄到自殺，楊雲慧兩地奔走撲救，疲憊不堪。郭有守外母雖有章士釗出面請周恩來保護，也是受不了，憂忿而卒。只因當時楊度的黨員身份未公開，仍是頂著帝制餘孽的黑帽而禍延闔宅。郭有守的歸國迎來的是家破人亡，其本人則是英雄無用武和英雄氣短了。

楊雲慧（右）
楊雲慧著《從保皇派到秘密黨員——回憶我的父親楊度》（左）

一九七八年一月二十日，郭有守因腦溢血在北京逝世，享年七十八歲。

結語

郭有守是楊度的女婿，情義上是半子。翁婿間政治傾向多相同，像宇文泰藉女婿為膂力，王安石重用蔡悖就是先例。只是楊、郭翁婿之間除了政治傾向相同外，卻有一種不幸的境遇竟然也是相同的。

楊暮年入籍共黨，但是秘密黨員，不為人知。直至一九七五年周恩來囑王治秋為表白，其家人纔得免社會上種種侵廹。當然，已死已自殺的不可復生，但也總算還他公道。而一時間「帝制餘孽」變為「曠代逸才」，害得那些觀世而沒見解，只喜跟潮流說話的文人，又要改一次調門了。

試想，一個辛苦為一個組織做事的人，生前要韜晦不名，那麼死後也該給予公道吧？如果當時仍有顧忌，那麼建國後該無所顧忌吧？為甚麼要在身後近五十年，而國家也創立了二十多年才給予一個說明呢？而且這說明也不是大張旗鼓的，而是只從詞典的詞條編纂入手的，那不有愧於先烈？

或者組織上顧慮到公布楊度黨藉，會影響其仍在當臥底之女婿。所以祇好讓楊度死後數十年仍然隱蔽，也真是太委屈了。

楊郭翁婿，其生平都有一種無以自明的處境，但數十年來亦無人為之鳴不平，謹書此，為本文作結。

二〇一四年一月十六日

楊度（中坐者）合家照。後排左三楊雲慧，左六郭有守

「有待」與「無待」

——王湘綺、楊度、郭有守的晚景

前曾撰《記奇人郭有守》，涉及楊度，當時限於篇幅，有未及詳言者。現再補說，兼新增一個王湘綺。

郭有守是楊度女婿，楊度是王湘綺學生。三人是師生、翁婿兩重關係而具三重輩份。儘管郭、王兩人生不並世，但我們仍感到三人是氣類相感相投，就像韓愈所說的，「事有曠百世而相感」。

本文擬略補談這三人的晚景。

黃秋岳說過：「使湘綺稍後數十年生，必一革命黨無疑」。這話說對了一半，因為他至愛之愛徒楊度是幾經曲折，晚年當上「革命黨」，再過幾年終於又當上了「共產黨」。而楊度的女婿郭有守則不用曲折，一早便是共產黨的地下人員，是一九六六年「巴黎機場事件」的主角。這也未嘗不是王湘綺生命的延伸。

楊度輓王湘綺聯：

王闓運

曠古聖人才，能以逍遙通世法；
平生帝王學，只今顛沛愧師承。

上聯是概括他老師王湘綺的生平，一句「能以逍遙通世法」把王湘綺人生哲學的傾向都寫出來了。而更借「逍遙」兩字，點出《莊子》「逍遙遊」中的用詞和命意。也正好為王氏《湘綺樓記》中「余之逍遙物外自此始也」做了註腳。王氏的「逍遙」，是建立於他晚年的「無待」。「無待」就是無所期待。「有待」，就是有所期待。這是《莊子》書中的重要概念。其實是一物的兩端，中間有過度中介是「無己」，《莊子》也有「聖人無己」。

王湘綺曾有所待，但「有待」是一次次的失去。王湘綺有過政治的抱負，他先後當過肅順和曾國藩的幕客，但咸豐末的辛酉政變，肅順被殺，他卻逃過一劫。後來曾國藩又不聽他的反清大計，令他的「有待」屢屢都是踩空了。所以他是個傷心人。

但隨著「有待」的失去，會因「無待」而變得「逍遙」。所以世人説王湘綺的行為如六朝人，這形容大概沒説錯，且引《湘綺樓日記》光緒十九年的一段為例：

曾國藩

> 與書逸梧借錢，云錢樹子倒矣。歲暮借錢，自是一樂，無饑寒之苦，觀貪吝之情。所謂我靜如鏡，人動如煙。

那是內心一片「無待」的「逍遙」者之境。這境在心而不在物，就像他《湘綺樓記》所說的「逍遙物外」。

據此而言，湘綺晚年有淵淵道心，只見平和，未必會去革人之命。所以筆者說黃秋岳所說只準了一半。

至於下聯「平生帝王學，只今顛沛愧師承。」那是作者楊度的自況。而「世法」和「帝王學」，今日語言就是「社會學」和「政治學」。至於「顛沛愧師承」，是自嘲未能如老師那樣「逍遙」。

早年的楊度是有所堅持的人。在政治上的堅守，旁人難以動搖的。試讀他輓黃興的一聯：

> 公誼不妨私，平生政見分歧，肝膽至今推摯友；
> 一身能敵萬，可惜霸才無命，死生從古困英雄。

上聯言「平生政見分歧」，分歧，是指黃興曾力勸他入同盟會，但他卻要黃放棄政黨內閣制的主張始能加入。兩人本是弘文學院師範速成班的

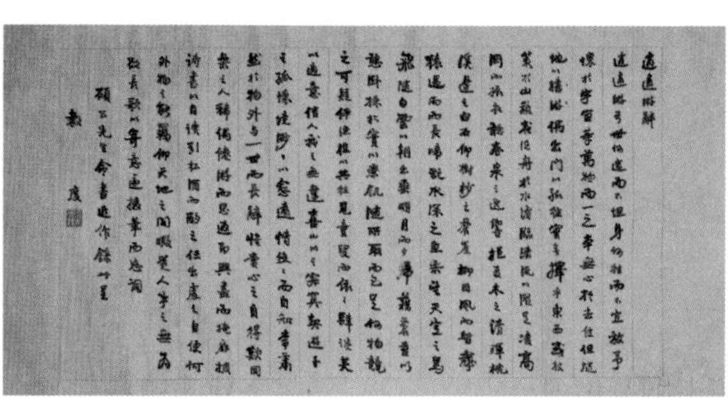

楊度行書《逍遙游辭》

同學，私交甚深，但在政見上互不相讓。而黃興和孫中山的認識卻是楊度介紹的。後來孫亦勸楊入同盟會，但最後只成了一項君子協定，是「吾主君主立憲，吾事成，願先生助我；先生號召民族革命，先生成，度當盡棄其主張，以助先生。努力國事，斯在今日，勿相妨也。」

再一例是他和梁啟超私交本亦甚好，據梁啟超的秘書李肖聃回憶，楊度和梁也吵得很兇，說：

> 「光緒丁酉，新會梁啟超卓如來主湖南時務學堂，以《公羊》、《孟子》教授湘中子弟，晳子嘗至堂與梁辯論，各張師說，不相讓也。」後來在橫濱，「梁居橫濱，主《新民叢報》，負世重名。晳子時遊東京，與嘉納治五郎論中國教育，多所主張。復以詩贈梁，有「道遠志不逮，名高實難副。古時學者心，栗栗惟茲懼。猗予新會子，夙昔傳嘉譽……」諸語，梁采入《詩界潮音集》，復為和章，詞意殷拳。晳子《遊箱根》詩有「萬山拱翠來迎我，一月當空出照人」之句，卓如贊其道心增進。作《湖南少年歌》，卓如稱欲觀純粹之湖南人，請視楊晳子。復為楊氏音書廣告，誇於人人。其時二人相與，天下之至好也。

那楊度該是不輕於去就的人，為甚麼？那就是他對自己有所堅持，也

梁啟超

就是有所「待」，那所待的是甚麼？是他主張的「憲政」。

前引聯所謂「平生帝王學，只今顛沛愧師承。」「帝王學」就是他的憲政論。楊度在日本學憲政，歸國任「憲政編譯館行走」，且撰有《君憲救國論》。

據李肖聃記述：

> 時東遊學生眾萬餘人，立憲、革命二黨朋分，梁立政聞社以為黨部，立《國風報》宣其主義。楊立憲政公會，別出《中國新報》，著金鐵主義十餘萬言，皆主君主立憲，以與革命黨抗。於時清廷方預備立憲，以梁有黨沓未解，未遽召招。張之洞、袁世凱乃請超授楊以候補四品京堂，在憲政編譯館行走。楊乃草疏密陳逋臣梁某，「學識才望，超越等倫。請旨特赦召開，一新耳目，以示朝廷實行立憲之誠意。」疏入留中。民國二年，梁自日本返國，旋入熊希齡內閣為司法總長，楊時以參政留京，舊好未絕也。

及至「帝制議興，楊著議戴袁世凱為皇帝，持以告梁，謂君若反對帝制，勢必出亡，使國受損，於事無補。梁言吾於亡命有經驗，遜詞拒之，楊乃拂衣而去。梁旋作書致楊云：『政見雖殊，交情不改。昔賢芳躅，吾豈敢忘？』著文論國體問題凡數千言，登之上海《中華雜誌》。復走雲

楊度

南，贊蔡鍔起兵討袁。袁敗，梁請懲罪魁，梁、楊交情始裂。及梁疾病，楊思往候與訣，所親昵而止。」

後來袁世凱死，人多目為帝制餘孽，他避走青島。但這當中有說不清的事情。讀過他的《湖南少年歌》，讀過他的《君憲救國論》，總覺此人有「卿本佳人」「雖惡不如之甚也」的感覺。如果再讀他挽袁世凱那挽聯：

袁世凱

共和誤國，國誤共和，百世之後，再定此讞；
君憲負公，公負君憲，九原之下，三復斯言。

為甚麼會有「君憲負公，公負君憲」之問？這大抵是指袁楊之間的承諾和評言，但內容是甚麼？他不好說，很可能是兩人當中有人食言，這是後人搞不清的。但他是借聯語來發其心聲而已。似乎他的「有待」，早以確確實實地落空了。

其實，他只是徘徊於「有待」、「無待」兩者之間，他皈依佛法，因禪的基本精神是「無我」，於是提出「無我主義」。這等於是以「佛法」解釋「莊子」，這是傳統老辦法。因莊子也說「聖人無己」的，「無己」即是「無我」，也即是「無待」。

一九一七年張勳復辟，邀楊入京，他曾表示拒絕。並說「所可痛者，神聖之君憲主義，經此犧牲，永無再見之日。」這看來，佛家一切幻有，都能為他洗滌「有待」之心了。但事實卻又不然，他是徘徊於「有待」和「無待」之間。

一九二二年他為孫中山特使，通過夏壽田遊說曹錕（夏壽田此時是曹的秘書），制止吳佩孚援陳（陳炯明），幫助孫中山渡過政治危機。所以孫說：「楊度可人，能履行政治家諾言。」（指東京時的諾言）他並在該年加入國民黨。孫中山為此特電告全黨，稱楊度「此次來歸，志堅金石，幸勿以往見疑」。

因為楊是張宗昌的秘書長，在北伐前一年，李大釗囑楊度策動張宗昌，想張宗昌能聯合孫傳芳對抗蔣介石。（見《中華民國史事日誌》民國十五年丙寅十月三日）那是發生在北伐前一年的事情。可見那時共黨對北伐也不是全心全意的，結果楊度是不負使命，張宗昌在一九二七年初揮軍南下，支援孫傳芳抗擊北伐革命軍。但在一九二八年五月，張卻在蔣介石馮玉祥部的聯合下被趕出山東。那是後話。

一九二七年楊聽到汪大燮透露張大帥（作霖）準備派兵闖俄使館搜捕李守常（大釗）等人，即通報共黨胡鄂公，守常等不之信，結果被抓捕問吊。楊度在守常犧牲後變賣房產得款助其遺屬。

李大釗就義前留影

他忽又參加共黨，是由周恩來領導，分別由潘漢年、夏衍單線聯繫。這事黨內知者極少，解放後也不宣揚，直至周恩來臨終囑咐王冶秋，《辭海》中「楊度」條目要將楊度參加共黨寫上。而一九七八年報章刊王冶秋文披露此事才大白於天下。

其實，楊度是共黨一事在海外廣為流傳。一九五二年老報人薛大可在臺灣出版了筆記就說過這事。六十年代香港的《春秋雜誌》，也曾載楊度為共黨之傳聞。大陸讀者喫虧了，這個訊息遲了十多年始為國人所知。

楊的作風，是不大合乎政黨口味，所以積毀數十年，一切污水潑向他。直至周總理說真相時，輿論又如潮水般改向。本來楊度「平反」是可喜，但社會肉麻跟風的前倨後恭也令人感到可怕和可鄙。

楊度自輓聯云：「帝道真如，如今都成過去事；匡民救國，繼起自有後來人。」

「帝道」是指他的政治理論，「真如」是指佛法。也就是說「有待」和「無待」都無所幫助於他了。他可能忘記「有待」和「無待」中間有一個「無己」，他一直沒做到。更忘了他自倡的「無我」。不能像王湘綺那樣「逍遙」了。

而郭有守的「無待」與「無奈」，前文說過出現在郭某身上的是「淩厲」與「韜晦」。實則上前者是「有待」，後者是「無待」的同義詞。

潘漢年（右）
夏衍（左）

不過，他歸國後的「有待」是以「無待」的外表出現的。

郭有守歸國不久碰上文革，全國大亂，人人自危，郭有守或受特殊照顧，沒有受紅衛兵衝擊和批鬥，但他的親屬則沒有這麼好彩，夫人楊雲慧的大哥在北京被批鬥，楊母在上海被作為賣國賊地主婆批鬥，四弟公敏關進牛棚，五弟公武被批鬥到自殺。

這時候，郭有守所受的壓力是可想而知的。他無法做到以「忘情」、「無己」來解決切身的問題。

郭有守是楊度的東牀半子，翁婿間政治傾向多相同，有一種不幸的境遇竟然也是相同的。就是都不像王湘綺那樣能辦到「無待」，而只有「無奈」。

二〇一四年三月二日

國家主席劉少奇的夫人王光美被抓到清華大學批鬥

文化大革命中批鬥彭陸羅楊

傅抱石留日時期

造化小兒多事

「造化小兒多事」是傅抱石自刻閒章上的印文。

首先够得上形容這位藝術大師的，是「造化」一詞。一個逝去近五十年的人，其死後之事，是比生前的事更多。能形容他遺作波瀾的也只有「多事」兩字。至於「小兒」兩字，則是傅先生當年以早慧之身的自我調侃。

這六字閒章，是傅抱石一九三四年留學日本時期自刻，曾在東京傅抱石個展上公開展出過。石是壽山凍石，獸鈕，高五厘米，寬二•五厘米，邊款三面刻有曹子建《洛神賦》並「序」，共八百八十三字，是傅抱石憑感覺的微雕，也給人們啟示：洛神的「徙倚彷徨，神光離合，乍陰乍陽」的美人神態也常出現在他腕下呢！

記得從前看過一本專講傅抱石篆刻的書，談到這方印下落不明。其實這方印一直在傅抱石家，六年前傅家把它連同其他傅公的印章、文稿、速寫稿都捐獻給南京博物院收藏。捐獻前，筆者有幸在傅家把玩，並請得上海博物館傳拓專家謝先生拓印，拍照。

傅抱石刻「造化小兒多事」鈐本

「造化小兒」典出《新唐書．杜審言傳》。原文是：「審言病甚，宋之問、武平一等省候何如。答曰：甚為造化小兒相苦，尚何言？」在這裏，「造化」就是指上天主宰。直譯是：「那作為主宰的小伙子」。杜審言把上帝稱為「小兒」，那只是杜審言老人家的倚老風趣和與事物親暱的意思。這就是典故的出處。

中國的詩文喜歡用典，認為用典勝於白描，其實就是「丟書包」。六朝唐宋的駢文在這方面是到極致了。到了明清，那典麗的大塊文章少了，而文人墨客往往找些典雅切近的話語，作為「閒章」，用以發發牢騷，流露點個人意識，其實這也是在用典，在「丟書包」。但小小閒章，讓人「一語會心」，那是一種很獨特的文化。更有別出心裁的，藉典故而反用之，能另出新意，那就更好了。清朝有個畫家李仙根（不是民國那位），他的閒章就是「自成一家」，初看那「閒章」的內容是自讚自捧，令人討厭。但他姓李，就是流寇李自成那個姓。是宗親，他只是給人報上姓氏，沒自捧啊！又像黎簡（黎二樵），他的閒章「小子狂簡」，這典出《論語》「歸歟！歸歟！吾黨之小子狂簡。」這也足見二樵的幽默。

扯遠了，說回來，像傅抱石的「造化小兒多事」的原意，該不是形容上帝而是形容自己。「小兒」只是少年時自負的自我調侃。「造化」是自我的藝術形容。「多事」，這詞可以多種解釋。可以自謙是沒事找事。也

造化小兒多事印面

可以如孔子所云「多能鄙事」。也可說是諸緣未了的「多事」。它和古人的閑章那樣都是轉彎抹角的，從而流露出用典者的心志所在。

二〇一三年九月三十日

邊款三面刻曹子建《洛神賦》

傅抱石

樂夫天命傅抱石

十月五日，傅抱石誕辰一百一十年。回想傅抱石生平，處處可以看到「造化」對他的眷顧。他一輩子都有貴人相助，難怪他喜用「樂夫天命」這方閑章了。

傅抱石（一九〇四—一九六五），江西新喻人。原名長生，學名瑞麟。他出身貧苦，父親傅聚和是修傘匠，在江西南昌街頭擺攤。傅抱石卻喜歡藝術，從小就喜歡到裱畫店看畫，到街邊刻字攤學篆刻。

傅抱石幼小時，有鄰居幫忙，得以完成高小學業，還考上師範學校。師範學校免費，但抱石母親體弱多病，傅抱石要設法賺錢幫補家用。傅抱石利用自己刻印技藝，仿刻名家印章騙錢，仿的名家印章如「趙之謙印」等，極為酷似，瞞過行家，但最終為買家發覺，東窗事發，鬧到了學校，為校長知道。但造化很照顧傅抱石，校長不以為忤，反而重視其才華，因此，傅抱石竟因能做假而聲名大噪。做假而遇上愛材，這類事在畫壇上是常見的。像黎簡的詩集中有「近有贋予書畫鬻於肆者作詩自嘲」，事亦相類。詩中警句是：「東海百尾魚，西海魚百尾，相忘江湖中，誰能識真

傅抱石自刻用印「樂夫天命」

鯉？」當然，也不是每個畫家都能如此對待假畫，王石谷就最恨人家冒名作假。筆者也極為痛恨作假。但如龔定庵詩的「名流百輩無餐飯，忽動慈悲不與爭。」痛恨中會雜糅以「哀其不爭」的憐憫。話說回來，傅抱石既然因錯事而聲名鵲起，從此乾脆以自己名義「抱石齋主人」（傅抱石喜歡石濤的畫因以為號），接件刻印，生意旺盛，遂得以脱貧。後來乾脆改名為傅抱石。

一九二六年傅抱石在第一師範藝術科畢業後，留校任教。一九三一年傅抱石又遇到貴人——徐悲鴻。徐悲鴻去南昌，發現了傅抱石這匹千里馬，向當時的江西省主席熊式輝推薦，資助傅出國留學。徐悲鴻是留法的，原先想傅抱石也去法國留學，但熊式輝資助只有一千五百元，這筆錢只能去較近又花費沒那麼大的日本。

一九三三年三月，傅抱石赴日本留學，入東京日本帝國美術學校研究部，從金原省吾攻東方美術史和雕塑。造化又安排留日的傅抱石認識剛好在東京的郭沫若。郭沫若因為「四一二」清黨而逃亡到日本的。郭很幫這位年齡上比他少一輪的傅抱石，介紹傅找文求堂老闆田中慶太郎商量出版傅所著《摹印學》一書事宜，又為傅在東京開首次個人畫展事寫了不少介紹信函，復為其畫作題詩題字。自此傅抱石與郭沫若相交一輩子。

一九三五年六月傅抱石歸國奔母喪，八月到南京，徐悲鴻安排傅抱石

徐悲鴻與傅抱石在江西初相識歲月，1932年（右）
熊式輝（左）

到中央大學美術系任教，徐是美術系主任。一九三八年郭沫若也回國，出任軍事委員會政治部第三廳廳長，郭沫若拉傅抱石到三廳秘書室做文字工作，聽説蔣公告全國同胞書就是傅公起草的。後來隨著三廳撤退至重慶，一九四〇年八月三廳改組，郭沫若退出，傅抱石應徐悲鴻之邀，回重慶沙坪壩中央大學執教鞭。傅抱石全家住在重慶沙坪壩金剛坡下山腳，所以又有一齋號叫「金剛坡下山齋」。

傅抱石早年畫畫，以摹古為主，學的是元代大家王蒙王叔明一路和後來石濤一路。留學日本前後，一度想改變畫風，想突破，這從他的母校現為武藏野美術大學所藏他那個時期的作品可以看出，傅抱石也曾摹仿吳昌碩、王一亭、齊白石、徐悲鴻，但都不成氣候，實驗沒有成功。如果一直這樣下去，最多成為生產假畫的高手。但傅抱石自有其天生智慧的，很快就改弦更張。從他後來的作品看，傅對日本當時的大師級畫家橫山大觀、竹內棲鳳、橋本關雪、小杉放庵等人的作品，應該非常留意，用心研究，也吸收了這幾位日本名家的人物造型、山水布局、色彩渲染等優點，融入自己作品中。

抗戰八年，傅抱石在四川也八年。巴山蜀水，大自然的氛圍，融化在傅抱石的胸襟，落實在傅抱石的筆墨和紙張上，遂至傅抱石畫風大變而成為一代大師。傅抱石曾經説過：「畫山水在四川若沒有感動，實在辜負了

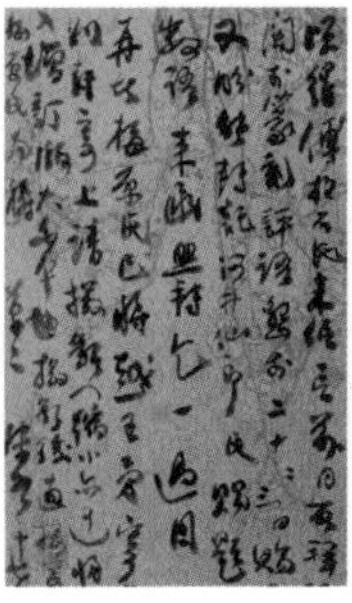

郭沫若致田中慶太郎信，
1935年4月17日（右）
田中慶太郎（左）

四川的山水。」傅抱石有深厚的中國畫傳統功力，又能吸收東洋、西洋美術的優長，融化在自己的作品中，為我所用。不怕人家非議，敢於創新。但求目的，不擇手段。傅抱石畫水墨淋漓之山水時，喜用大斗筆，行筆疾速，橫刷縱抹，大筆大筆畫，往往拿著熨斗，以求快乾。又常以長鋒羊毫，亂筆皴刷，用散鋒亂筆表現山石的結構，一變傳統的各種皴法。既有潑墨淋漓，又有枯鋒渴墨，行家叫「棉裏藏針」，蒼潤筋韌，氣勢豪放，磅礴多姿。所作泉瀑雨霧之景，更是前無古人，後啟來者。傅抱石也擅人物畫，他筆下的仕女、高士，形象高古，充滿六朝煙水氣。

有評論家認為傅抱石的畫以金剛坡時期最佳。抗戰間，傅公住在重慶西郊金剛坡腳下一間極小的舊院子裏。在只有方丈的房間中，在全屋僅有的一張小方桌上，靠著門口，利用門外光線寫畫。而這時候，老婆仔女得在屋外消磨五六個小時甚或八九個鐘點，可見當時畫家的艱辛。就是在這種惡劣環境下，傅公卻能寫出許多佳構，為後世留下許多令人醉心的畫作。當時居所地方淺窄，多作小幅。晚年條件許可，才能夠寫尋丈巨幛的大畫。

解放前夕，國共內戰打得如火如荼。傅抱石徘徊觀望，一九四八年十一月淮海戰役開始，南京告急。傅抱石嘗寫信與正在英國的徐悲鴻弟子張蒨英斡旋，委托一位錢先生在牛津大學謀一教席，不果。後來避居南昌

傅抱石在東京舉辦
書畫篆刻個展

達十餘月，在南昌開畫展，但影響不大。南昌、南京先後解放，傅抱石回到南京，此後直到逝世，都在南京。臺灣有傅抱石老學生，老朋友跟我說過，傅抱石窮了半輩子，終日顛沛流離，辛辛苦苦畫了那麼多畫，賣了些錢，好不容易在南京徐悲鴻寓所隔壁傅厚崗六號，置地興建房子，一家八口，也不容易說走就走，於是留下來。但新時代的要求卻有不同，往日傅公與黨國要人關係太深，而大學的左傾學生，認為傅抱石係國民黨反動派走狗，所以不上傅公的課，進行抵制，搞得傅公很被動。這個讓傅公頭痛的時刻，造化又安排貴人出現。此時的貴人是賴少其，當時賴任南京軍管會文藝處長，中共南京市委宣傳部長。賴少其以軍代表、黨代表身份，勸說學生，為傅公解圍。傅感甚，擬贈畫與賴公，拿出精品數十幅，讓賴老自己挑選。賴老向我透露，其實他看中《大滌草堂圖》，上有徐悲鴻題「真宰上訴」，但知傅甚重視此作，不好意思問津，只拿了件湘夫人中堂。嘗就此事請教傅二石兄，他覺得賴老可能言重了，據他所知，傅抱石在中央大學教書時，也常有學生找他，其中有好幾位是地下黨。有一位叫李慕唐（中央大學中共地下黨總支書記。一九四九年以後任南京大學第一任黨總支書記、南京師範學院美術系黨總支書記），遊行示威都有他份，通緝得緊時，躲在不太惹麻煩的教授傅抱石家。南京解放，這位李慕唐搖身一變，成為中央大學的軍代表，教授們對他都很尊敬。他常去傅家。

李慕唐（右）
賴少其在南京，1950年（左）

（二〇一三年九月二十三日，傅二石口述）

解放後，造化仍然眷顧傅抱石。傅抱石除了出任南京師範學院藝術系教授，一九六〇年還兼任新創辦的江蘇國畫院院長，又做全國人大代表。但傅抱石大情大性，直來直往，毫無機心，也不擅掩藏自己的觀點以自保，講話無所顧忌。以前他曾為熊式輝、陳果夫等國民黨要人刻印，交往。解放後，政權早已更易，昔日黨國要人，已是被中共通緝的戰犯，普通人都怕跟這些頭子沾邊，而傅抱石仍口沒遮攔的在公開場合大談他和張道藩、陳立夫的關係。據說有一次談齊白石篆刻，那麼多例子可舉，偏偏要舉齊白石為蔣介石刻的「蔣中正印」，刻得如何好。完全是藝術家天真不懂世情的脾氣，於是三反五反、思想改造、反右……每次運動傅抱石都是重點打擊對象。一九五七年傅抱石任中國美術家代表團團長，訪問東歐捷克、羅馬尼亞等國，邀天之幸，避過反右一役。

其實傅公反右一役也不是無風無浪的。據傅二石說，傅公在出訪前，有個記者採訪他，談了一些對黨的意見，雖然出於善意，但從後來發展看，傅公這個訪問記，夠得上做個大右派的。據傅益玉說，吳俊發等人跑來要傅抱石寫文章表態，傅夫人反對，說千萬別寫。《雨花》雜誌編輯來了幾回，有一回硬要交稿才走。傅抱石寫了篇《偶然想起》，寫得很匆忙，來不及細看就交稿，完成了給黨提意見這一任務。傅二石說文章叫黨

中央大學藝術系師生合影，1948年。前排左起：呂斯百、黃顯之、傅抱石、陳之佛。二排右一李慕唐。

不要偏聽，暗指不要偏聽陳XX常打小報告，此文登在《雨花》上。後來內部刊物批傅抱石了。傅公從歐洲歸來，知道之後，非常惱火，是你們來動員我寫的，現在又批我。加上知道長公子得了右派，更加憤怒。小不忍則亂大謀，傅抱石的火爆性格甚為危險，和右派只差五十公尺，尚幸上面有貴人照住，周恩來說要保護一批名人，裏面有傅抱石的大名，加上運動高峰已過，南京右派名額已夠，傅抱石才逃過一劫！文革間有大字報說傅抱石是漏網右派，當有所本。

但傅抱石的長公子，深具藝術天份的傅小石，以中央美院學生身份劃為右派，從天上掉到地底折騰，下放勞動，到後來更弄到右半身殘廢。傅抱石才醒覺共產黨不是鬧著玩的，那才開始小心謹慎，告誡其他子女。「何以至今心愈小，祇因以往事皆非。」這是傅抱石的自嘆。

傅抱石在畫作上常鈐一印：「往往醉後」，他喜歡喝酒，而要寫出好畫，則往往醉後所作，像王羲之蘭亭序一樣，都是醉後之作。六十年代，傅抱石有高血壓、心臟病，醫生下禁酒令，友朋也相勸，沒有用，傅公照樣飲酒，他曾說：「悲鴻只活了五十八歲，唐伯虎還不如悲鴻，我今年已是虛度六十了，即使死也不算短命。」所以有人說傅抱石寫畫時，「左手握玻璃杯，右手才能落紙。」

一九六五年九月二十三日，傅抱石應邀到上海，為新落成的虹橋國際

1965年9月，傅抱石（右三）到上海擬為新落成的虹橋國際機場候機大廳作畫。留下生前最後一張照片

機場候機大廳作畫，當時並未動筆，只是提出畫井岡山等建議。中共華東局魏文伯等領導熱情招呼，吃喝在所難免，返南京前（九月二十八日）的午飯，聽說傅抱石飲了半瓶茅台，傅抱石一輩子最怕坐飛機，但喝了酒壯膽登機。返家後睡眠呼嚕特響亮。第二天早上，跟羅時慧說感到很不舒服，羅叫他睡覺，由她來應付客人。果然不久有客人來訪，夫人下樓打點，及客人離去，已近十一時，夫人上樓，見傅抱石仍然打呼嚕，推他也不醒，喚醫生來，一檢查，無可救藥了，是腦溢血就此不起。算不幸還是有幸呢？這就見仁見智了。聽說夫人羅時慧問醫生救活後會怎樣？醫生說沒法畫畫，廢人一個。夫人當機立斷，不要搶救（其實也無法搶救），不要苦害傅公折騰，遂於當天下午一時卒於南京漢口路一三二號寓所，春秋六十有二。

扯遠一點，上海有這麼多名畫家，上海機場怎麼不就近請上海畫家畫，而要遠道請南京傅抱石等畫家來畫呢？我曾向謝老謝稚柳請教，謝老說，上頭認為南京畫家比較革命。可見在當時人們心目中，傅抱石給人的感覺還是革命的。

傅抱石革命嗎？從藝術角度看，敢於打破傳統，勇於創新，非常革命。

傅公是黨員嗎？不是。過去聽說，傅抱石曾經申請入黨，是黨動員還

羅時慧率子女拜祭
傅抱石後留影

是他自己要求，已無從稽考了。但有領導認為他留在黨外，比在黨內發揮更好作用，勸他不要申請。傅益玉曾向我透露，是文化廳還是宣傳部的人勸傅抱石申請入黨。傅抱石有點擔心，因為當時錢松喦入黨，曾高調表示畫畫不拿稿費，全部獻給黨。傅公卻要拿稿費，不然哪來錢醫大女兒傅益珊。考慮再三，填的申請入黨書也就沒有上交了。

但傅公命水好，「提早收工」，避過文革一役。夫人勇於決斷，值得稱道。文革間，江青點了傅抱石的名字，康生趕緊派人向傅抱石家屬索回他給傅的信，和為傅題寫的「南石齋」匾額。傅公雖然好彩及早死去，但難逃「開棺戮屍」之革命壯舉，紅衛兵把傅公在雨花臺的墳砸爛，挖出骨灰盒，打翻在地，砸個稀巴爛，踏上一腳，要你永世不得翻身。還把過程拍照，寄傅厚崗六號向家屬示威。如此看來，設若傅公還活著，肯定活活打死。聽說陳之佛土葬的，也是被紅衛兵挖棺曝屍，屍身一半蟲食，一半完好，死後還被侮辱一番。可見傅公火化還是聰明之舉。

二〇一三年九月二十九日

傅抱石墓地，2004年10月5日重建

傅抱石《麗人行》(局部)

傅抱石的《麗人行》

傅抱石是二十世紀中國畫壇的開派大師，他的作品幾十年來，都是收藏家爭奪的寵兒。

傅抱石畫作題材，在其壬午畫展中已自己道出：「一、擷取大自然的某一部分，作畫面的主題；二、構寫前人的詩，將詩的意境，移入畫面；三、營製歷史上若干美的故事；四、全部或部分地臨摹古人之作。」揆諸傅公存世畫作，大概就是這四種範圍。而解放後，在第二項加上構寫今人的詩。今人的詩，當然是以當時的今上毛公澤東為主，一九五〇年秋傅公已製作了第一件毛公詩意畫《清平樂•六盤山》（天高雲淡），這恐怕是畫家中最早以毛公詩詞意境移入畫面者。

傅公的畫，有評論家認為金剛坡時期最佳。前文已談及，抗戰間，傅公住在重慶西郊金剛坡的坡腳之下，一間極小的舊院子裏。在只有方丈的房間中，在全屋僅有的一張小方桌上，靠著門口，利用門外光線寫畫。而這時候，老婆仔女得在屋外消磨五六個小時甚或八九個鐘點，可見當時畫家的艱辛。就是在這種惡劣環境下，傅公卻能寫出許多佳構，為後世留下

四十年代初傅抱石一家在重慶金剛坡下

許多令人醉心的畫作。

《麗人行》（一九四四）就是傅公這個時期的一件代表作。畫的內容是寫杜甫七言樂府詩《麗人行》：「三月三日天氣新，長安水邊多麗人。態濃意遠淑且真，肌理細膩骨肉勻……」《麗人行》是杜甫的名篇，描寫春暖花開，楊國忠兄妹在長安城南曲江遊宴情景，諷刺他們的驕奢，也間接反映出唐玄宗的昏庸。而傅抱石此畫截取楊氏家族出遊一段景象來描繪。這一高頭大卷，構圖新穎，不僅與古人、與同時期其他畫家的畫作，距離拉得很大。畫面以柳樹佔滿，綠蔭四塞，突顯下方五組人物。難得的是畫的這三四十位古老男女，神態各異，曲盡其妙。此畫在重慶展出時，傅公曾跟其愛徒沈左堯（傅公賣畫都是沈代為收錢的）講解，指著中間那組人物，在紅袍前仰首之官員說：「這就是楊國忠，我塑造其形象時，專注刻劃他的性格，你看他奸相十足，驕橫不可一世的樣子。」這就點出全詩要點：「炙手可熱勢絕倫，慎莫近前丞相嗔。」

傅公入蜀後，最初所作人物，意趣甚佳，惟衣紋稍硬，用傅夫人羅時慧的謔語，像火柴枝跌在紙上，硬直直的，就是技法尚未到家。而麗人行的人物造型，線條處理已臻成熟，更顯爐火純青，難怪徐悲鴻題上：「此乃聲色靈肉之大交響。」並加跋讚揚：「抱石先生近作愈恣肆奔放，渾茫浩瀚，造景益變化無極，人物尤文理密察，所謂爐火純青者非耶？余前嘗

傅抱石曾跟沈左堯講解，指著紅袍前仰首之官員說，這就是楊國忠，你看他奸相十足

作畫中九友詩詠之云：門戶荊關已盡摧，風雲雷雨靖塵埃，問渠那得才如許，魄力都從大膽來！」真是推崇備至。張大千也有跋：「古人論山水曠於無天密若地，□□先生以此秘入人物，開千年來未有之奇，真聖手也。勾勒衣帶如唐代線刻，令老遲所作亦當斂衽。」大千將傅抱石推崇到超越陳老蓮（老遲）而直追唐人，把抱石直比「畫聖」，與「詩聖」杜甫可相媲美了。大千與悲鴻皆有譽人癖，對後輩獎掖提攜，不遺餘力。當時抱石名氣遠不如二位，得此嘉許，當然高興。

遺憾的是大千對傅抱石不太熟識，以為他字狷夫，所以題上狷夫先生。傅狷夫（一九一〇—二〇〇七）也是畫家，另有其人，前些年才在臺灣故去，傅抱石也不好意思請大千改動，讓大千尷尬，就自行挖掉二字，成一空白位。而題跋用的是絹，不好遮掩，挖補痕蹟就較為明顯了。當時在重慶唸中央大學建築系的陳其寬有觀看傅公畫展，陳公跟我說，當時人們只知道傅抱石教美術理論、教篆刻學，不知道傅老師會畫畫的，而且畫得這麼好。

這幅傅公名蹟，後來如何到郭沫若家的呢？且讓我慢慢道來。

傅抱石留學日本時，已認識郭沫若。郭很幫這位年齡上比他少一輪的抱石，介紹傅找文求堂老闆商量出版傅所著《摹印學》一書事宜，又為傅在東京開畫展事寫了不少介紹信函，復為其畫作題詩題字。抗戰間郭沫

傅抱石《九老圖》

若回國，出任軍事委員會政治部第三廳廳長，拉傅抱石到三廳秘書室做文字工作，聽說蔣公告全國同胞書就是傅公起草的。傅離開三廳後在中央大學教書，而郭沫若也住在金剛坡，往來頗密。解放後，郭在北京，傅在南京，書信往還不斷。傅每年總送一件得意之作與郭，所以郭收藏的傅畫都精真新，都是代表作。

重慶時期，郭老已心儀傅公的這件《麗人行》，認為是傅畫中之珍品。一九五二年郭沫若六十大壽，傅抱石專門畫了一件丈二匹的《九老圖》祝賀。次年九月傅赴京參加全國第一屆國畫展覽會，將這件《麗人行》帶來北京，在會上觀摩。郭老秘書王廷芳的文章說傅抱石將此畫贈送郭老，郭高興非常，當晚請食飯，還請來老舍、曹禺等陪同。郭對此畫特別珍愛，放在辦公室書櫃中，老友來時，偶爾展示共賞。陳毅也喜歡傅公的畫，陳藏有傅公精心繪製的毛公懷楊開慧《蝶戀花•答李淑一》詞意畫（一九八七年香港蘇富比以六十萬元高價拍出）。有一回郭向陳毅展示《麗人行》，陳毅連說「畫的好，畫的好。」喜歡得不得了，還要求郭老借回家中慢慢細賞。郭也大方應允。惟陳借了許久，郭怕有劉備借荊州之嘆，讓秘書王廷芳一再催促，三個月左右才原璧歸趙。但傅抱石女婿葉宗鎬在《傅抱石年譜》中透露，此《麗人行》是留在郭沫若家的，並沒有說贈送，並談到郭老自陳毅處追回此卷之後，「郭曾寫信問傅抱石是否要將

傅抱石《麗人行》

此畫寄回南京」。可見此畫的物權問題曾有過不同意見。郭、傅兩家兩代一直友好，兩老已歿，又經歷文革，許多事情是說不清的了。

一九六五年文革暴亂前夕，傅公幸運地腦溢血先行病逝，接著史無前例的丙丁洪羊劫難，傅一家倒霉，長公子小石、二公子二石繫囹圄，大女益珊早已失常，三女益瑤下放農村，穿絲襪種田，甚不習慣。總之一家子日子過得可憐。七十年代，聽說郭沫若曾考慮將整批傅抱石贈他的畫作，捐獻故宮，換取二萬元獎金，幫助傅家渡過困難。後來考慮到傅家困難是政治待遇，而不是經濟問題，就沒有捐出。而是找北京市革委會主任吳德，要一個北京市戶口名額，調傅公千金傅益瑤到故宮。但傅益瑤檔案中反革命材料一大疊，進不了京，只能辦到從農村調回南京市文博單位，也算幫了傅家大忙。

一轉眼，到了九十年代。筆者編輯《名家翰墨》，第十九期係「兩岸珍藏傅抱石精品特集」（一九九一年八月），收入臺北蔡辰男，北京郭沫若兩人所藏傅抱石畫作精品的專集。臺灣大藏家蔡辰男獨嗜傅抱石畫，因緣際會，香港郭文基歿後整批傅抱石畫作歸入蔡家，加上歷年購藏，得近三十件，而郭老歷年得傅公送贈，也有十八件。筆者覺得整冊作品以《麗人行》最佳，於是挑了《麗人行》做封面。《麗人行》因為一九五三年送了給郭老，所以五六十年代傅抱石各種畫冊，都沒有刊載這件佳作。

蔡辰男

到七十年代末八十年代初刊行傅公畫集，才收進這畫，但當時印刷水平所限，畫冊顯示不出此作品的細微處。到拙編這一集，不僅做了封面，內頁又多局部原寸原色刊登，纖毫畢現，讀者才欣賞到此作原貌的佳妙。一九九四年，我們穿針引線，促成傅抱石作品展在臺北歷史博物館舉行，這個展覽係紀念傅抱石誕辰九十週年而辦，最初請臺北某基金會出面，後發現該會根本不知傅公係何方神聖，立即轉軚，與臺灣大藏家蔡一鳴先生洽商，蔡一口應承，就由他所代表的中華文物學會接辦。展品以傅家所藏為主，筆者也提供十來件，郭沫若家就借這麼一件《麗人行》，去臺灣展覽。展品先集中到翰墨軒，點收間打開這件《麗人行》，一再細觀，的確亮麗。但看得出，郭老千金郭庶英當時也沒感到這件作品有多寶貝。但在臺灣展覽之後，臺灣好幾位藏家卻心儀這件作品。其中一位陳啟斌先生，後來去北京拜訪郭庶英時擬請轉讓，郭大姐死活不賣，因這幅畫的去留她個人是決定不了的。

臺灣展覽之後不久，郭大姐哥哥郭漢英係中國科學院物理所研究員，到日本擬籌募郭沫若基金，找其父輩朋友西園寺辦事處負責人南村志郎幫忙。南村説現在日本跟從前不同，經濟一直不景，恐難以籌到款項。我問南村他們成立基金要多少錢，南村説人民幣一千萬，我立即説很簡單，日本籌不了，可以從郭家拿一件畫，就能解決問題。南村問哪一件，答以

郭沫若女兒郭庶英護送《麗人行》至香港翰墨軒打開檢視。左起郭庶英、紐約藏家鄧仕勛、傅二石、葉宗鎬、蔡一鳴

傅抱石《麗人行》。那個時候一千萬是天價了。但我很快就找到一位老友應承照價交易，是港幣一千萬，當時折合人民幣一千一百多萬。但與郭庶英商談時，庶英説哥哥反對賣父親的藏畫，遂告吹。隔不久，筆者在拍賣場碰到中國嘉德甘總學軍兄談起這事，建議嘉德去挖寶，由嘉德出面，郭家會安心一些，説不定會答應。不久，嘉德果然談成，郭家拿出《麗人行》，還有一件徐悲鴻的《九州無事樂耕耘》和郭夫人于立群書法等幾件。聽説嘉德最初對《麗人行》的估價好像三百多萬，郭家當然不同意，郭家希望九百到一千萬，因為筆者都找到人應允出一千萬，郭家以為筆者這位朋友會進場，但朋友見公開拍賣就不要了，完全放棄競投。最後可能郭家讓步，達成底價七百萬，而嘉德是要為達到千萬為目標而努力。我記得預展時嘉德老闆陳東昇帶著像是王軍的壯漢來觀賞，我在現場一不小心聽了一句，七百萬就七百萬吧，好了，有人墊底了。當時臺北蔡辰男也想投這精品，到底是為他而出的《名家翰墨》十九期的封面嘛，蔡托小張（宗憲）代拍，出價七百幾十萬，比底價略高幾口。但拍賣時，很快超過蔡的出價，張繼續舉牌，直至別人已舉到九百八十萬，張以超出預算太多，才微軟不舉。結果為北京某家公司的辦公室主任奪得。

好了，當天晚上，郭庶英郭平英姐妹在四川飯店擺慶功宴，招待筆者。我説等收到錢才慶祝吧，她們説怕甚麼。結果大家都知道，此天價舉

郭庶英郭平英姐妹在四川飯店擺慶功宴招待筆者

牌投得的人並沒有付款，拖了許久，嘉德很被動，結果要另覓買家承接。這就是當年較著名的，天價拍品收不到錢的典型案例。晚飯時，郭大姐還問我要不要分些錢給傅家，小生姓許，怎能替郭傅兩家亂出主意，惟有閉嘴不言最為安全。但轉念郭家姐妹還是很有人情味，也念舊。很遺憾，我一直沒有把她們曾經的一問，告訴二石。但後來聽傅益玉說，《麗人行》拍賣時正好在北京，郭庶英問玉子，要不要送一輛車給她媽媽用，玉子客氣地婉拒了。於此可見郭家還是很有人情味的。

拍完之後，還有小插曲。當時拍賣沒幾年，大家經驗不夠。舉拍的人要求嘉德某副總讓他把這件《麗人行》帶回公司給老闆看，某副總對這家公司深信不疑，也就讓這位主任，在尚未付款的情況下，把畫拿走。這在當年，是普遍現象，到二〇〇八年金融海嘯之後，才全行改例，六親不認，只認鈔票，嚴格執行賬款到位才可以提貨。但嘉德某副總可能也擔心，東西給人拿走，萬一出甚麼狀況，責任太大。過了大概十天，以委托方要來嘉德看此畫，如果畫不在，不好交待為由，討回《麗人行》。

這位大買家，同場還舉了傅抱石的前後《赤壁賦》一對，後來聽說也在廣州嘉德標了好幾件傅抱石畫作。但是，全部拍得之畫，都沒有付錢。怎麼回事呢？當時江湖傳聞，舉牌的人所代表的這家公司，涉嫌非法集資，非法跟銀行借貸，所拍之品是要當作回饋批准貸款者的回報禮物，但

王廷芳與羅時慧

資金一直沒有到位，貸款就沒辦法付了。後來又有一說，這家公司東窗事發，舉牌的這位主任已經槍斃，至於其代表的老闆，大概也好不了，是否同樣吃「蓮子羹」，則無從打聽了。

故事未完。隔了不久，有兩卷號稱傅抱石畫的《麗人行》冒出來了。有一回，啟老（功）蒞小軒，坐著閒聊時，忽指著放置在矮几上的《名家翰墨》第十九期封面《麗人行》說，楊老（仁愷）介紹一個朋友來，請他（啟老）在這卷畫後加題。我說這卷只有一件，有徐悲鴻張大千題字，啟老聽罷右手摑了一下右腿，大概知道上當了。過了不久，收到南京來的信，是傅抱石做院長時候畫院的黨領導，介紹魏紫熙入黨的那一位黨員幹部，說朋友有傅抱石精品幾件，要為這幾件精品找個好的歸宿，他覺得臺灣的蔡辰男是最合適的對象，要我作伐，還附來作品正片，說可以在我們的刊物上發表，以供同好。這幾件都是人物畫，其中有一件也是《麗人行》。我不敢亂介紹，謹記古訓：「不做中，不做保，不做媒人三代好。」黨員幹部沒有再來信追問，可能也自知失禮。後來聽到傅二石說起，這位仁兄一輩子研究他爸，吃他爸為生，晚年卻老是出這種事情，實在夠可憐的，很同情他。我再也不敢請這位老人家寫稿，有些場面見到只能打哈哈，骨子裏卻是「漢賊不兩立」也。

再隔不久，《良友畫報》伍聯德的公子伍福强來訪，出示《麗人行》

《名家翰墨》月刊第十九期
「兩岸珍藏傅抱石精品特集」

畫作照片，上面有啟老幾位大名家題，題字都真，畫太業餘。伍氏還把提供者的故事說了一遍，大意是傅抱石窮，付不出裱工，所以多畫這麼一張與裱畫師傅了賬。伍是出版同行，老實人，遂潑冷水，把愚見如實相告。

到世紀末、二千年，上海博物館搞了一個《金剛神韻——傅抱石金剛坡時期作品特展》，這個鬧出大新聞的展覽，也有一件大號的《麗人行》，一張變四張，可見《麗人行》多有名。

二〇一三年九月二十三日，二〇一四年四月十二日修訂

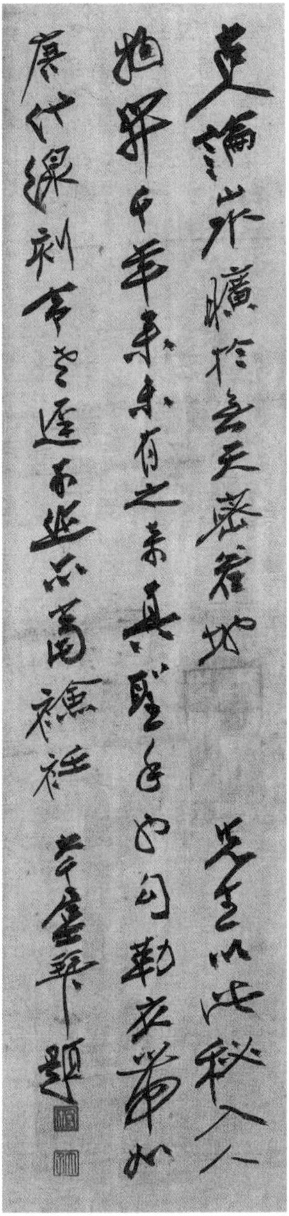

張大千誤以為傅抱石字狷夫題上狷夫先生，傅抱石自行挖掉狷夫二字，挖補痕蹟明顯

傅抱石的「詩意」與「惶恐」

傅抱石看似大情大性，但政治嗅覺，又頗靈敏。是剛解放的一九五〇年，傅抱石已獨佔先機，以毛主席詩詞為題作畫。第一件是以「天高雲淡」為題，這比《武訓傳》大批判還要早四個月。也比「兩論」的大討論和金岳霖、馮友蘭的檢討就更早半年。若論以作品來作體現、衍繹，而仰副「天意」的，在那一九五〇年就數傅的「天高雲淡」和武大校長李達著的兩論解說（〈《實踐論》解説〉、〈《矛盾論》解説〉）。

人說傅好酒，但政治上他沒「醉駕」，反而是「眾人皆醉我獨醒」，他「醒」得早呢！

「天高雲淡」，傅抱石用此四字作畫，實在極具心思。其得體處是：用毛句來頌揚毛胸襟懷抱，而不露痕蹟，做到頌揚而不覺其頌揚。王陽明詩「險夷原不滯胸中，何異浮雲過太空」，其命意和傅的頌揚略同，但以含蓄而論，王還遜於傅呢！

此而後，「毛詩意」就成了傅畫的重要題材。據云曾畫過有二百多幀，下文只摭拾二三作為談助。

傅抱石畫毛澤東詩意畫《清平樂 • 六盤山》

《江山如此多嬌》

傅抱石的毛詩意入畫，最著名是懸掛在北京人民大會堂的《江山如此多嬌》。建國十週年時，最高當局認定傅抱石能表現主席詩的意境和氣魄，於是由傅抱石擔綱，請關山月幫忙，一起完成這件六十張丈二匹宣紙拼綴而成的、五米半高九米寬的大作。

畫成之後要題字，誰敢？合適的只有毛主席自己。主席當時在信箋上將「江山如此多嬌」六個字寫了幾款，還很謙虛的讓傅抱石挑選，謂如不合適，可以再寫。但毛寫的字是蟑螂大小，必須在巨畫上移植放大，但畫的頂端這麼高，（傅抱石有畏高症所以很少坐飛機，一九六五年九月一坐就死。）這任務只好落在傅公大弟子沈左堯身上，沈君與筆者說是他爬在高梯上，將此御筆六字放大填寫。沈君更說傅抱石對畫面上的紅太陽也是估計不足，說原先以為夠大了，掛上牆後一看，就像月餅蛋黃這麼細，結果要在牆上用硃砂加大了好幾回，幾近直徑一米，周總理才滿意。

藝術的事，甘苦自知，筆者聽沈左堯說，傅公對此巨畫不大滿意，認為不如小稿，曾要求重畫。但周總理怕折騰，說已經畫得很好，不用再畫了。具體領導這巨畫工程的，是國務院文化組的齊燕銘。齊擅篆書，也長於篆刻。傅抱石為此大畫刻了方印，印文就是「江山如此多嬌」，但傅的印章太細。齊燕銘在故宮弄來一巨型壽山石，他也是刻這六個字。現在畫

傅抱石、關山月在繪製《江山如此多嬌》

上鈐的就是齊燕銘所刻。而傅抱石刻的則投閒致散，後來連同其他印章，由傅家捐了給南京博物院收藏。

《毛主席詩意冊》

前幾年（二〇一一年十一月十七日）翰海拍賣拍出天價的八幅《毛澤東詩意畫》，也是傅公用心之作。冊頁共八開，高三十三厘米，寬四十六點五厘米，是一九六四至一九六五年間的創作，這八開內容為《韶山詩意》、《芙蓉國裏盡朝暉》、《虎踞龍盤今勝昔》、《蕭瑟秋風今又是，換了人間》、《寥廓江天萬里霜》、《登廬山詩意》、《神女應無恙，當驚世界殊》、《風展紅旗如畫》。冊頁原該有十二開，拍賣公司把它拆開成八開一冊，其餘四件另行分開賣。是由江蘇省老領導宮維楨家裏流出來的。據傅二石說，冊頁原是傅抱石托宮維楨去北京呈交康生的，因康生曾答應為傅抱石出版毛澤東詩意畫集。大概傅交宮維楨後而傅猝死，宮維楨則未踐諾送出詩冊，旋文革動亂，這些事無人追問了。現當事的三人：傅抱石、宮維楨、康生都已作古，事屬天曉得了。但據傅二石說：曾去過宮維楨家多次，宮也拿些傅抱石作品讓二石觀賞，卻從沒出示該冊，這就可見此中大有文章了（二〇一三年九月二十三日二石口述）。

此冊最初在中貿聖佳拍賣，高至一千八百萬下槌，有差一口未能投得

齊燕銘刻「江山如此多嬌」巨印（縮小）

者即場願以落槌價再加幾百萬，惟投得者未肯割愛。續後若干年而翰海再拍，又已論億計算了。

今日傅畫拍價能睥睨時流，是傅公生前所料不及的。但傅畫之有今日，卻又肯定是傅公生前的「作為」有所致之。這要從傅公的創作所具的「對象性」來作論。前人對「對象性」有解釋，黑格爾說的「每人都是它自己的對方的對方」。馬克思的解釋大意是：植物靠向太陽，太陽本質力量又靠植物去體現。

而傅公的繪畫創作和毛主席的詩詞創作也就是構成這樣的一種「對象性」關係。這也如《華嚴經》所說的「依他性起」。

而十六年的意識形態鬥爭，傅公能享大名而安然無恙，這在畫家中是罕見的。且先說一個故事：

在明初燕王靖難，有個叫鐵鉉的守濟南，知道燕王要用大炮轟城，就以木牌寫上「大明太祖高皇帝神主」，沿城密掛，使燕王不敢冒大不諱，朝自己老爸朱元璋的神主開炮。那鐵鉉以「神主」作為「保護傘」，令濟南城避過一次危機。

這故事就像文革中的「語錄戰」。用「語錄」當是「神主」，也有以毛像毛語錄黏貼於古文物之前，讓古文物賴以保存。這和鐵鉉的護城做法十分相似。但傅抱石寫的「毛主席詩意畫」姑勿論動機是出於認知？抑

傅抱石刻
「江山如此多嬌」

是要自保？但「對象性」確實起到保護傘的作用。但，「對象性」是雙刃劍，以下要說到那讓傅抱石感到逼側的一面。

「煙水六朝寒」與「淚飛頓作傾盆雨」

可以斷言，「毛主席詩意畫」和傅抱石的早期繪畫旨趣是相悖的。用傅公的話解釋，那是《政治掛了帥，筆墨就不同》、《思想變了，筆墨就不能不變》，這兩篇文章題目用「不同」和「變了」，可證是他自己的一種看法。而社會人士是會把「不說自明」的命題再作追問的。

有一值得思考的假設，傅畫充滿六朝煙水氣，傅公所鍾情的境界，該是「煙水六朝寒」、「疏雨滴梧桐」，而不會是「淚飛頓作傾盆雨」，一旦要如院本圖解，作為大師是否會有心手相違呢？

傅公繪製的「毛主席詩意畫」是兩重藝術。毛公「詩意」是原創藝術，其政治性格和藝術性格，無疑是時代的最強音。再者，「毛詩意」在前，而傅畫是後至，那麼要在這強音和時間的序列，當中又能有多少餘地？除在筆墨技法外，要論命意及精神，那只能「沿此路過」了。

試說一樁「蝶戀花」小故事

關於《毛澤東〈蝶戀花•答李淑一〉詩意》傅公畫的當然不止一件，

傅抱石刻
「不及萬一」

於電光石火的六十年後，倖存的所知便有兩件：一件陳毅舊藏，一九八八年在香港蘇富比拍賣會中，以當時的高價六十萬元拍出。另一件現在南京博物院中。

《蝶戀花•答李淑一》是一九五八年一月號《詩刊》發表的，那時全國又是討論又是學習。該年四月下旬，美協副主席蔡若虹蒞南京安排布置參加莫斯科「社會主義國家造型藝術展覽」的創作任務，那時傅抱石選擇了畫《蝶戀花•答李淑一》詞意畫。這一政治任務是非同小可的，但創作時過問關注的領導太多，壓力很大。

有回傅抱石拿著這畫的草圖，對南京師院同事王達弗（一九一八—二〇〇七）等訴苦，「我這畫和蝴蝶牌牙粉上的廣告差不多」。（陳傳席《傅抱石研究》之《傅抱石研究論文集》頁七四）

那時，社會上大興互相檢舉之風。傅公這自嘲，大可被說成是「反動怪話」，可致滅頂之災的。幸好王達弗不是那種愛告發的小人，吉人而有天相，他沒被告發，而且這句話卻有幸能留傳下來，成了他當時怫鬱的見證。

「不及萬一」

以毛主席詩詞作題材，這對於曾為熊式輝、陳果夫刻印，為蔣介石擬

「月裡嫦娥」牌牙粉盒上嫦娥的形象與《蝶戀花•答李淑一》詞意畫上的嫦娥有幾分相似

宣言的傅抱石而言，那可能是出於一種「原罪」心態。我們在傅公的《蝶戀花詩意圖》中可以看到傅公的惶恐。那畫裏的捧酒吳剛，傳統是魯莽象尉遲恭、牛皋、李逵式的形象，卻被畫成惴惴然的恭謹。這是「天威不違」的心態，是把自己的惶恐都設計上去，是把自己的惶恐都寫進去了。

傅抱石曾自刻「不及萬一」的印，只見於毛詩意畫上，那是表示謙卑和距離。但自謙「不及萬一」，潛意識是為了怕「萬一不及」，傅公的惶恐算是鏤諸金石了。

二〇一四年五月十四日

傅抱石《蝶戀花 • 答李淑一》詞意畫

傅抱石《江山如此多嬌》小稿，36.5x56cm

傅抱石、關山月《江山如此多嬌》1959年，550x900cm

傅抱石的假畫

鑑賞是件樂事，但也是件難事。因為鑑賞過程中要面對一樁樁令人討厭的「作假」，那樂事的本身就雜有犯難和討厭了。

傅抱石畫作，早在上個世紀四十年代已有人造假了。到六七十年代，偽作又再出現。但那年代，傅抱石畫冊流通甚少，印刷網點也粗糙，令造假者可資參照的材料不多。所以當時傅抱石的偽作，其造偽水準並不高。到了八九十年代，畫市開始興旺，假傅畫就多了，而且水準也越來越高了。

記得七十年代末，傅抱石畫展在北京中國美術館舉行，布展期間，就有人拿梯攀高爬低，不斷拍攝畫作。傅家的子女以為拍攝者是美術館的人，而美術館的人，又以為他是傅家的人。這位老兄，聽說姓C，專門生產傅抱石畫作，在當時而言，水平算比較高，很能蒙蔽人。香港有一家畫店，老闆姓溫，在北京僑委工作，移居香港後搞出版、賣畫，專賣這條生產線的傅抱石偽作。當年傅畫真蹟幾萬至十幾萬一件，該店賣這些傅抱石A貨，兩三千元一件吧。而北角華豐國貨公司有這人署本款畫作出售，一

傅抱石毛詩畫意冊偽蹟

兩千元一件。兩相對比，不難發現係出自同一人手筆。

九十年代初某大導演李氏到小軒找傅抱石畫，一問都是正價十多萬一件，覺得太貴。我半開玩笑的告訴他要便宜的話可找某店，本意是指經營宗旨的取向不同，專門經銷鑽石與售賣水晶、玻璃，自然是不一樣，誰知大導卻很認真的索要該店地址電話，後來還聽說大導又真的去這家店入貨。唉，「明知山有虎，偏向虎山行」，他是立意放棄行業操守。讓人擔憂大導演成了大盜？

至於某店的主人溫氏，本係由出版業前輩楊治明先生帶來小軒閑坐認識的，但雙方經營宗旨迥異，故亦從無交易，就僅此一面之緣而已。而該大導乃係傅家千金介紹，曾蒞小軒兩三次，此後又反覆來電垂詢書畫行情十多次，不勝煩擾。

嘗聽萬青屴教授說過，七十年代末八十年代初，有人假吳作人的畫，吳向上面投訴，公安根據線索抓人，萬當時受文化部之命參與調查，說抄家才發現這位作偽者（C姓）不單止做吳作人，也做齊白石、傅抱石，搜出不少偽造的齊白石、傅抱石印章。聽說結果這人由喜歡書畫的地質部部長擔保出來，這位部長愛才，但卻不能愛才以德，只是有似孟嘗君之愛雞鳴狗盜。聽聞調這位老兄入中國工藝品進出口總公司，使此君感恩圖報，為國爭外匯而盡心盡力地揮毫染翰，或繼續施展其所長生產傅抱石A

傅抱石毛詩畫意冊偽蹟

貨吧。本來為國爭外匯當是好事，但把弄虛作假當成國家行為就有點那個了。作假是違反社會公義的，是犯罪行為，那個時候「國家」已對此不是深惡痛絕地反對，不防微杜漸，反而姑息遷就，反映出那時社會早已黑白不分，公義之心蕩然，那就難怪今日社會上事事作假至氾濫成災了。

九十年代初，某同宗老友卻不期然同C君蒞臨小軒。當時拙編《名家翰墨》第九期正誤混了傅公毛詩畫意冊頁偽蹟，心中頗疑是此君所為，我即把握時間當面詢問，但C某只是笑而不語。而同宗老友則謂他（C）進步了，你遲幾個月會清楚。言下，沒半點自責，反而有點自鳴得意呢！那兩位只在小軒逗留三幾分鐘，其間也只看看壁間書畫，站着談了幾句，屁股不碰椅子就告辭了。當時這位C君也沒敢留下地址電話，匆匆而別，此後二十多年沒有再遇到，也沒有聽人提到他這個名字。

過了幾個月，果真有高仿傅畫在某大拍賣行出現，水平更提高了，而且全套做齊，包括「套棺材」，用舊畫揭走畫心，以舊裝裱的材料套上假畫，廣東老一輩說的「真棺材假死人」，再加附假印刷品圖冊，假掛曆，假的歷史性畫片，用以增加買家信任。只是造偽的心思粗疏，那歷史性的印刷品出了紕漏，畫片上顯示一九五幾年遼寧美術出版社出版，五十年代都是活字粒印刷，但假的歷史性印刷品卻用了七十年代初才流行的照相打字（植字機）的字款。不過，一般人是看不出來的。

傅抱石毛詩畫意冊偽蹟

約一九九三年，九龍尖沙嘴某鄧姓醫生，也弄了一批傅抱石向筆者推薦，筆者莫財，找來老友建築師黃先生一起往觀，乍一看很像真品，再看多幾件，發覺全都是這路貨式。後來在臺灣××堂，也見這類假畫。這條生產線的傅抱石，騙了不少人，甚至騙了一批專家。

二十年前某日，臺灣某大藏家買手Z君到小軒，要找傅抱石畫。我只拿幾件應酬一下，Z君搖頭，說他們要收大幅的，要金剛坡時期的。我很納悶，傅抱石在金剛坡山齋那小方桌怎麼能畫大畫呢？但Z君說他們在美國買到大幅的金剛坡時期的畫，還附有印刷品的。我一聽，不敢說話了。在這個行業行走，要學會多叩頭，少說話，這叫「活命哲學」。

聽說這位臺灣大藏家，花了一億幾千萬，陸續買進一批傅抱石的畫。後來印了一個掛曆，送給其他藏家。而臺北最大的藏家林兄眼力好，看到這個掛曆時，心直口快與這位大藏家說全部是假的。藏家不服氣，要拿去臺北故宮展覽，表示係真蹟。聽說秦孝儀院長一口答應，但後來為懂行的下屬勸止，於是這個展覽移師臺北新光美術館舉行。開幕那天，聽說秦院長一行幾位故宮人馬，出席捧場，但匆匆忙忙就走啦。新光是私人美術館，展覽了也不能代表甚麼，似不足以怡情解恨。又不知是出自藏家還是搞手的意思，他要搞更權威的展覽。

不久，參與整理藏家藏品的L君，專門從臺北飛來，約我見面並共吃

傅抱石毛詩畫意冊偽蹟

午飯，燒鵝飯，談了一下，就飛回臺北。談話都是圍繞着傅抱石一眾弟子，也談到了最老資格的弟子沈左堯。L君想聯絡沈公，我也是黃大仙徒孫，有求必應，就告以電話地址。不久沈公飛臺北看這批畫，返港後來看我，問及這些畫怎麼樣，沈公認為小件冊頁扇面之類不錯。我當時未見實物，連那掛曆也只是耳聞而未曾寓目，只是滿腹狐疑。

不久，聽說上海博物館要展出這批畫了。在這之前，浙江省博物館七十週年，在杭州浙博搞紀念活動，我也應邀出席。上博幾位領導也去，臺北藏家蔡一鳴也專程飛去捧場，蔡公當晚要趕回上海，上博汪慶正、陳燮君有車，把蔡接上車一起去上海。在車上，陳說及將舉辦臺灣某君藏的傅抱石金剛坡時期作品展覽，蔡好意提醒陳館長，指出這批畫有爭議，要慎重。陳館長有點生氣，應以傅抱石早期作品總有不同意見，但我們看好。蔡就不好再說甚麼。過不多久，這個畫展要開了。

紐約藏家鄧仕勳來香港，到小軒坐，說起這事。鄧兄義憤填膺，說要勸勸香港某君，因是他引薦與上博的。他還知悉上博辦這展覽，得幾十萬場租和二百萬贊助學者出國訪問之類補助費，總金額約人民幣二百五十萬。鄧是在紐約開高級中餐館的，所以我勸鄧兄你包你的春卷，不要管人家那麼多事，各人食各人的飯。上博有這麼多專家，還要你費神嗎？我說的原是「不在其位，不謀其政」的意思。誰知這位鄧公對此大有「肉食者

傅抱石毛詩畫意冊偽蹟

鄙」的見解，且又抱怨傅抱石公子傅二石，怎麼不哼一聲，讓人家胡搞。

一九九九年十二月十日至二〇〇〇年一月二日，上海博物館不理蔡一鳴勸告，終於如期舉辦《金剛神韻——傅抱石金剛坡時期作品特展》。單這展覽的名稱就有點不可思議，把「金剛坡」省去一個字，那就成了「金剛」，那就變了另外一個名詞。按理是要迴避一下的。這就像古人為了作詩把「司馬相如」刪作「馬相如」的翻版。按理千刪萬刪，這「坡」字不能刪。「金剛」是另一種名稱，給人的概念是「金剛不壞」、「金剛怒目」、「金剛手段」，但現在「金剛」湊合上「神韻」就更令人莫名其妙了，「金剛」可以是神采，但「神韻」誰知道怎樣想像出來的？這又是「肉食者鄙」的一個例證。

說回來，這次展出的號稱金剛坡時期的作品，共有四十四件，其中十六開的冊頁有兩件，大多為這位藏家喜歡的大件作品，甚至丈二匹的四屏巨幛，陳列於上海博物館這個殿堂級展廳。傅抱石的大名加上上海博物館的大名，令到參觀這個展覽的人不少。但不久，就因作品真偽問題而引起許多議論。這麼有趣的展覽，我怎能錯過呢？也就飛去看了。展覽的前言由上博書畫組最老資格的某女士執筆，陳館長署名出面。全場幾十件金剛坡時期畫作，令人目不暇給。在一堂丈二匹四屏山水前，我與陪同觀賞的上博老友說，這件作品用小楷書題在頂端，叫人怎麼看，我帶了望遠鏡

傅抱石毛詩畫意冊偽蹟

才看到寫的是甚麼內容。全部畫作畫面總是重重複複的堆砌，欠缺了傅抱石那種水墨淋漓的大氣、不食人間煙火、空靈的六朝煙水氣。整體作品得一個悶字，是沉悶的悶。因刻意做舊，畫幅顯出很疲的樣子。在展場參觀途中，碰到北京某大畫家，專程來觀賞，場中大讚好嘢，還握着我的手熱情洋溢的問，為甚麼我們不把這些畫印刷出版，應該把這些精采的作品向廣大讀者介紹。我只能惟惟以對。

展品真假問題終於曝光了，有所謂千夫所指，北京、南京、廣州、臺北、香港，都有報導，也有正反雙方討論的文章，在臺北雜誌發表。但上海的傳媒，竟可以隻字不提，就好像完全沒有這回事發生一樣。上海《文匯報》有記者訪問傅二石，二石說問了也沒用，你們不會登的。記者說不怕，一定會登，最後也是登不出來。因小記者不怕，大編輯怕，大編輯不怕，總編輯、社長、黨支書怕。上海如何能做到如此隻手遮天？能捂蓋子令事情沒發生一樣，能滴水不漏，上海真能控制輿論啊。

畢竟一個展覽，就把上博學術專業形象損毀了。只是上博書畫部單國霖是幸運兒，因他有不在現場證明。因這批展品到了上博，尚未拆箱，單已飛去美國參加甚麼研討會，到返上海時，展品已拆卸運走。他也聽得傳言太多，於是來電垂詢：許公，聽說這個展覽很多假的，你看了沒有。我答，看了，不是很多假，是全部假。

傅抱石毛詩畫意冊偽蹟

傅二石終於捺不住，發了封信去上海博物館，說明所展的傅抱石畫全是假冒，並請將信轉交與藏這批畫的人。不久，二石收到藏家回覆，一個特快專遞的大封，內裏一小封信，只說來信收到，甚麼也不講。展覽圖錄印了，不敢發行，該是全部銷毀了。可見藏家或主事者，已心中有數了。

過後不久，傅家終於出來說明事情真相，我們看看二〇〇〇年二月十八日《重慶晚報》的一篇報導，標題開宗明義：「上海博物館『傅抱石畫展』全係偽作」，內文是：「本報訊：江蘇傅抱石紀念館名譽館長傅二石教授，近日代表母親羅時慧及傅抱石其他家屬，就去年十二月由臺灣收藏家許作立先生在上海博物館舉辦的《金剛神韻——傅抱石金剛坡時期作品特展》並經京、滬、浙等各大傳媒廣泛宣傳一事，發表嚴正聲明，該展全係偽作。」

傅二石向記者詳述了特展為何全係偽作的理由：

> 一、抗戰八年，我們在金剛坡與父親朝夕相處，他作畫時我們總在旁邊幫忙，因此，完全不可能有特展中這麼大一批我們從未見過的所謂「金剛坡時期作品」；二、金剛坡是重慶的窮山溝，我們當時住的房子原是房東家的長工屋，低矮、狹小、陰暗，作畫條件極差。故

傅抱石毛詩畫意冊偽蹟

父親在金剛坡時期作品一般在四尺以下，那時所作尺寸最大的畫是《麗人行》，也不過只是六一•五乘二〇七•五厘米。而這次展出的畫，除了兩套冊頁外，幾乎全是巨幅或大幅之作。甚至有四米高的四條屏《四季山水》，有九米長的橫幅《江山勝覽圖》。這麼巨大的畫，「金剛坡下山齋」是無論如何也容不下的。顯然，偽造者對金剛坡的情形一無所知；三、這次展出畫中多長篇題字，而傅抱石的書法功底及簽名習慣，造假者是難以「亂真」的。至於畫作本身，漏洞很多。那些數丈長的山水橫幅中，為填滿空間，不惜堆砌景物，重複排列瀑布，這是畫家所忌諱的，更是傅抱石所從來不為的。父親人物畫以「善能傳神」著稱，而在偽作中，這些特點全然不見，即以展場中的《麗人行》為例，父親一生只畫過一張《麗人行》，但自從該畫在拍賣中創下一千零七十八萬元天價後，所謂第二、第三張畫名《麗人行》偽作接連出現，這次在上海博物館展出的是「第四張」《麗人行》。但這一張偽造水平更差。我親耳聽見觀眾站在這張畫前說：

「這種水平還叫甚麼大師！」

傅二石還交代了：

傅抱石毛詩畫意冊偽蹟

我們已於去年十二月三十日致信臺灣的許作立先生，告之他花了很可觀的代價，得到的卻是這樣一批百分之百的偽作，他是受害者。應該受到譴責的是那些欺騙他並讓他上當的騙子！

在眾多的傅抱石假畫中，以上海博物館展出的這批作品，能賣得最高價（造偽者或經銷者都發達了），也曾最令社會轟動，所以本文藉以為例，用證鑑賞之難。

二〇一三年十二月十三日

傅抱石毛詩畫意冊偽蹟

傅抱石的同畫異幅現象

本世紀初，上海博物館辦了個《金剛神韻——傅抱石金剛坡時期作品特展》，先說這名字就很彆扭。明明「金剛」和「金剛坡」是兩種不同概念，能合一嗎？要借用字面巧合，結果是弄巧反拙，把「金剛坡」簡為「金剛」，這是唐人把「司馬相如」簡為「馬相如」的笑話翻版。其次是：「金剛」能以「神韻」見稱？「金剛」那「怒目」威儀，能喻指傅畫中那緜邈的六朝煙水寒嗎？這裏名詞的內涵都被不倫和亂套了。這「特展」的題目是笑柄也是語病。

更有甚者，這笑柄卻不能一笑置之，是它曾後續地發酵成一種不幸的氛圍，那是普遍懷疑的氛圍。因為那「特展」太嚇人了，令許多書畫藏家惴惴兢兢。於是「八公山上，草木皆兵」，甚或是一夕數驚。那時期藏家患失之心是多於患得之心。有些人知道「嘩眾」可以「取寵」，於是對傅畫更隨意「打槍」，用這顯示他們別具慧眼，也希望因之賺得掌聲，自然這也添加了亂局，就這樣，令「隋珠按劍」這成語，變成是驚魂未定的收藏家的心理常態。

傅抱石

董其昌慨嘆過鑑賞之難，但他肯定沒有經歷今日藏家的奇幻和複雜。但古今能同一轍的是：鑑賞之道，簡言之就是有兩種取向。如王國維說的「忘利害之念」，那是純個人鑑賞。如楊善深常說「未諗買，先諗賣」，是用市場去主導鑑賞。兩者是分歧，但都是合理的。而鑑藏家在這兩歧之間，如果沒定力，讓「起哄」變作「氛圍」，人在兩歧之間失據徘徊，會虛耗精力。

在此，只想寫出在當時普遍懷疑的氛圍中，所目睹關乎「傅畫」的兩三瑣事，用證我上文所說。雖然，這憶述當中，也未必具備趣味。

錢昌照

一、《竹林七賢》

本世紀初，北京嘉德在錢昌照家裏收畫拍賣，當中有大幅《竹林七賢》及一成扇。這錢昌照是抗戰時期資源委員會負責人，雅好書畫，與傅抱石為摯友。這些拍品的出處來源是清晰的。但有藏家某君，頗疑大幅《竹林七賢》係贗鼎，卻認定成扇《竹林七賢》係真蹟，花了大價錢投得成扇，還請高手修復，珍藏高齋，而置大幅之《竹林七賢》不理，放棄競投。

而該次投得傅公大幅《竹林七賢》者，不知是否被人「打槍」，沒幾年又交與香港蘇富比拍賣（二〇〇四），展覽時，藏家某君仍持舊見，保

傅抱石《竹林七賢》同畫異幅。祖本64.7×75.5cm

傅抱石《竹林七賢》55.5×76cm

傅抱石《竹林七賢》同畫異幅。錢昌照舊藏，64.5×76.8cm

傅抱石《竹林七賢》蔡辰男舊藏，64.5×78cm

持他自己的一貫，仍認為係偽物。

何以諸藏家對錢昌照舊藏的這件《竹林七賢》持懷疑態度呢？緣於臺北蔡辰男舊藏一件《竹林七賢》（早於一九九一年刊之於拙編《名家翰墨》第十九期）已公之於世，而錢老所藏的這件無論尺寸、畫面位置、人物神態，都與蔡兄所藏的一模一樣，連右上角題款往左下微微傾斜也完全一致，遂引起懷疑，也就難免為諸家「槍斃」了。

但亦有慧眼認定者，識者仍然不少。拍到此畫時，蘇富比司徒河君陪着小張（宗憲）妹妹張永珍進場，張永珍不斷舉牌應價，右前方年輕人卻是扣緊不放，最終千八萬落鎚，由國內豪客奪得。此刻，一些沒定力的藏家，都似改變了原來的不屑，對投得者轉作欣羡。那年輕人的堅定高舉，卻很有撥亂反正的意思呢。

其實傅抱石畫的《竹林七賢》，何止這兩件，還有好幾件呢。嘗見此《竹林七賢》之祖本，上有傅二石鑒定跋語，茲錄於下，供大家參考。

《竹林七賢》為先父傅抱石在二十世紀四十年代所愛畫之古代題材，先後畫過數幅，其中有兩三幅尺寸相同，蓋因在厚皮紙上畫成，再揭成兩幅或三幅，此種情況極少。此幀《竹林七賢圖》應是最初之作，故係真蹟無疑。丁亥（二〇〇七）夏月傅二石拜觀並敬題。

傅抱石《竹林七賢》，南京博物院藏

傅抱石《萬竿煙雨》，南京博物院藏

傅抱石《萬竿煙雨》，私人收藏

二、《萬竿煙雨》

傅抱石另一名作《萬竿煙雨》藏在南京博物院。但上海某拍賣行圖錄上赫然有另一件幾乎一模一樣的《萬竿煙雨》，且圖錄上標明經二石審定，還印了二石看此畫之照片。但後來卻撤拍了。問二石，他說上海某君拿畫來請他審定，細看間，某君更請二石題字證明係真蹟，且自言願奉上五萬大元酬謝。這舉動令二石立起疑心，堅拒題字，更進而對此畫持懷疑態度。到圖錄刊出後，二石更去函否認審定此為真品，所以導致撤拍。

隔不久，此畫又重見於上海這間拍賣行。展覽期間，筆者近距離再細觀察，覺得此畫假不了。遂拍了照片回香港研究。雖二石早已提醒此畫有爭議，另一美國資深藏家D君也不看好，還特別好意通知筆者，免筆者上當也。但筆者遍查資料比較研究，發現一九四八年《京滬周刊》曾發表過，也在一九四八年《中華民國美術年鑑》刊載，這是非常硬的資料。信心大增。誰料拍賣時，我在電話競投，卻有人在現場緊扣頂價，頂到超乎我的能力，沒敢再爭下去，只好放棄。後來發現是林百里拍賣前去現場看了實物，認為係真蹟精品，遂參與競投的。以林兄的財力，要甚麼有甚麼，我輩無產階級當然要投降了。拍完之後其代理王君，還要我提供此畫著錄資料。我只好成人之美。「莫道君行早，更有早行人」，我是口服心服的了。

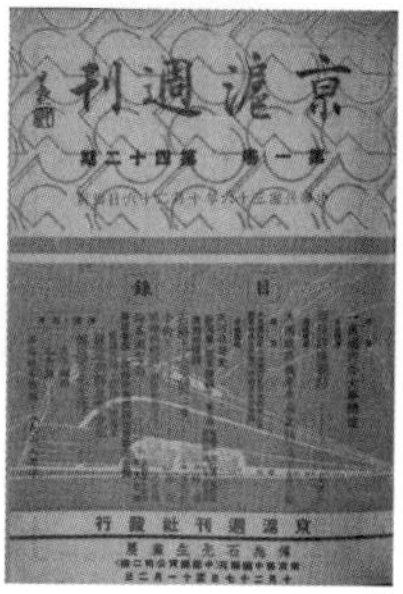

《京滬週刊》載傅抱石《萬竿煙雨》

傅抱石《蘭亭圖》，60x106.7cm，私人收藏

傅抱石《蘭亭圖》，60.8x100.2cm，北京中國美術館藏

三、《蘭亭圖》

十多年前，筆者在臺北故宮看完張大千畫展，出門口時碰到林百里兄，他拉我上他開的吉普車，直往他石牌的寓所，是要我觀看他新藏的一件傅抱石的《蘭亭圖》。

我明白林百里兄是有所疑在求證，第一個疑問，何以新購的《蘭亭圖》會和北京中國美術館所藏的幾乎是一模一樣？與此聯接的第二個疑問是：此畫前一遞藏者為蔡辰男，然而拙編《名家翰墨》第十九期所收蔡氏藏的傅抱石畫作，何以未收入？兩疑點聯繫起來，林兄心中難免鬱結！

我不是繫鈴人，卻是解鈴人，因我曾以傅抱石何以喜歡重複題材之現象請教傅二石兄。當時的發問，並不為《蘭亭圖》，而是我編《名家翰墨》傅抱石各專集時，常發現傅抱石有些作品兩張幾乎一模一樣的，像《唐人詩意——琵琶行》，兩件一模一樣，只是細部略異，為此我很不理解，因就此向二石兄作問。

原來傅抱石喜歡用貴州皮紙畫畫，貴州皮紙較厚實，經得起傅抱石的下筆重、大筆刷和反覆渲染折騰。皮紙厚而易於揭開，可以一分為二，也可以一分為三。傅抱石利用皮紙這一特點，畫完成後將畫揭開為兩張，將第二層再加工渲染，補筆而成另一張畫。二石小時候就親見其父親這動作。所以二〇〇七年傅二石鑒定《竹林七賢》祖本時寫下的跋語（見前

《文林雜誌》第七期刊鄭德坤博士藏傅抱石《蘭亭圖》

段），已經道出箇中奧妙。現經他本人再詳加解說，真有撥開迷霧見青天之感。

再說，這《蘭亭圖》的遞藏淵源也是清楚的。此圖比中國美術館那件約早十年，是祖本，曾是劍橋大學鄭德坤教授藏品，一九七三年《星島日報》之《文林雜誌》第七期發表過，當時標明鄭德坤博士藏。後來鄭公說他沒有謝稚柳，人家以兩張謝稚柳換了他這件傅抱石。鄭太太還跟我說鄭公真笨。這個換畫的人是誰呢，當時沒有問，猜想是小張（宗憲），後來問小張是否他換的，小張說不是他，是黎德。不必考究誰「拐」走鄭公這件寶貝，東西肯定真，而且是傅抱石畫作中的精真新之品。二〇〇四年臺灣國父紀念館搞傅抱石誕辰百年畫展時，此畫也有展出。但不明就裏的人，看了此畫，想到北京中國美術館那件，難免滿腦子問號。筆者在現場就曾聽到有專家斷言此係偽作，二石聽了頗為生氣呢。

至於為甚麼拙編《名家翰墨》第十九期未收入這蔡氏所心愛的傅畫《蘭亭圖》呢？這是因本人編輯第十九期前，尚未登蔡氏別墅吾悅園，更不知該園二樓主人大套房中大浴室牆上懸掛《蘭亭圖》。當時觀畫和拍攝工作，全部在臺北蔡氏辦公室進行，蔡和他的秘書洪小姐也沒有提到別墅懸掛的這件，便漏收了。幸好林兄求證，我可以清楚說明，否則，「我不殺伯仁，伯仁由我而死」，那就罪過了！事後，林兄也釋然了。林兄是有

《文林雜誌》第七期

識力的人，他能提疑點，也能反思，更懂堅持。他不是那種避「龍」的葉公。聽說後來蔡氏珍藏的精品都歸林兄了。

藏家要懂得生「疑」，但也懂釋「疑」，林百里兄可以說做到了。但作為畫家的傅抱石，其習慣供人疑點，卻又不去釋疑。因為他喜歡以同樣題材，一畫再畫。

《蘭亭圖》，是傅公喜歡畫的題材之一，曾畫了許多幅，構圖有直幅（有窄長的，有三比二的），也有橫幅，尺幅有大的，也有中的。而畫得特別精采的，是現藏在北京中國美術館那件橫幅《蘭亭圖》（署年款為一九五六年），當年拙編《名家翰墨》月刊的第九期傅抱石專號就是用它作封面。

《名家翰墨》月刊第九期傅抱石專號

四、《風雨歸牧》

傅抱石另一傳世名作，是同樣寫風雨場景的《風雨歸牧》。傅抱石此畫非常有名，卻從未署款。畫上的圖章都是傅家後人在文革後補鈐的。此畫或因沒署款而得以保存。話說丙丁洪羊劫難中，傅抱石在漢口路的寓所被紅衛兵佔領，成為某派紅衛兵總部。寓所內的乾隆丈二匹大金榜，被革命小將拿來寫大字報，真是古為今用，推陳出新了。後來傅公女婿葉宗鎬在地上暗角垃圾堆中見一紙團，撿起打開拉直一看，赫然就是這件《風

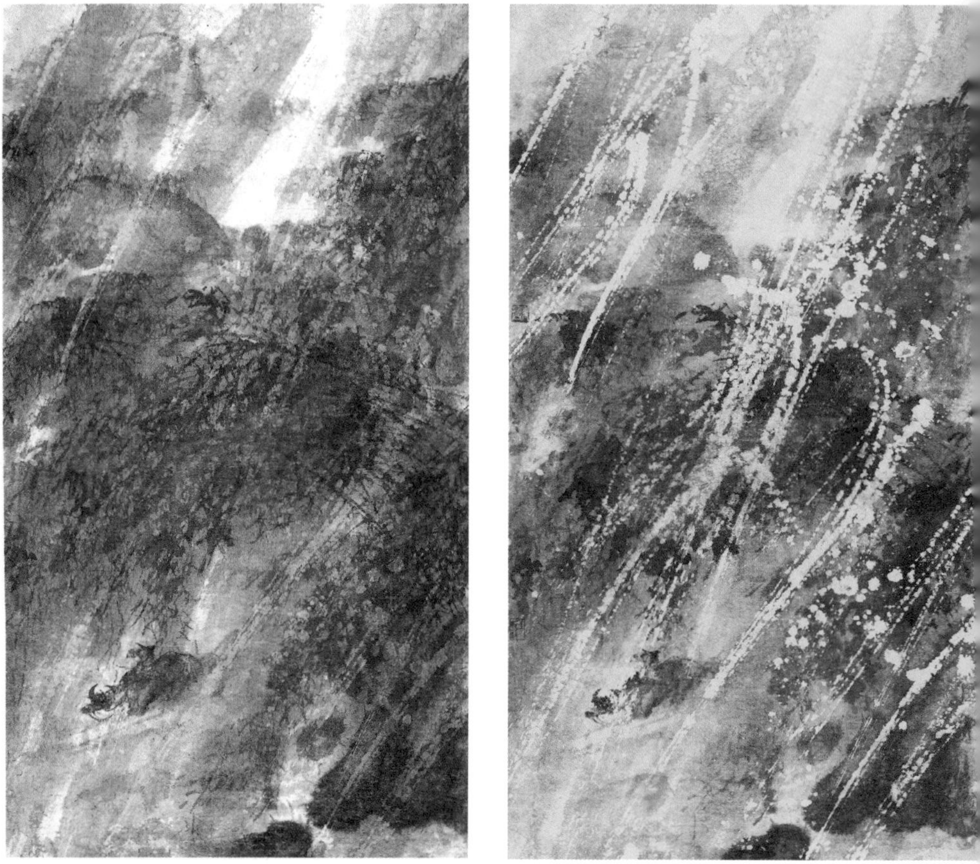

傅抱石《風雨歸牧》同畫異幅

雨歸牧》。此一名作可說是經風雨，見世面，總算沒有被銷毀，為葉兄搶救而存世，真是功德無量。後來傅抱石各種圖冊，各種展覽，此畫都是名角，都不能缺席。

《風雨歸牧》沒署款沒記年，傅家認為此作約一九五五年。筆者則估計是四十年代中後期，但沒有確實文獻支持，不敢輕下斷語。

而此畫也有兩幅，均沒有署款，只鈐印章。將這兩件雙胞的畫作並列齊觀，明顯分出第一層原畫和揭開第二層再加渲染補筆之作。

傅二石曾對著第二層《風雨歸牧》仔細端詳，說，就算他爸爸再生，再畫，也不可能畫得如此相同。一些偶然出之的筆墨位置，在兩幅紙上竟可以完全一致。這就是一紙揭而為二，再渲染補筆而成為另一畫幅的典範。如果不是二石兄解釋，實在令人難於理解。

再另說《琵琶行》、《前赤壁圖》等等畫作，都曾有這樣同畫異幅的現象。收藏家若能明瞭，就不必因噎廢食了。

二〇一三年十月五日，二〇一四年四月十九日修訂

傅抱石《前赤壁圖》同畫異幅

傅抱石《琵琶行》同畫異幅。私人收藏。

傅抱石《琵琶行》同畫異幅。南京博物院藏。

傅抱石畫價閒議

傅抱石畫很貴，過去貴，現在貴，將來呢？更貴！

這不是神話，是從已知推出的預言。且羅列傅畫數十年來的眩目數字，用以說明飈升走勢，也讓人感受未來。所謂「感受未來」，不是要勸喻追捧，而是要透過未來預感，再回頭議論畫家的一段遇合因果。而這議論，只是有關世味人情和市場，而絕不涉藝術本身的評騭。

一九六二年香港集古齋在大會堂辦中國現代名家畫展，傅抱石的畫定價幅度在六百元至千多元之間，一般都是四尺開三（高六十八公分，寬四十五公分），山水人物都有。集古齋老闆彭可兆勸客人買傅抱石的畫，其中郭文基買得最多，前前後後，在集古齋買了三十多件，其中最大一件丈二匹，也只花一千八百元。如果在今日市場，單這一件就過億元了。七十年代郭文基病卒。筆者朋友潘律師幫郭夫人辦遺產，見遺產中有一堆畫，搞不清楚值多少錢，郭夫人也搞不清，潘律師就作價二萬元。或者是郭先生買進這些畫的成本吧。而其中三十多件傅抱石畫作，聽說是臺灣藏家蔡辰男一鍋端了，由看畫，談判，付款，當然都十分爽快。

1989年以340萬港元在香港佳士得拍出傅抱石的《九張機》冊

這當中：潘律師的為難，郭夫人的搞不清，蔡辰男的爽快一鍋端。總體上有「知機其微」的感覺嗎？

那是由一九八〇年開始，蘇富比在香港開始拍中國書畫，一九八六年佳士得也步其後塵。而兩家所拍賣，都是近代名家為主，熱門的任伯年、吳昌碩、齊白石、黃賓虹、張大千、溥心畬、林風眠等等，當中就以傅抱石的價錢最高。因為他的作品不多，追求者太多，就把價錢搶高。

且看蘇富比一九八〇年五月二十八日首場拍賣。

圖錄方型，黑白印刷，但有四頁彩色，印的是虛谷、齊白石、傅抱石，可見主持人很重視這三位畫家。全場收三十五個畫家一百零一件書畫，當中齊白石十二件佔最多，而傅抱石只佔有兩件。其一是傅抱石送給熊式一的《湘夫人》（高九十九公分，寬五十四公分）估價港幣七萬五至八萬，另一是《神女峰》估價港幣二萬至二萬五。

該場拍賣除四十八號徐悲鴻《鴨》撤拍之外，全部成交。而全場最高價就是傅抱石的《湘夫人》，十八萬元。第二才是十七號齊白石《紅衣羅漢》十二萬元。而八十二號傅抱石《神女峰》四尺開六小片二萬七千元。

那時傅抱石拍出十八萬元是天價。所以十一月秋拍時，傅抱石的畫作增加至四件，山水小片三萬元，山水、人物都分別以二件十五萬元，一件八萬五元，拍出好價錢。

1984年以160萬港元在香港蘇富比拍出之傅抱石《唐人詩意》畫冊頁之一

一九八四年二月十七日，香港蘇富比拍賣的一套傅抱石《唐人詩意》冊頁（第九號，高二十一點六公分，寬二十八公分），落槌價港幣一百六十萬元，舉座歡呼，那時一百六十萬一個小冊頁是很誇張的。創當時近代中國畫拍賣最高紀錄。買家是誰呢？是船王董浩雲的千金董建平，香港第一任特首董建華的妹妹。後來這件名作通過《藝術新聞》劉太乃，轉到廣雅軒林百里手中，又由秦孝儀加題原詩十六開，成一字一畫。二○○四年在臺北傅抱石百年畫展時公開展覽過。

《唐人詩意》冊頁，係熊式一在外國教書，要西人了解中國詩詞，很抽象，遂請傅抱石寫唐人詩意冊，用以教學之用，聞當時筆潤六百美金。

一九八九年以三百四十萬港元在香港拍出傅抱石的《九張機》；

一九九二年以二百零九萬港元在香港拍出傅抱石的《杜牧詩意圖》；

一九九六年，傅抱石的《麗人行》，以九百八十萬元人民幣在北京中國嘉德拍出，創造了中國近現代書畫作品拍賣的最高紀錄。

一九九六年，傅抱石的《湘夫人》以一千零七十八萬港元在香港成交，開創當時中國現代繪畫拍賣的「千萬元時代」；

二○○三年，傅抱石的《毛主席詩意》八開冊頁，在北京以一千九百八十萬元締造了當時的天價；

二○一○年傅抱石的《琵琶行》七千零八萬港元成交，創新了中國近

香港蘇富比1980年5月28日首場拍賣圖錄

香港蘇富比拍賣圖錄封面所刊傅抱石《唐人詩意》畫冊頁之一李白《將進酒》

現代書畫作品的拍賣紀錄！

二〇一一年，傅抱石的《毛主席詩意》八開冊頁，前曾在二〇〇三年以一千九百八十萬元拍出，經歷八年，再戰江湖。在北京翰海秋拍，成交價已經達到二億三千萬元。

好，到此不用再說，讀者諸君也都能感到那飈升的凌厲吧？這飈升之勢是可見，但可見「飈勢」的後面又是甚麼？

藝術就是創作加讀者。沒有讀者藝術就不存在。「我有一首詩，天下沒人知」，那詩藝術就不存在。

在市場經濟下，創作者、讀者，就是藝術生產者和藝術消費者。即使是「特殊形態」，但也受普遍規律的支配。

從前人要佔道德高地，總是把金錢和藝術生產對立起來。忽視了兩者統一性和一致性，在理論思辯上形成混亂怪圈。袁枚詠錢詩說「不談未必是清流」，這一句打正了要害。

說回來，傅抱石是能重視藝術，也重視市場的。作者，重要的事是能為自己製造讀者，概括傅抱石藝術生產的重要指向，就是「向洋」。

所以在抗戰期間，四海困窮，那時文化人自然苦不堪言。但傅抱石卻有點例外。那些西方國家駐華使節都來金剛坡款叩門扉，要看要買傅抱石的畫。這令重利的房東太太不能不另眼相看。

香港蘇富比拍賣傅抱石《唐人詩意》畫冊頁之一

直到解放前夕，傅還付托了一批畫給郭有守，讓他在法國代賣。（這事筆者有另文述及）。這可補證傅一直以外國人為銷售對象。而這些人的再派生、輻射，就促成了一股有購買力量的「粉絲」。

到了解放後，傅抱石的畫作仍以出口向洋為主，但因為買家多，五六十年代的榮寶齋，都是畫家寄售畫作，要賣出後才結賬，而傅抱石則是交畫收錢，即時兩訖。可以說，這時傅抱石「向洋」的銷售方向仍得以繼續。

另一事是「向陽」。傅抱石知機，早在一九五〇年八月即有「天高雲淡」的「毛詩意畫」面世。對於以毛詩意入畫，以時間而論，他是第一人。以數量而論，他也是第一人（據云有數百張）。就這樣，他隱然成了無可爭議的「毛詩意」的權威。等到人民大會堂建成，要找人畫《江山如此多嬌》時，傅抱石自然是眾望所歸，事實上也非他莫屬了。

《江山如此多嬌》對傅抱石而言是重要的。藝術品祇一登麟閣便不可同日而語。

乾隆年間的蔣衡，祇為太學手書十三經上石，便已聲名千古。現在傅的《江山如此多嬌》，比那蔣衡的手書十三經又不知重要了多少倍。

現在姑勿論其價值吧。

試想，這五十多年來，世界政要在這畫前，與我國的領導人合照，等

1960年政治學習社以傅抱石《江山如此多嬌》作年曆

於為傅抱石作廣告。雖說傅抱石認為這幅巨畫畫得未如理想，但論其廣告效益，卻宏大得不得了，當今之世，還想不出哪張中國畫能與之匹比的。這該是傅的「向陽」效果吧。

但「向洋」、「向陽」這兩種取態，又如何成為他作品的飈價的參數呢？其實，更重要的是一種「天幸」。是在「向洋」、「向陽」的背後，有某種「天幸」，這「天幸」並非天份，也非努力所能導致的，更不是「飈價參數」所能估度的，但這種「天幸」卻和傅的「向洋」、「向陽」的方向中，隱然有不可名的非結構性聯繫。

試想：「向洋」，就是「走出去」的意思。但在傅的黃金創作年代間，那時是「面向工農兵」的年代，「復古」尚且有罪，又何況「向洋」！但奇怪的是，傅到死也沒因此而被公開批判過。

再說：一九五六年已全國性要割資本主義的尾巴了。「閑來寫幅丹青賣，不使人間作孽錢」。還要在榮寶齋現買現賣，那不就正是「自留地」、「小農經濟」嗎？

真是「天幸」，傅從未因此而受過打擊和批判。義山詩「衛青不敗由天幸」，這就是「天之所寵」的意思。

世事之微妙，一如古語：「雖有智慧，不如乘勢！」

二〇一四年六月九日

《江山如此多嬌》人民大會堂北部二樓迎賓廳

白石嶙嶙

澳門政府在文化事業上經費充裕，文博單位能經常從世界各地借來重要藝術品展覽，讓雅好書畫一族得飽眼福、長見識。澳門有關文博人員，其敬業樂業精神，令人欽佩。

月前澳門藝術博物館舉辦「白石造化——北京畫院藏齊白石作品展」。筆者攜女兒與黃黑蠻兄嫂專程過海參觀。過去也曾去北京畫院，參觀該院所藏的齊白石畫展，但當時匆忙，兼且參觀環境不佳（觀眾太多），這回澳門展場寬敞，環境靜穆，可以慢慢的反覆看。偶爾也與黑蠻兄商量，可以容與留連，疑義共析。

人物畫中有一幅《鍾馗圖》，是小鬼幫鍾馗搔癢，左上題：「不在下，偏搔下。不在上，偏搔上。汝在皮毛外，焉知我痛癢。」可見老人的幽默。此畫嘗見同構圖者，題有上款「治園將軍」（即抗日名將王瓚緒）。而此幅題「白石自造稿畫第二回」。又有一幅《老當益壯》，畫一鬚眉皆白老翁，伸直左手舉起拐棍，顯示其老而彌壯。題句云：「老當益壯，三百石印富翁齊璜，依樣再三無厭。」此畫是白石喜歡畫的題材之

齊白石《老當益壯》

一，嘗見過好幾件。

齊白石自號「三百石印富翁」，似自誇其刻印之多或藏石之富。白石自稱其藝事排次為：詩第一，篆刻第二，書法第三，繪畫第四。這次展出齊白石篆刻百五十方至精之作，是最大特色。其布置陳列甚專業，原石矗立在玻璃片上，底部斜放鏡子可以清晰展示印面，另有平放的鈐印和邊款拓本，這對雅好篆刻之士，功莫大焉。主事者陳浩星總館長係西泠印社中人，故對篆刻一環相當重視。有讀兩方印：「吾畫遍行天下，偽造居多」、「有眼應識真偽」，盱衡藝界，聯繫印文，令人感慨。

亦有疑似偽蹟者。在用筆、用墨、皴擦、點苔、設色，題字，都與齊白石有一定距離。或有人認為這批書畫都是齊白石死後捐獻歸公的，怎麼可能雜廁偽作呢。記得一九九〇年，拙編《名家翰墨》月刊擬印齊白石專號，當時啟老（功）告誡過不要用北京畫院的。我問為甚麼？啟老說，齊白石死了之後，他家裏的書畫全部歸公，連同許多他兒子的作品一齊混集在一起搬走，不容易分辨。這回看到實物，才覺得啟老當年所言，是信而有徵。

二〇一四年五月二十八日

齊白石《鍾馗圖》

話說溥心畬

在大時代的拐彎，人每有無可如何之遇，而難得者是樂夫天命——溥心畬先生為貴胄王孫，入民國後，但以畫名，他不廁身於宗社黨，不廁身於遺老，不學鄭思肖，不學朱耷，六法之中，自有安頓之天地。萋萋芳草，人或哀矜，而他卻自處泰然，此亦胸懷淡蕩，人所難能。今試論先生一些書畫得失，非敢橫議，實視先生如山、如河，惟美猶有憾，偶為惋惜而已。

先生（一八九六——一九六三）為清室恭忠親王孫，貝勒載瀅次子。光緒皇帝賜名溥儒。按清代宗室命名，永、綿、奕、載、溥、毓、恒、啟，皆規定了名下第二字的偏旁，而溥字輩為「人」字旁，故溥儒、溥偉、溥儀皆同輩。初字仲衡，後因京劇演員有郭仲衡，遂改字心畬，早歲讀書西山別業，號西山逸士，又號羲皇上人，別署舊王孫，齋名寒玉堂。

先生幼時，讀書必以理學入手，故先學中庸，講求性理，然後及《爾雅》、《說文》，至漢儒訓詁之學。後來其學術著作有《四書經義集證》、《爾雅釋義經證》等等，但也旁及諸子百家書以至詩古文辭。據言

溥儒

七歲學作五言詩，十歲作七言詩，十一歲始作論文。十二歲時，先師使習大字，以增腕力，並習雙勾古帖，以練提筆。（《溥心畬先生自傳》）逮辛亥鼎革，隱居西山，潛心讀書，廣植厚基，弱冠之年已卓然自恃。

溥公初心要做經學大師，本無意作畫家，書畫視為「餘事」。誰知「有意栽花花不發，無心插柳柳成蔭」，書畫「餘事」卻令之揚名，並藉之謀生。此真非始料之所及。行筆至此，忽憶容希白（庚）丈（一八九四—一九八三），其少時遠赴京師，一心想做畫家，卻陰差陽錯，一不小心成為大教授（燕京、嶺南、中山），其著述《金文編》諸書，在學術界中影響甚大。其畫藝反為學問大名所掩。命運弄人，信乎?

溥公學養既深，書法根柢亦厚，雖然在而立之年，始涉筆丹青，且亦無所師承，惟能「自悟而後得」，兼能另闢蹊徑，異軍突起。推本溯源，最大關係者為其先祖恭忠親王遺下大量的晉唐宋元名蹟，幾可匹敵《石渠寶笈》。試舉其犖犖大者：法書有西晉陸機《平復帖》，唐摹王羲之《遊目帖》、《顏真卿告身帖》、懷素《苦筍帖》、宋人米芾五札、吳說遊絲書等。寶繪有無款宋人山水卷、唐韓幹畫馬《照夜白》（古摹本）、北宋易元吉《聚猿圖》等等。家藏這許多高古劇蹟，耳濡目染，日夕揣摩臨摹，心領神會，眼界自高。加上悟性高，又喜遊名山大川，尋幽探勝，興酣筆落，一洗三百年來四王之徒陳陳相因之惡習。故此啼聲初試，即藝壇

陸機《平復帖》

轟動。

一九三〇年春，三十五歲的溥心畬先生在北平中山公園水榭首次舉行個展，臺靜農先生回憶說：這個展覽「極為轟動，凡愛好此道者，皆為之歡喜讚嘆。」（《有關西山逸士二三事》）溥公的表侄啟功先生也說：沒想到展出之後，立即「受觀眾的驚訝，特別是易於相輕的『同道』畫家，也不禁詫為一種新風格、新面目。」「可以說得到內外行同聲喝彩。雖然標價奇昂，似是每件二十元銀元，但沒有幾天，竟自被買走絕大部分。」（《溥心畬先生南渡前的藝術生涯》）溥公畫作何以如此受歡迎呢？因為「當時習見的多是四王面目，大都甜熟無新意，有似當時流行的桐城派古文，只有軀殼，了無生趣。」（臺靜農語）而溥公「出手驚人，儼然馬、夏」（黃秋岳《花隨人聖盦摭憶》），「挾其天才學力，獨振頹風，能使觀者有一種新的感受。」（臺靜農語）因此，當時溥公的畫價，「在北平琉璃廠肆固然是居第一位」。（臺靜農語）

一舉成名以後，則盛名為累。求畫訂單不斷，溥公應付不來，有時「自己勾勒出主要的筆道，如山石輪廓、樹木枝幹、房屋框架，以及重要的苔點等等，令學生們去加染顏色或增些石皴樹葉。」有時，求畫者問溥公畫好沒有，溥公毫不隱諱往屋裏大聲問：「塗好沒有？」或乾脆「手指另一房屋說：『問他們畫得了沒有？』」（啟功語）

溥儒

「一以貫之」，溥宅的自行生產猶可控制，繼而偽作蠭起，慘不忍覩。在其身後三十年，神州大地經濟急速發展，書畫需求甚殷，做造力也大為提高，掛溥公款的京片子鋪天蓋地，遂至買家卻步，畫價因之奇低。

三十年前，徐復觀先生已慨嘆：「我私自計度，現時所標先生之畫值，僅及一時風頭勁健者十分之一二；但百十年後，如社會尚有藝術氣氛，則輕重取捨之間，必會倒轉過來，使先生得到公平的待遇。」（《溥心畬先生的人格與畫格》）

但三十年後的今天又如何？翻翻近三五年間書畫拍賣紀錄，似乎更不堪，僅及時下風頭勁健者百分之一二。更可悲者，連溥心畬的「溥」字，近年也常被誤讀為「傅」；「畬」，有些人更不敢讀出聲來。收藏界有謂專收齊白石，專收傅抱石，專收張大千……而罕聞有專集溥心畬，真個影寂星沉。

畫價沉而不起，坊間作偽固有責任，而溥公盛德之累亦有所至之。時至今日，溥公作品，不管鑽石、玻璃，均以水晶論值。這倒又便宜了一小撮獨具慧眼之鑑藏家，正好以小名家之值，撿大名家之作，真個豚蹄之祝，而有篝車。

或問溥公書畫真偽雜陳，如何鑒定，這在此又非三言兩語所能說透。本來溥公畫作，完全以其天賦、學養、氣質而為，無定法可言。啟功

徐復觀

先生說得透澈：「有定法的，容易模擬，無定法的，不易琢磨。像先生那種腕力千鈞，遊行自在的作品，真的似和倣造的人開玩笑祝迷藏，使他們無法找著。」真品筆墨空靈、古雅超脫，信筆揮灑，氣量大，腕力强，線條挺拔。遠觀已逸氣盎然，令人心曠神怡。而倣造者大都氣韻欠奉，胡亂塗抹、慌怕不像，慢慢描摹，既已乏力還要蓄意造舊，一看滿紙惡俗，粗鄙不堪。

至於題款，較易分辨。溥公書法較之其畫法功力更深，楷書宗歐柳、得力於圭峰碑，兼採成親王體勢，秀雅剛健。行草法米、趙，上朔孫過庭、王羲之，意態飄逸，骨相權奇。小楷書又深具晉人神髓，雋雅挺秀。非時流所能企及。

惟印章則難據以定真假，即使在溥公生前，鈐印亦非溥公親為，是另有「掌璽大臣」代勞。側聞溥公身後一段時間，其印章並未「下崗」，且繼續「執勤」，所以「印信」難以為據。

順帶一說：溥公世藏之古書畫劇蹟，及身之年，早已星散。如：韓幹《照夜白》於三十年代為上海葉某購得，旋轉售英國，一九七七年流入美國，歸大都會博物館。易元吉《聚猿圖》則輾轉至日本大阪美術館。《平復帖》早為張伯駒先生垂注，以作價二十萬元太昂作罷，逮溥公生母項太夫人喪，需款甚急，經傅沅叔先生之介，以四萬元讓與張伯駒先生，

溥心畬楷書得力於《圭峰禪師碑》

一九五六年，張氏獻與北京故宮，此帖較之「三希堂」三帖珍貴得多。唐摹王羲之《遊目帖》歸日本廣島安達氏藏。《顏真卿告身帖》輾轉歸日本中村不折，現藏東京中村家族之書道博物館，廿餘年前欣賞此原蹟要付一萬日元。懷素《苦筍帖》現歸上海博物館，此帖是傳世懷素墨蹟中獲鑑家一致肯定者，二〇〇二年十二月在上博晉唐宋元書畫展中陳列。米芾行書五帖中之三帖歸美國普林斯頓大學美術館，二〇〇三年四月八日至六月一日在大阪市立美術館展覽。

人生固有遇與不遇。而百年身後，也往往不公平，所謂千秋公論也一樣是有炎涼的，如不信，溥心畬即其例。

二〇〇三年五月三日

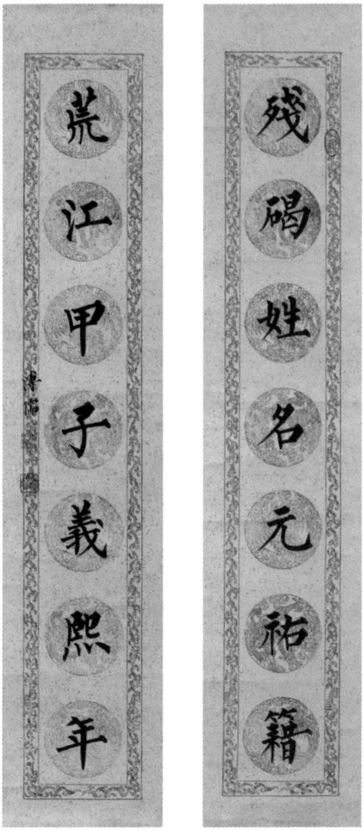

溥心畬楷書七言聯

溥心畬在臺北鷗波館揮毫
與北平藝專學生，1955年

關山月臨寫敦煌壁畫

黎雄才說，有一回高劍父老師在廣州茶居與關、黎品茗，高對關說，關澤霈（關原名）這個名字不容易叫響，不如用詞牌名，叫「關山月」吧。改名後的關山月，果然叫響了幾十年。

一九七二年到廣州參觀文革後第一次全國美展，最吸引我眼球的畫作，就是關山月的「俏不爭春」。至今還依稀記得，此畫滿紙紅梅，枝幹全部向上而不覺其呆板，畫幅下半梅花朵朵盛放至密不透風，上端疏朗開闊，生氣勃勃，或寓意神州大地一派欣欣向榮景象，善頌善禱。

那個年代，看關老紅梅如何布局，如何出枝幹，如何點花，如何賦彩，都着意於如何欣賞其畫藝，從沒奢想如何收藏其畫作。及八十年代中，蒙吳南老代為求關老賜畫，得墨梅一紙，興奮了好一陣子。嗣後經廣東省博物館蘇老（庚春）引見，始面識關老伉儷。穗港鄰近，往往來來，時向關老請益。關老偶爾蒞港，或是造訪講學，或是展覽，見面機會多，逐漸熟絡。

有次與內子到廣州美術學院關府造訪，關老撿出抗戰間臨寫的敦煌壁

1989年關老撿抗戰間臨寫的敦煌壁畫一批，讓筆者逐張欣賞

畫一批，讓我逐張欣賞。原來當年關老放棄重慶國立藝專之聘，步張大千後塵，攜妻與趙望雲、張振鐸等出塞，到滿目荒涼的莫高窟臨古壁畫。關老伉儷「背著板櫈、畫板、顏料、水壺、燭火，攀登危岩斷壁的石窟間，整日留在暗黑的洞窟間，在破樓殘壁晦暗不定的燭光前，秉筆作畫」（常書鴻語），這種精神讓敦煌研究所所長常書鴻大為感動。

關老臨寫的敦煌壁畫，與眾不同。因為他不是依足原樣的複製，他的目的是在學習古人的表現手法，「務求保持原作精神而又堅持自己主觀的意圖」（關山月語）。常書鴻十分讚賞關老「用水墨大筆著重地在人物刻劃方面下功夫，寥寥幾筆顯示出北魏時期氣勢磅礴的神韻！表達了千餘年敦煌藝術從原始到宋元的精萃，真所謂『藝超十代之衰』！」

這批臨畫抗戰間在成都、重慶展覽，勝利後，又曾在廣州、上海、南京展覽，直到七十年代，又陸續到北京、長沙和成都展覽。一九四四年首度在重慶展出時，美國新聞處曾提出重價收購，關老捨不得割愛。文革間這批寶貝密藏至臥室天花板裏，才得以倖存。

那天關老還拿出幾件勝利後到南洋寫生的風俗人物畫，明顯係以敦煌壁畫筆法出之而又十分協調。言談間，關老頗以這批敦煌臨畫未能出版為憾。當時國內經濟才剛起步，出版彩色圖冊，存在困難，見關老盛意可感，遂拍心口承擔起編印出版事宜，一九九一年九月總算成功面世，送了

1948年關山月伉儷與余所亞
在香港展覽會

一批到關府，關老捧起這一厚冊彩色精印本，多年心願得遂，十分高興。關老還不嫌麻煩，為數十冊特藏本逐本親筆簽名。

關老見我常到臺灣，托我打聽中央社記者羅寄梅下落。原來當年關老在敦煌畫畫時，羅也在敦煌拍攝壁畫，也為關老伉儷拍了不少照片，但沒有膠卷，關老一直惦記這事。後來筆者到臺北，拜會時任中央社董事長的黃天才先生順言及此事，黃老表示聽説羅早已移居美國，難以聯繫，也只好如此向關老覆命。偶爾翻起某本講敦煌的書，有文字提及羅當時是公家委派來敦煌拍攝壁畫文物的，但任務完成後卻沒有交公。後來也曾聽聞這批珍貴的文物照片，已落戶至美利堅東岸某名牌大學的研究所中，照片沒有湮滅，尚在人間，仍能為學界所用，就不必深究了，何況兵荒馬亂政權交替之際，能保存下來，就是功德。

關老伉儷，鶼鰈情深。在莫高窟，夫人提著微暗的油燈陪關老在崎嶇不平的黑洞轉，所以關老説，這批臨畫是用他和妻子的不少汗水換來的。關老晚歲完全依賴夫人照顧，打點一切。有一回在廣東迎賓館舉行廣東畫院的甚麼活動，晚宴有許多席。筆者有幸與關老同席，坐在其左鄰。關老是院長，要發言，關夫人低聲一句，關老高聲照唸，像擴音器一樣，整個講話，大細聲交差，有似出了故障的錄音機，太怪異了，又不好意思笑出聲來。細思關老連講話都懶記，實在太依賴夫人了。

1942年關山月伉儷在雅安出發敦煌前留影

又有一回，關老伉儷來港，蒞中華文化促進中心。一見關夫人，面色蒼白，似甚勞累，夫人是有心臟病的，不能太操勞，即勸節約能源，不要弄到病倒。不多久，聞夫人仙逝，即擔心關老狀態。尚幸關老挺得住，大概千金關怡照顧得也不錯，多活了好些年，才因去北京辦畫展，太辛勞，回穗不久頭痛，沒有立即就醫，而是自己拍打頭部，終至不起。

歲月不居，轉瞬關老百年紀念，《收藏與拍賣》約稿，義不容辭，拉雜陳述，聊作紀念關老云爾。

二〇一二年七月十二日

關山月贈夫人照

筆者與家父、馬萬祺、崔德祺參加關山月畫展開幕式

雜記容庚先生

陳偉武兄一再邀寫追思容老的文字。其實我亦早有心願，但多年來每每提筆躊躇，總是提了筆又放下來，於是曳白書生，最終不著一字。日前偉武兄又再催迫，再不寫，既有違於良友，也有愧於容老，且索枯腸，看能搜索些甚麼。

是文革後期（一九七四），馬公（國權）帶筆者到中山大學西南區七十五號乙之一二樓，拜識容老。容老那年剛八十歲，一點老態也沒有，腰板很直，穿的是早已磨得脱色披靡的中山裝，精神奕奕。容師母也很健朗。

當時談了些甚麼，已很模糊，還有點印象的是，容老頗關心筆者，殷殷垂詢家中情況，又問讀了些甚麼書，還指導筆者，找青銅器圖錄來讀，每讀一種，寫下心得並作出評價。又記起當日容老還拿起巴納（Noel Barnark）的文章説，到現在居然還有人置疑毛公鼎的真偽，那巴納的文章説毛公鼎是假的，太荒謬了！

首次拜見容老，就承老人家賜食。容老請客大都在南園，以離大學

容庚伉儷與筆者合攝於中山大學

近，乘巴士只兩三站就到。南園內分港澳廳和工農廳，兩廳分別是：前者「廉」而熱鬧、後者「雅」而幽清。工農廳的盡處樓梯直上便是港澳廳，樓梯便是個分隔。但梯旁有小廳仍屬工農廳範圍，但卻自成一統。於是我們每次都擇位於這「廉」、「雅」之間。

容老飯局菜色都很平實，祇有一次老人家興之所至，叫了一小碟像牛筋似的東西，吃完問容老是甚麼名堂，容老說是熊掌，筆者這輩子就祇這一次吃過熊掌，以後數十年也未再嘗此珍物。好奇詢以價錢，兩元半，這在四人幫橫行時期算十分豪了。有一兩回飯局，見容師母拿出透明舊膠袋將菜汁悉數裝載，說回家可用來炒麵，是「汁都撈埋」，一點也不浪費。那時容老是二級教授，工資三百多元，幾乎是當年一般人月薪三十六元的十倍，但容老生活慳儉如此。對照當今時下，能不感慨！

容老偶爾抽煙，時大陸香煙價昂，進口煙更非一般普羅大眾所能享用得起，例如喬老爺（冠華）喜抽的五五五，大陸一個科長一天薪金也買不了幾枝。所以筆者赴穗，總是孝敬容老一整條（十包）香煙。嘗聽憲通兄說，有時容老道及筆者，一時記不起名字，會以「畀煙仔我食的後生仔」稱之。有一回與容老在南園餐敘，容老要抽煙，命筆者作陪，筆者聲明不會抽，容老以為我客氣，硬遞一根煙給我，所謂「長者賜，少者賤者不敢辭」，只好陪抽一會。

容庚教授

當年周法高主編的《金文詁林》出版，容老囑代購一套，筆者照辦。到穗探容老時，他堅要在南園賜食，還贈以他從前畫的一小卷山水畫，是臨摹沈周者。這是容老用以解決「兩難」的辦法。因容老不願白要筆者所寄，但又沒有港幣支付，若給人民幣，其時人民幣又不能出境。於是他要「以畫換書」，當然，這對筆者而言，是「固所望矣，不敢請耳」。

但當時大陸整天講階級鬥爭，海關更是敵情觀念極重，出入境旅客身上一片小紙條都要掏出來，讓關員過目兼問長問短，更何況是一卷山水畫。為穩當計，筆者即去文德路文管會打火漆印，文管會的人倒也配合，收了五毫子手續費，用雞皮紙包好然後溶漆，上鈐文管會小圓印。本來容老尚在生，其畫作不是文物，文管會可以拒絕鈐印的。但看得出文管會的人對容老很敬重，所以很幫忙。可是到出境時，麻煩來了。一個趾高氣昂的關員搜查畫卷問是甚麼畫，我如實報告。但這位關員一聽「容庚」兩個字面色大變，即厲聲說：唔得（不行也）！這位關員充滿階級敵情，可嗅得出對容老作品的階級仇恨。但我堅信道理在我，於是始而解釋，繼而據理力爭，直到最後無語呆立僵持……許久，許久，要乘的那班船也就一再用鳴笛催人，只催這一個不識時務而又堅持的乘客。因當年買船票是要憑回鄉介紹書，買了一次便不能再買。若上不了這班船不知怎辦才好？緊急關頭，有位和善一點的關員扯扯那位關員衣角，指指那火漆印，表示文管

七十年代末，容庚（中）與顧鐵符、胡厚宣、徐中舒、商承祚等

會已同意出境了，他也就無可奈何地擰歪面走開，和善關員揮手示意，讓我包起畫卷帶上船。登船的一刻，全船乘客和水手都投以注視禮。他們沒起哄，沒怨聲，大抵他們都熟知非常時期海關的無理可喻，都是「曾經此苦」的人。而我卻在想，我這片刻難受不算甚麼，只難為容老夫婦那長年累月的面對，面對無數像那海關樣的面孔，其處境之多艱。是愚昧和仇恨在打擊文化、圍剿文明……想著，我忽又想起容師母麥凌霄的憤激。有次飯局時，容師母說著說著，忽然朗聲而又帶輕蔑的語氣爆出一語：「那些工農兵！」筆者有點為她擔心，容老也怕惹出麻煩來，婉轉圓場。聽說文革間容師母被當作地主婆，押回鄉間批鬥的。而容老文革間比容師母更有名，聽說有人到中山大學找容老，問校園中的小朋友，請問容庚教授住哪兒？小朋友即時反問，是那「大壞蛋容庚」嗎？

筆者七十年代中遊學東瀛，容老還分別寫了幾封介紹信，讓筆者能在京都大學教授日比野丈夫（一九一四—二〇〇七）的引領下，得以拜會白川靜先生、林巳奈夫（一九二五—二〇〇六）先生等西京漢學泰斗，又參加了貝塚茂樹（一九〇四—一九八七）、內藤戊申（一九〇八—？）等幾位前輩主持的金文研究小組討論會。如今祇有容老致梅原末治的函件仍由筆者保存，因為日比野丈夫告知梅原已近乎植物人，無法與人溝通了。

容老注重出版事情。香港藏家何耀光輯有何氏至樂樓叢書，陸續刊布

容庚贈筆者山水卷：容庚仿沈周九龍雲深圖卷

鄉賢文獻，由汪宗衍丈主其事。其中一種張穆《鐵橋集》，容老助力不少。容老早歲已輯集張穆遺詩，嘗訪得劉承幹嘉業堂藏《鐵橋集》孤本，抄錄成冊，於是對《鐵橋集》附以《補遺》、《投贈集》、《後人題畫詩》等三部分，續後由汪老再加增補，合為一冊，倩澳門卓犖丈謄錄，以線裝形式出版。但書成後汪老郵寄容老時，卻為海關沒收。容老生氣，要求再寄，但不是整本書寄，而是化整為零，分為幾十封信，每封兩三頁，當信寄。容老收齊後再裝訂成書。在某次人大會議上容老發言，抨擊海關沒收海外友人寄給他的書沒有道理，還拿出那曾經化整為零又重新組合的《鐵橋集》揮揚，復說出汪老寄的。可見容老性格爽直。但汪老知道之後在澳門曾向筆者抱怨，說你容庚要威，在會議上公開此事，很威水，可我以後怎能入大陸呢？其實汪老解放後從不入大陸，許多年之後（九十年代初）才敢去一兩次。

容老的《頌齋述林》原交中華書局出版，聞用詞如「拳匪」之類與時代觀點有異，出版者要求修改。容老未同意，拖了些時候，形勢一再變異，容老遂取回書稿。文革之後，出版社講求經濟效益了，學術性文集勢難收回成本，更遑論賺錢？所以《頌齋述林》久久未能出版。直至一九九四年，是容老誕辰百年，中山大學在容老故鄉東莞舉辦「紀念容庚先生百年誕辰暨中國古文字學術研討會」，筆者為此斥資刊印《頌齋述

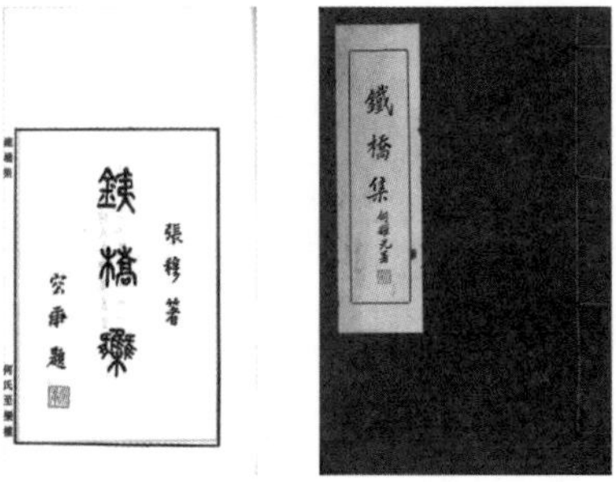

《鐵橋集》

林》以為紀念。編校之勞，則請趙誠兄襄助。書成入境卻甚為困難，幸港澳工委（新華社）文體部崔頌明部長之助，始能開幕前船運小量至穗。

與此同時，容老另有《頌齋文稿》在臺灣出版。緣於八十年代末，吳宏一兄適到香港中文大學出任講座教授，吳兄原為臺灣中研院文哲所籌備主任，筆者與吳兄道及大陸學人著述有未出版者甚夥，建議文哲所撥出經費刊印，造福學林，宏一兄亦早有此意，遂通過憲通兄聯絡，將容老手訂之原稿《頌齋文稿》（為容老妹妹容媛、助手葉史蘇謄寫、容老手書等）出版流布。

容老著述等身，僅以上述兩書係筆者所參與和知情，謹記以文，用應陳偉武兄之囑。

容庚《頌齋述林》

附記

容老逝世時有一奇事，筆者曾有《說夢》一文記載，茲摘錄如下：

一九八三年三月七日，是星期一，看《大公報》，驚悉容老（庚）昨天（六日）逝世。其時筆者在香港中文大學中國文化研究所上班，遂拿持報紙到二樓饒公（宗頤）辦公室，擬告訴容老大弟子中山大學曾憲通教授，曾公那時蒞港與饒公合作搞曾侯乙墓編鍾和楚帛書研究項目。惟筆者

尚未開口，曾公即愁容滿面跟我說：昨夜做了一個怪夢，聽到敲碑聲，夢見自己在敲鑿「容庚之墓」四字，這個夢境令他很不舒服。曾公又說，早上從研究院宿舍下樓，見到興建中的醫學院建築工人在打石，或是這聲音引致敲碑夢。筆者聽畢隨即出示《大公報》，曾公見容老逝世報導大驚，立即要返廣州中山大學為容老治喪善後。筆者遂托曾公代做花圈，四人聯挽，署名筆者而外，尚有饒公、常公（宗豪）、張公（光裕）。這次曾公夢境通靈，讓筆者頗感驚異。

二〇一四年三月十三日

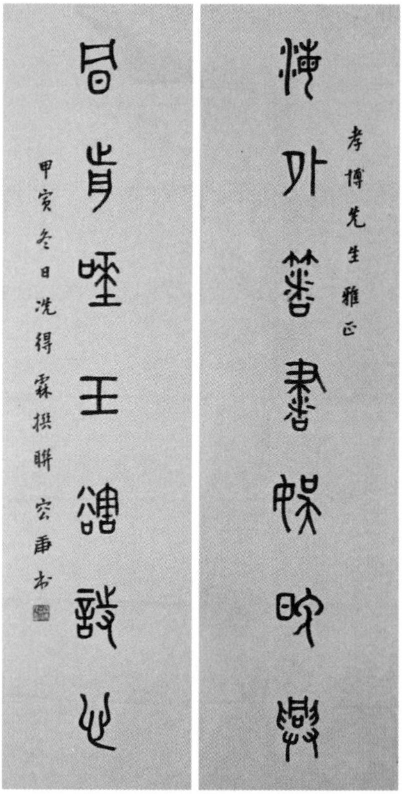

容庚篆書七言聯贈汪孝博

曾憲通

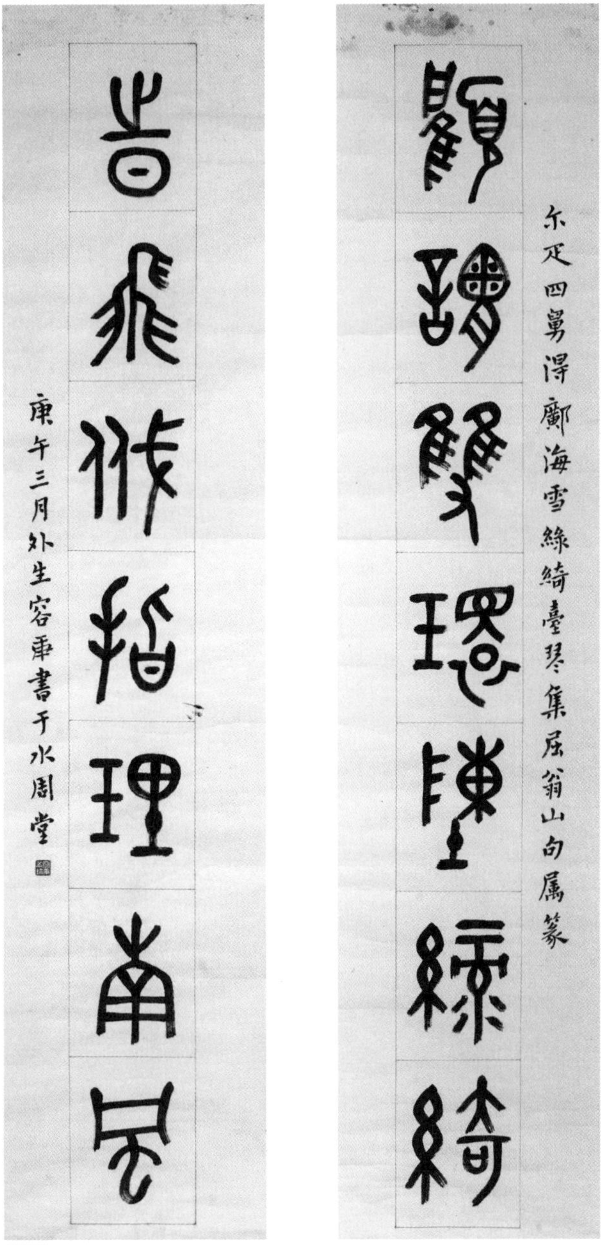

容庚篆書七言聯贈其四舅鄧爾疋

記王世襄

認識王老（世襄），是在八十年代中，其時王老蒞香港中文大學中國文化研究所講演，事由所長鄭公（德坤）主持。鄭公長王老七歲，彼此先是燕京校友，又都同出容希白（庚）之門。是日王老在所中二樓會議室講演，至於題目是甚麼，已經模糊得想不起來，只記得開場不久，突傳來通知，八號風球剛剛懸掛，交通即將停頓，演講被迫腰斬，聽眾緊急撤退疏散，場面是雞飛狗走般亂哄哄，看得出王老一臉無奈。

王老訪中大時，暫駐研究所訪問學人辦公室，其間訪客不絕，筆者晚輩也就不敢叨擾。及後王老再蒞香港或訪臺灣，其在講演廳中，或私人飯局中，都常相遇，但寒暄而外，未及深談。

王老以研究明式家私著稱，但於其他門類都深有研究，如飛鷹走狗、養蟈蟈、鬥蛐蛐兒之類都在所包括，而撰為專著。把舊日京華八旗子弟的玩意兒提升至人文層面。王老嘗謂「中國人的生活，中國人的工藝美術——生活習俗，以及遊藝情趣等，也能體現中國人的偉大……中國的傳統文化需要保護搶救的實在太多了，希望人人都不要數典忘祖才好。」

王世襄在翻看其令堂金章女史之《金魚百影圖卷》印樣

（《生活就是藝術：王世襄訪談錄》，《中國書畫》二〇〇四年第六期）所以，他的專長固出於個人興趣，也同時顯示出社會責任。比如中央電視臺開場畫面是群鴿在天安門飛起，王老即以該種鴿子是美國的肉食鴿，寫信與央視提意見，要求更換。

王老早歲研究畫史畫論，也能畫。但王老傳世畫作極少，故知者亦稀。筆者有幸藏其早歲摹明人宋比玉（宋珏）之山水長卷。有次，知飯局時將與王老相見，遂撿出此畫赴會，王老展卷，很高興，他以為此畫卷曾經兵燹，當不存在了。這畫原是王老呈贈希白老師，希白丈轉馬公達堂，而再傳到筆者。惟當時飯局中人多嘴雜，故未請老人家重加題跋。也因筆者疏懶，也沒邀他人題跋，迄今此卷光頭禿尾，還是一九三九年呈送容老時的原貌。

王老眼界高，對晚輩多善意提點。有一回是拿著嘉德書畫圖錄向王老請益，其中一件係其舅父金城水墨牡丹，墨韻極佳。老人家初不置可否，只說很像。隔天則特意來電說看到了此「牡丹」實物，甚佳，確是舅父真品。筆者遂加價競投，歸供寒齋寵錫。

香港回歸後不久，王老擬刊印其令堂金章女史之《金魚百影圖卷》，且信函往復，徵詢於筆者，故筆者時得赴京拜訪。出書前後王老常賜食，筆者竟無緣回請。原因王老是美食家，舌頭尖，要求高，所以飯局全由王老安排。

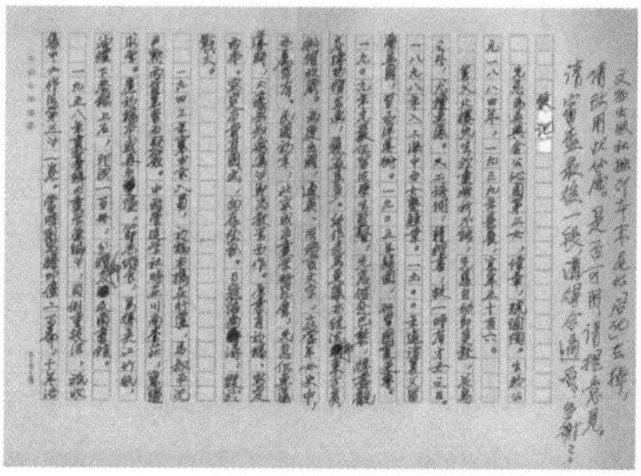

王世襄《金章/金魚百影》後記原稿，1999年

有時菜式弄得不理想，王老喚師傅來調教。啟老（功）有一次實在忍不住而勸王老，咱們幾個老朋友聚聚，不是來聽你教訓師傅的。王老也從善如流，不再在餐敘時說師傅了。

老人家出身望族、官宦世家，所以王老舌尖和舌尖記憶這本來强項，但强項卻變成了痛苦的根源。但也造就了他「百彈齋主」的地位。

有回王夫人（袁荃猷女史）出示一胡椒粉舊瓶，囑託代購，但這是老早已不生產的品種，可沒有地方能買得到古董食品呢。無法覆命，夫人雖說沒關係，想是頗為失望吧。

王夫人行事認真。有一回王老賜書，夫人陪同筆者一起誦讀序言，復翻開其中一頁刊有夫人所作剪紙，謂此一小幅剪紙，包含了王老一生治學各個門類，逐點詳加說明，有板有眼，娓娓動聽。兩老過年往往聯名賜寄賀年片，有一年是貼上夫人剪紙，彌足珍貴，也就作為藏品珍存起來。

有一回赴京，電王老，說明與陳醫生伉儷一起探訪，而與陳醫生一起赴京的另外一位醫生太太知道後，也要求一同去，我們很隨便，就一起赴約。入屋坐定不久，夫人跟筆者說：禮平，你說三人來訪，卻多了一位，沒好好準備，有所怠慢就不好啦。筆者承教，自此必先講清楚，嚴格執行。

但有一回實在沒辦法，再破戒一次。那是在其夫人仙逝後的一次約好探訪。筆者先提早半個鐘頭到某畫廊探望李小可兄伉儷，正巧楊老仁愷也

王世襄2004年4月10日

到畫廊來，知道筆者要去王府，要求同行，筆者擬即打電話報告，而楊老止之，謂不要通傳，直接就去。筆者招引「不速客」，已有前科，但這回是「兩老之間難為少」，我被綁架了。只好硬著頭皮，陪楊老作一次聯袂登訪。幸好，場面上「無咎無譽」，阿彌陀佛！

隔了個多月，上京看望王老，問起夫人逝後煮飯會否不便，王老纔道出夫人原是大家閨秀，從前是不用也不許進廚房的，烹調之事，歷來統由王老擔任。

夫人還健在時，王老要趕許多書稿，把過去被剝奪荒廢的時間追回來，雖然當時一隻眼幾乎全瞎，另一隻眼也不大好，但仍夜以繼日趕稿。結果王老弄到進醫院。一聽病情，竟然是營養不良症。美食家怎麼可能營養不良呢，原來是為搶時間趕稿，乃多吃方便麵所致。

王老著述達三十多種。最為人所認識的是他的一冊《明式家具珍賞》（香港三聯一九八五）。其時海外古董家具正在流行，王老此著，正切實用。遂一版再版，還先後有各種文字譯本。臺灣版則是筆者經手授權臺灣藝術圖書公司出版。當時要運送一大木箱四色片入臺灣，頗不容易。何恭上找到他在法國國防部供職的弟弟何玉郎，藉經港返臺灣之便，再打通關節，才能入境。但印製還是遜於香港版。

二〇一四年三月二十一日

王世襄夫人袁荃猷女史，
2002年11月4日攝

哲人已遠　懷想風徽

——懷楊老（仁愷）

哲人已遠，懷想風徽。記得承香港中文大學文物館黎淑儀女士的介紹，和楊仁愷先生的認識始於九十年代初。當時楊老是遼寧省博物館名譽館長，以七十七高齡，蒞臨筆者主持之翰墨軒而交訂忘年。初相識印象，老人家所操濃厚四川鄉音的普通話，比筆者廣東腔的普通話還要普通，細聽，只懂三、五成，但作為「通語」，還是勉强可以溝通。嗣後，記不清是多少番的請益，能聽度隨往來的增加而漸趨密切。而在下作為出版界中人，縈懷的自然是關於出版的事。

記得楊老有一兩次蒞港，為的是料理遼博所藏《姑蘇繁華圖》，要在此地商務印書館執行複製事宜。當時楊老在下榻的酒店翻閱印樣，雖然印得很漂亮，還是不大滿意，要害一句是：「原件是紙本，印出來像是絹本。」由茲可見老人家對印製質量要求之高，骨子裏也足見老人家對「名」、「實」之間的取捨。

我們又曾談及出版生態，說到半個世紀前，內地出版業自然不如現今

楊仁愷審定書畫

之繁榮，編印書刊並沒有現在這麼方便，要出版彩版的書畫圖冊，更是難上加難。因為這牽涉到出版機構的資金和讀者購買力。當時高檔的出版物，都以外銷為主。六十、七十年代，經銷中國大陸高檔書畫圖冊，集中在商務印書館（香港皇后大道中三十五號）、中華書局（九龍旺角彌敦道），或是集古齋（中環中和行，後遷南華大廈）、新風閣（中環昭隆街）、博雅（九龍尖沙嘴加連威老道）。這幾家店常見《宋徽宗草書千字文》、《張旭草書古詩四帖》、《孝女曹娥碑墨蹟》，都是遼寧省博物館藏品，印製極精，而且「各體兼備」，有酸枝盒保護的手卷，有織錦函套包裹着的冊頁，古雅高貴，令人愛不釋手。還有紙套散頁裝，簡樸大方。不同形式，豐儉由人，設想周到。這許多精美複製品，比較集中都是遼博藏品，這種現象，與楊老的熱心和努力，是分不開的。楊老聽後説，當時是他親自押送這些稀世珍寶去上海，監工印製，據悉當時責任不輕，壓力極大。雖是一種感慨，卻也令人感到楊老那份自覺的光榮和自得。

一九九四年底，拙編《名家翰墨》月刊，因應形勢變化，改為叢刊，分幾大系列出版。其中一個系列，是《中國歷代名家法書全集》。在楊老大力支持，王綿厚館長、馬寶杰館長鼎力襄助下，又得到北京文物出版社楊瑾社長，後來是蘇士澍社長積極推動，陸續出版了《王羲之：萬歲通天帖》、《宋徽宗：草書千字文》、《歐陽詢：夢奠帖》等劇蹟，和《齊白

楊仁愷與老朋友翁萬戈

石：法書集》等書。全部彩色精印，盡量原大刊出，個別重要處放大，方便臨摹、研究。這些名蹟出版後，反應不錯，謝稚柳先生、徐邦達先生、啟功先生、劉九庵先生、傅熹年先生等前輩均予好評、鼓勵。我想，最高興的應該是楊老。

這好些名蹟出版後，曾與楊老道及，令我感觸較深的是《歐陽詢／夢奠帖》。這要從六十年代末至七十年代初香港所見現象說起。自文革開始後，中國大陸出版物大部分不是被批為封資修，就是被誣為大洋古，繼而批林批孔，評法批儒，總之沒完沒了。舊有的書不許再印再賣，新的不容出版，所以文革前所出書刊如鳳毛麟角，驟變古董，是古董價錢的普通書本，書店大都不按原來書上印的定價出售。例如《甲骨文編》（一九六五年中華版）原定價人民幣十二元，要港幣一千八百元，《傅抱石關山月東北寫生畫選》（一九六四年遼寧美術出版社）原定價人民幣十二元，要港幣五百元。一九七二年我在中環商務印書館，花港幣二百大元，買了冊黑白珂羅版普通線裝本《夢奠帖》，真是咬牙切齒。當時的二百港元是甚麼概念。香港一般工薪階層，月薪二、三百元。澳門教書先生有的月薪九十元。家庭傭工一個月六十多元。即是說，普通打工仔不吃不喝，花一個月薪金才能買到一冊黑白的《夢奠帖》。而現在《夢奠帖》是全彩色印製的，還加放大彩版，定價港幣纔一百二十元。縱是現在香港薪酬算是最低

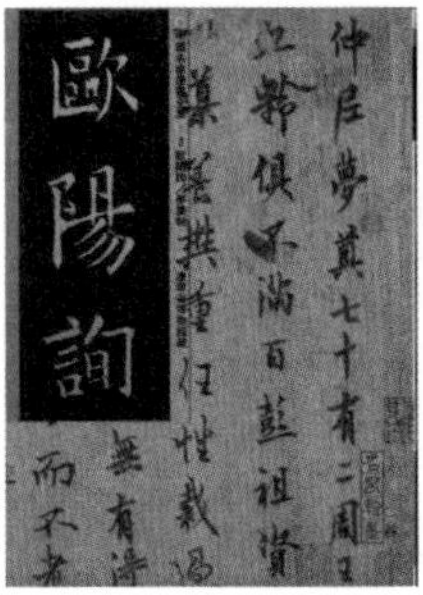

中國名家法書全集
《歐陽詢／夢奠帖》

的菲傭，一天的薪酬也可以買一冊《夢奠帖》。楊老聽後，曾大為高興地說，這有利於普及。可見，楊老的心意是在於「蒼生」，而不是在於「戰績」。

順帶一提，這套法書叢刊，刊行於上世紀九十年代中，出版較早，文物出版社方面估計市場較樂觀，所以大量印製，旨在普及，惟結果未如理想。後來翰墨軒繼續在香港單獨刊行，孤軍作戰。但原定要刊行之陸游自書詩帖等多種項目，卻因之要延期出版，所痛惜者，是楊老已遽歸道山而不及見，令人引為憾事。

還有一則，值得一記。筆者喜集名人墨蹟，尤好非專業畫家的繪畫作品，有學術界的、軍政界的、文化界的畫作。這類作品雖然比較冷門，過去不大為人注意，其實別有一番興味。這類作品有稱為士夫畫或文人畫，題名似又不太合適，萬青屴教授也曾建議稱「學者畫」，但筆者總覺尚有商榷處，暫稱之為「名人畫」吧。

楊老蒞小軒時，筆者習慣撿些書畫請老人家觀賞，有一回專拿冷門的名人畫展示，其中有一個清末名家雜冊，都是寫贈「弢夫」的，弢夫就是楊老的老朋友翁萬戈先生的祖父翁斌孫（翁同龢最喜歡的孫兒，常陪侍在側），特別之處是冊中有一開李慈銘《臺嶠秋瀑》團扇、一開曾紀澤《清白傳家》團扇，楊老揭到這兩開畫時，眼睛發亮，嘖嘖稱奇。記得從前啟

徐邦達在故宮博物院審閱
剛出版的名家翰墨叢刊

老翻閱此冊時，説過去曾見于思泊（省吾）先生家中懸掛其中幾開，遂轉告楊老，此冊係于老舊藏。原來楊老與于老也相熟，于老有許多珍寶大都捐贈遼博（其中有利瑪竇的文物）。我見楊老興致勃勃，作為大博物館的大專家，並不嫌小軒拿出的書畫名頭細，遂陸續搬出蘇曼殊《泛舟圖》軸、鄧爾雅《梅花扇面》、宣統弟弟溥杰的《僧敲月下門》軸、冼玉清《杜鵑啼血卷》、容庚《仿沈石田山水卷》、冰心丈夫吳文藻《田原曉音圖》軸、熊佛西《雛雞》軸，和當時尚健在也是楊老老友王世襄畫贈容庚的山水長卷等，與老人家共賞。

這次開軒「獻寶」，卻成就了另一宗意外收穫。楊老看完這批冷門名人畫之後，表示他過去也曾寫畫，只是謙稱寫得不好。但筆者打蛇隨棍上，問楊老能否寫一小幅賜贈，一以充實拙藏，一以留為紀念。楊老説近年已不畫了，但答應回家看看能否找件稍為像樣的舊作送我。當時大喜過望，連聲道謝。沒多久，就收到楊老惠賜半個世紀前所作山水畫壹件。此畫作於抗戰勝利後，二〇〇〇年中秋補題。畫為羅紋紙本，尺幅不大的淺絳山水，逸筆草草，蒼秀蕭散，平淡天真，古意盎然，令人神往。感謝之餘，忽想到古語有云：物聚於所好。旨哉斯言。

如今覩畫思人，不禁問一句：楊老，在異域，可還寫畫？

二〇一〇年四月三十日於香港跑馬地心安居

翁斌孫

楊仁愷仿古山水

趙清閣百年紀念感言

趙清閣誕辰百週年了。從前五月初九，筆者總致電趙清閣先生，祝她健康長壽。但老人家身體其實並不那麼健康。記得有一次與陳醫生一齊赴滬，筆者擬偕陳探望趙，但趙在電話中表示，她在病中，腎功能衰竭，沒氣力接待客人，只好作罷。僅在電話中致意。掛線之後忽想到，陳醫生不就是腎科專家嗎？陳醫生説腎功能衰竭就要洗腎，但洗腎要錢，趙清閣所屬單位是清水衙門，經費不足，無法負擔長期洗腎的費用，病人也就得不到治理了。

一九九九年十一月，林風眠誕辰百年紀念展覽會和學術研討會在上海舉行，會議間筆者往華東醫院探望趙清閣。趙臥病在牀，有一小保姆（平日照料趙的保姆的女兒）照料。趙平時已夠蒼白的臉更為慘白。我帶了陳立夫寫的《我怎樣活到一百歲》呈上，並囑咐病愈之後好好研究她的老長官如何活到百齡。抗戰間陳是教育部長，趙曾在教育部編教科書，所以説是她的老長官。隔不久，傅益瑤來電話，告以趙清閣仙遊噩耗，並説筆者是最後一個見到趙的人了。

趙清閣

趙清閣一生寂寞，死後也寂寞，百年誕辰似乎靜悄悄的，也沒有人去理會了。

她尚精神時，曾經想整理出版自己的文集。但一再延宕，到體力漸衰，在電話中問她文集編得如何？答沒氣力弄了，不管了。現在人不在了，就算有人想幫忙出版，也無辦法，因為著作權法所限，要等到二〇五〇年她逝世五十年才可以出版。法令的規限有時是保護著作者，但有時候又有妨礙文化發展之嫌。

趙清閣晚年頗孤寂，好朋友像傅抱石、老舍等等大都故去。藝文界人士她不隨便交往。像程十髮住在她樓上，大家都畫畫，而且住同一幢樓，卻很少往來。

有一次探望她，老人家精神頗佳，興致勃勃，要請我吃西餐，她領我從寓所漫步去衡山賓館。踏入餐廳，但見一群土八路在餐敘吆喝，像是哪個人民公社生產大隊搞宴會，亂哄哄的場面，與她印象中高雅的西餐館落差很大，趙十分失望掉頭，口中喃喃：從前不是這樣子的。怎麼辦？怎麼辦？

趙清閣早歲曾涉嫌共黨而招牢獄之災。後來比較接近左翼的文藝界人士。抗戰間她與老舍的戀情已經有許多文章談論。解放後周總理托趙清閣召喚老舍歸來，老舍問趙我們那段情如何辦，趙答回來再說。老舍歸國，

趙清閣

到上海，趙去北京，老舍到北京，趙去上海，總之避開，免眾口之悠悠也。

趙很聽黨的話。八十年代她參加了共產黨。上海社科院嘗召開會議，討論趙入黨事宜，只有一位提出抗戰間趙編的《彈花》有歌頌國民黨之嫌，惹趙生氣，趙要說明當時國共合作的情況。而其他人的發言都是讚賞趙的，會議也有黨外人士參加。最終組織批准趙入黨。趙的老友鄧潁超去電祝賀。趙入黨的安排，不知會否有鄧大姐的影響呢。趙經過文革之後，甚麼事情都很謹慎。曾經問她要不要來香港一遊，當時買旅遊票就能來港，旅遊票找旅行社就能辦妥，但趙卻憂慮這、擔心那，還說要組織批准，結果當然沒有下文。

趙喜歡畫畫，曾在上海美專學畫，也曾拜齊白石為師。她生前我未敢麻煩老人家，請她寫畫，只是請她寫文章，寫談傅抱石畫贈她《清閣著書圖》的文章。想待傅抱石百週年紀念刊於拙編《名家翰墨叢刊》的傅抱石仕女畫專集。但刊出時清閣先生離世已四年多了。前幾年，承陳子善教授惠賜趙清閣一小幅山水，珍而藏之，偶爾撿出，睹畫懷人，時念清閣音容。

二〇一四年五月三十日

鄧穎超與趙清閣在中南海

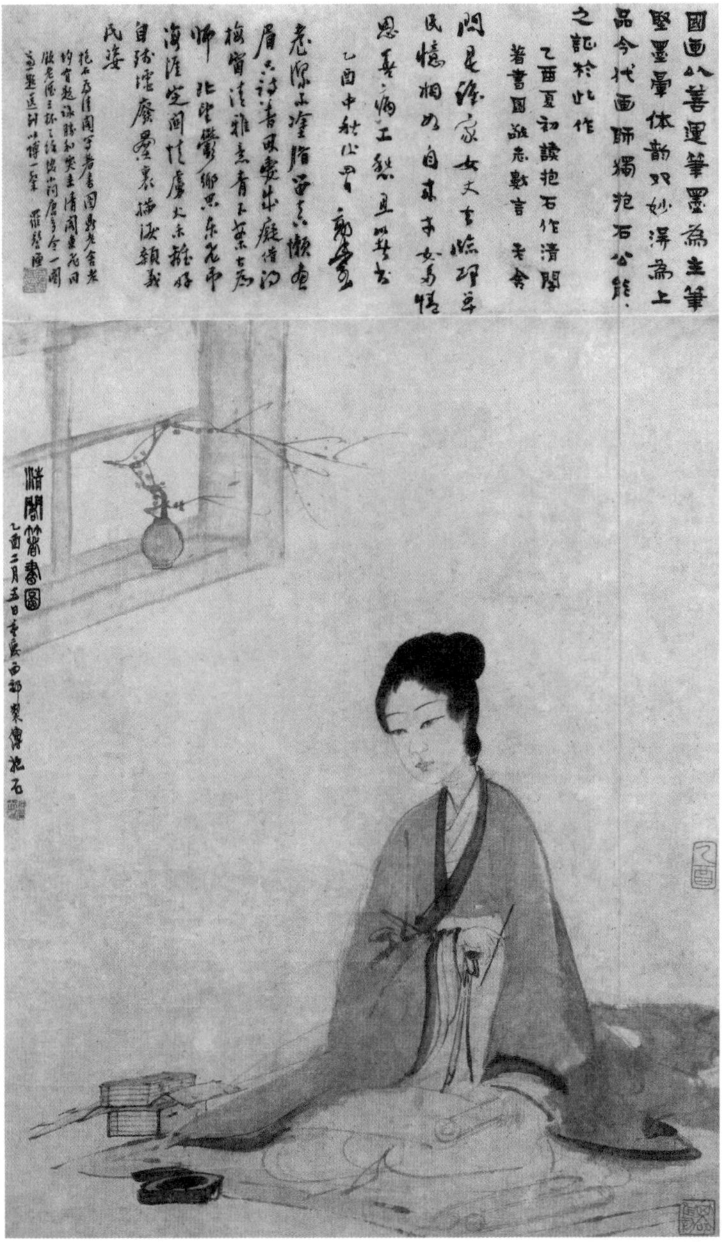

傅抱石《清閣著書圖》

蘇立文結緣中國藝術

火紅的年代，全國人民學習毛公「老三篇」，因第三篇是《紀念白求恩》，所以上一代國人都知道白求恩的大名。白求恩有位遠房親戚，叫蘇立文（Michael Sullivan），一九一六年生於加拿大，一九四〇年，也是不遠萬里來到中國，從事紅十字會的志願工作，因緣際會，這位蘇立文成為中國美術史家，在西方世界，介紹二十世紀中國美術，影響深遠。今年二月，香港大學美術博物館舉辦他的藏品展，蘇氏以九十七高齡，千里迢迢飛來出席，隔了半年多，九月二十八日蘇立文在牛津大學醫院見白求恩去了。歿後藏品悉數捐獻牛津大學博物館。

此間學術界很認同蘇立文。記得八十年代中，饒公拿著蘇立文的新著，翻開論述饒公畫藝章節，展示與筆者。其時饒公藝事知者不多，經蘇氏褒揚，有被肯定的自豪感。

而鄭公德坤與蘇立文關係更深，可以說蘇氏是鄭公一手提拔的。話說蘇立文幼時隨父母到英國，一九三六年入劍橋大學習建築，期間，倫敦舉辦從中國故宮運來的藝術品大展，引發蘇氏對中國藝術的濃厚興趣。本來

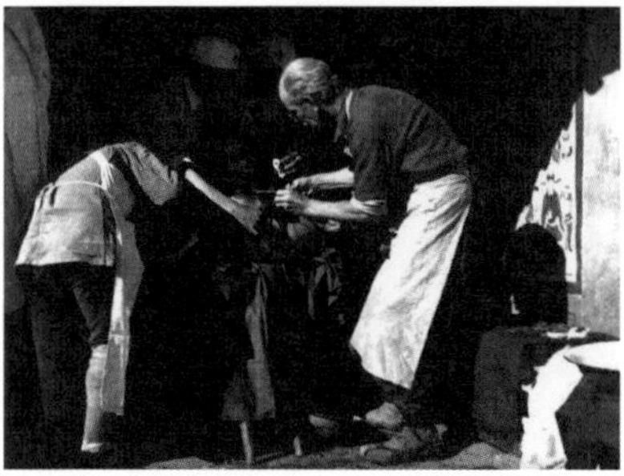

白求恩

蘇氏劍橋畢業後擬步其遠親白求恩的後塵去西班牙參加反對佛朗哥政權，但偶然機會卻使之來了香港並參加紅十字會，他開卡車往來貴陽與重慶，運送藥物，從此和中國發生關係。在紅十字會裏，蘇氏認識了廈門小姐吳環，吳是學生物學的，專研細菌。她很喜歡年輕英俊的蘇立文，但對於如何抓住蘇氏，則頗費周章。如果蘇氏回英，那姻緣即斷，於是找同鄉老友黃文宗請其夫婿鄭德坤幫忙。鄭時任華西大學教授，兼大學博物館長。鄭以蘇氏年輕，學養未足，不知讓蘇氏教甚麼合適，後來讓他教英文，就留下來了，吳環得與蘇氏戀愛，一九四三年便共結連理，婚禮就在鄭公主持的華西大學博物館舉行。嗣後蘇氏通過愛妻吳環，得與眾多中國書畫家交往，如龐熏琴、吳作人、張大千、丁聰、劉開渠、張光宇等等，還得到畫家們贈送書畫，開始建立收藏。戰後蘇氏伉儷返英國，蘇立文得獎學金入劍橋攻讀藝術史，期間通過書信與一眾中國藝術家繼續交往。還得到黃賓虹自上海空郵寄贈山水畫作精品一小幅。（其時賓翁畫作沒有人買，一般都是郵寄好友欣賞。）

五十年代末蘇立文出版了《二十世紀中國藝術》，過兩三年繼出《藝術中國》，這兩書含蓄中肯，亦有言人所未言，或人所不敢言者，耶魯、牛津兩大學指定為中國藝術史入門教材。一九九七年蘇氏又寫出《二十世紀中國藝術與藝術家》鉅製，凡六十餘萬言，收圖像三百六十多幅，全方

蘇立文與張大千

位展示二十世紀中國藝術概貌。近年大陸出版中譯本。又在去年北京中國美術館舉辦了「蘇立文與二十世紀中國美術」大展。范迪安館長如此評論蘇立文的影響力說：「如果說因為有了斯諾，西方了解了中國革命，那麼因為有了蘇立文，西方了解了中國美術。」五十年代以來，蘇氏在英美好幾家名牌大學當教授，講授二十世紀中國藝術。鄭公德坤曾提過：有一年，鄭公離開劍橋度假時，請蘇立文暫為代課，但返回劍橋後鄭公自己的位置卻沒有了。

蘇氏近年常訪中國，上一次見到他，是二〇一〇年中國美術學院舉辦林風眠誕辰一百一十週年紀念活動，筆者應邀提供幾件林風眠畫作參加展覽，並出席學術研討會聆聽一眾專家學者發言，會議間蘇氏也趕來參加，其時已九十四高齡，風塵僕僕，精神可嘉。

蘇氏妻子吳環晚歲精神似出了點問題。一九九九年，中國美術學院搞林風眠誕辰百年紀念活動，上海美術館舉辦林風眠畫展和學術研討會。與會代表下榻衡山賓館，蘇氏伉儷住在我對門，有晚酣睡中突聽門外嘈吵聲，繼而有人大力敲門，明知麻煩也只好硬著頭皮開門，蘇夫人吳環神情異常，問：你認識我嗎？筆者忙搖頭道：不認識。蘇氏即與夫人說：你看，人家不認識你，不要騷擾人家。筆者欠身關門後聽到嘈吵聲依舊，即電賓館總機報告房間號碼請他們趕緊派人來處理。房中聽到來人詢問蘇氏

蘇立文與丁聰（右）、黃苗子（左）在北京，2004年5月

伉儷，吳環忙向來人投訴，迭說：他（蘇）要殺我，他要殺我。擾攘許久才靜下來。第二天早餐，竟又在電梯中相遇，裝作不認得，吳環向同電梯陌生人指著蘇氏說：他很色。真要命。蘇氏早餐與劉國松同桌，吳環將鹽當糖，灑在劉大師的咖啡中。當日嘗與慈善家劉唐小萍女士道及所聞見，劉太亦云某次蘇氏在臺上講演，吳環在臺下忽然奮力不斷叩頭磕桌面，發出聲響，蘇氏在臺上發現，停了一陣，還是硬著頭皮講下去。還有一回，吳環在北京走失了，只好報公安，幾個小時之後，在茫茫人海中竟能尋回。大陸公安真是厲害。

吳環如此狀態，蘇氏仍然不離不棄，出門講學，均陪同夫人出席。鶼鰈情深，教人豔羨，也教人唏噓。因為與吳環的姻緣，蘇立文才與中國藝術結緣，更成為「二十世紀美術領域的馬可波羅」，也還是一個「緣」字。

二〇一三年十二月十日

蘇立文（左二）與吳環（左三）結婚，1943年

試問何人得勝歸

——記金玉均遺墨

日前撿出朝鮮金玉均的行書條幅，小齋靜對，賞其書、味其詞，不禁為這異國人材再三太息。

關於金玉均其人，前時梁文道說過韓流小子未必知道金玉均是誰。我想：韓流小子該知道韓國的太極國旗吧？那國旗設計者就是金玉均。

再簡言之，金玉均是朝鮮高宗時期主張改革變法的開化黨首領。他的歷史事功，相當於日本的福澤諭吉、中國的康有為。他發動「甲申政變」，就像中國的「百日維新」，時間上雖比「百日維新」要早，但存在時間卻比「百日維新」短得多，連「五日京兆」也不是，只三天而已。在那事前事後的血雨腥風之中，金玉均及其黨人的慷慨從容，能忠自己的所事。

金玉均的「甲申政變」只存在三天，有稱之為「三日政變」的。這次政變的經過，中文的原始紀錄較少。只在《清實錄》光緒十一年乙酉正月廿九日看到一則關於朝鮮國王遣使臣向清室上奏「三日政變」的經過，云：

金玉均

> 諭內閣、禮部奏，朝鮮國王遣使臣李應浚恭齎謝恩表文來京，代為呈進一摺。據該國王奏稱：上年十月十七日夜，逆臣金玉均、朴泳孝、洪英植、徐光范、徐載弼等謀為不軌，突入宮闈，連戮大官六人。十九日政府因臣民齊憤，請防營提督吳兆有、同知袁世凱、總兵張光前，率兵入護。不期亂臣施放槍炮，傷亡四十餘人。鏖戰良久，亂徒逃竄，社稷復存。嗣蒙欽派大臣吳大澂、續昌，前往查辦，現已蕆事。俄忽之間，轉危為安，恩施再造。

金玉均1890年

金玉均等人在事敗後斷髮易服逃到東瀛，但他仍遭到清政府和朝鮮政府的追殺。所以金在日本化名為岩田周作，避人耳目。雖說得福澤諭吉、後藤象二郎、井上角五郎、頭山滿等民間名流庇護，但日本政府仍視為外交包袱，一度將金流放至小笠原群島，復軟禁北海道札幌，派員長期監視。其間朝鮮政府派出的刺客接踵而至。可以說，金玉均流亡日本的十年，是危疑中度過的。而他的存在，大抵在於他是中日俄三方政治角力中可以酌用的籌碼而已。以下是光緒十一年（乙酉）十一月己酉（乙未朔）的一則紀錄，文中可清晰看到當時清廷對金玉均個人的切齒，但仍是把金玉均等人置於中、日、韓、俄之間的政局一起作考量的。原文如下：

> 諭軍機大臣等，李鴻章連日電奏均悉。金玉均亂謀，既有信函確據，亟應切告井上馨等令其趕緊拘辦，以斷根株。但日本年來蓄留金匪，情本叵測。此次井上馨屢次答覆之語，亦多遊移掩飾，殊難憑信。朝鮮自撤兵以後，閔穆詭謀通俄，該國上下，岌岌自危，累請駐兵保護。朝廷（按：清廷）因有日本新約，又事機未露。遽爾派兵前往，更啟俄人之疑，是以遲遲未發。今該國禍魁亂黨，又復內外交訌。李載元、韓士文等，如係同謀，即應按名拏辦。以該國目前恇怯，惶惑情勢，除奸戡亂，安能遊刃有餘，似不若乘此機會，即以防剿金匪為辭，明告日本。一面派兵即到漢城駐紮，轉屬師出有名，倭俄皆無從置喙。

金玉均驚人的舉措當然是「甲申政變」，但更驚人和令人感慨的卻是他的死。他死於被刺，這事本有兇手自承責任，但兇手背後是誰，卻一直沒有清晰的答案。這就像當年天津居士林的孫傳芳被刺、濟南車站的張宗昌被刺、廊坊車站的徐樹錚被刺，人們的注意力都集中在兇手的背後。

但筆者認為：兇手是誰，那不重要了，筆者可以大膽地說，金玉均流亡中幡然憬悟的「三和」政策，纔是把金玉均推向死亡的巨手。是「三和」的主張，令金玉均有必死之理。

金玉均等人設計的
第一面太極旗

這要從「三和」政策說起。

「三和」是金玉均本人經過流亡生涯，對政治有更高更遠大的看法。他在《興亞之意見》一文中提出了「三和主義」，他的「三和」內容，不是王稼祥的「三和一少」，也不是赫魯曉夫鼓吹國際的「和平過渡、和平競賽、和平共處」，他只是主張中日朝三國共同合力抵禦西方勢力。他這主張是把政治視野提高了，也把他們朝鮮開化黨人的「仇清」見解緩和了。可是這「三和」的骨子裏之主要點是在於改變朝鮮對於中國的藩屬地位，意思是在「三和」框架下三國平等關係。

朝鮮開化黨人的「仇清」心態是容易理解的。因為長久以來，朝鮮是中國的宗藩，中國在朝鮮一直有駐兵。甲申政變之前兩年的壬午政變，也是在中國干預下平定的，事實上中國的駐兵也把朝鮮一些求變的呼聲壓下去了。儘管朝鮮文化漢化得很厲害，（本文提及的金玉均所書詩軸便是一例）。但「漢化」的文化並沒有令政治上的「仇清」觀念減少。

試用另一著名的開化黨人尹致昊在給人的信中說明朝鮮開化黨人的「仇清」心理：「中國就如同一棟老屋，雖然它曾經有很好的結構，但由於老屋擁有者的漫不經心，現在它的牆面已經脫落，它的棟木也已經腐朽不堪……」

他還說：中國人是無恥的、粗魯的、自高自大的。

金玉均

「仇清」的觀念多了，自然導致「親日」的觀念多了。這是讓許多中國人感到不快的。但朝鮮是小國，夾在中日間，所謂「兩大之間難為小」，朝鮮人從「壬午兵變」到「甲申政變」，一直是難為在「哥情嫂意」之間。但金玉均在流亡之後，卻幡然有悟，他似乎找到了解決「仇清」這問題的鑰匙，他把「三和」主義，提升到一個更宏大的高處，而且身體力行。他放棄了「仇清」的心結，隨之在一八八六年便致信李鴻章，這是金玉均與清廷高層進行溝通的最早嘗試，而李鴻章之子李經方出任中國駐日公使時亦與金玉均多有交往，後更邀請金玉均訪華。於是金玉均也從一八九三年秋開始做去中國的準備，並請中國駐日公使汪鳳藻覓人教他漢語，和為他做翻譯。汪鳳藻遂推薦了中國駐日使館的日語翻譯吳升（吳靜軒）。但金玉均沒想到，這次的中國之行卻是走向地獄之行。

在此岔開一句，筆者初看紀錄時，以為金玉均之死是汪鳳藻等人策劃所為，該是清廷誘殺的一種手段。後來翻查《清實錄》，卻發現在金玉均被刺殺之後，汪鳳藻就是因此事被參，且從此在政壇消失。這就等於為汪鳳藻等人作了表白，要是汪氏是為朝廷而誘捕了金玉均，那是有功於國家的事，焉會因之致罪呢！所以《清實錄》在我們看來，是為汪鳳藻等官僚洗脫了「誘殺」金玉均的嫌疑，推翻了清廷參與的假設。這段實錄的文字轉錄如下：

金玉均蒙難，
日本風俗畫

【光緒二十年甲午六月・丙午朔】（己未）

有人奏，此次朝鮮之亂，實出自汪鳳藻保護金玉均回國，派通事吳升同赴上海，以致被刺。日本有所藉口，遂開邊釁。……著李鴻章按照所參各節，確切查明，據實覆奏，毋稍徇隱。原片著鈔給閱看，將此諭令知之。

從上段《實錄》，可為汪鳳藻諸人解嫌，但即使清廷沒有「誘殺」，但「不殺伯仁，伯仁卻着實為此而死」。李鴻章、李經方仍難辭疏忽之咎，因為清廷對朝鮮的總體態度纔是令金玉均至死之因。

在「三和」的思路下，金玉均和開化黨緩和了「仇清」的觀念。但在清政權而言，這只是一個「仇」字的主客換位，亦可以是把「仇清」轉為「清仇」而已，因為天朝大國對藩屬的關係纔是要害的所在。清廷要保宗主的地位，自然對金玉均等主新政的人恨之入骨。

《實錄》中，那清廷針對金玉均等人的煌煌文誥，讀來如聞切齒之聲。且看：

【光緒十年甲申十一月・辛丑朔】（己巳）

又諭，電寄吳大澂，聞朝日已定約，情節若何？吳大澂等何以未電

汪鳳藻（右）
汪鳳藻名刺（左）

奏？彼約與中國有無關礙？吳大澂等曾否與井上馨面議？諸加慎重，弭釁防弊，並即電聞。黎庶昌等電稱，金玉均逃在東京，似宜密屬朝王執約，責日政府查拏交朝等語，著吳大澂等酌辦。

【光緒十年甲申】（甲戌）

諭軍機大臣等，吳大澂奏，確查朝鮮亂黨，詳細情形，與日使筆談大略。並查明駐朝兵勇，傷亡數目、暨亂黨滋事節略各摺片。日本使臣井上馨，到朝鮮後，徑與該國訂約，並未向吳大澂商量一切。僅稱因該京卿無全權字樣，倉猝回國。揣其情形，若因自知此事，實係理屈，無可狡辯，尚屬無足重輕。特恐藉此次未商，遂謂朝鮮非我屬國，繼此再生釁端，即以此為口實，阻我過問，致陷越南故轍，則隱患實大。

【光緒十一年乙酉十一月•乙未朔】（己酉）

諭軍機大臣等，李鴻章連日電奏均悉。金玉均亂謀，既有信函確據，亟應切告井上馨等令其趕緊拘辦，以斷根株……李鴻章於此事擘劃有年，務即按照現在時勢，通籌熟計。將應否及時派兵往紮之處，迅速奏聞。至現派往潮港四船，兵數若干？何員統帶？是否附近仁川？呼應便捷，亦著詳細附奏。又金匪致李載元等信函，既係秘謀，

金玉均被刺，日本風俗畫

何以竟落該國王之手？高平寄倭之信，何以必托袁世凱轉寄？倭果不助金匪，何以有先帶千兵，續添三萬之衆？金匪果欲成事，理宜潛謀偷渡，又何如是之揚言恫喝？若惟恐人之不知。種種情節可疑，該督務飭袁世凱留心偵察，探詢確實，隨時電聞。不可稍涉大意，是為至要。再穆麟德何時到津？並著即日電覆，將此由六百里密諭知之。

【光緒十一年乙酉十一月・乙未朔】（辛亥）

諭軍機大臣等，李鴻章十六日三次電奏均悉。金玉均在倭，播散訛言，勾結亂黨。據袁世凱來電，又有倭人板陔退朝等同謀相約之信。若欲憑仗口舌，令倭拘禁金玉均，深恐徒有此説。李鴻章務將擬派前赴朝鮮之兵，豫備齊全。如倭竟不執送金匪，或別有警信，即著迅速馳援，以赴戎機，毋稍遲誤。

那是金玉均放棄了「仇清」，但換來了清廷的「清仇」。這就等於有了致死之道了。

光緒甲午（一八九四）上海之行，金玉均是應李經方之邀，擬直接會晤李鴻章探討朝鮮維新及東亞未來。在行前，福澤、頭山滿等擔心其安全，金玉均謂「不入虎穴焉得虎子」，於是從神戶乘西京丸，三月廿七日

金玉均被刺殺後梟首於漢城楊花津

抵上海，下榻東和客店。同行者有留學德法的朝鮮人洪鍾宇，清駐日使館書記官吳升，僕人北原延次。次日下午二時，洪鍾宇穿朝鮮服至金的房間，見金睡覺，遂支開北原外出購物，洪連開三鎗，金即畢命。翌日洪被捕，初審時明言「今奉朝鮮王之命行刺叛臣」，「為國除此巨蠹，死亦甘心」。最後清廷派威靖號軍艦將金玉均靈柩和洪鍾宇專呈送到朝鮮。但朝鮮早已判金玉均大逆死罪，將屍身追加凌遲處斬刑，梟首懸於漢城西郊楊花津要道，再千刀萬剮其肉讓民眾分食。

「剮其肉以分食」這是够殘忍的事。這是明末黎遂球絕命詩所指的：

壯士血如漆，氣熱吞九邊……鬼伯舐復厭，心苦肉不甜。

消息傳到日本，朝野震驚，五月廿日在東京隆重其事舉辦葬禮，送葬者竟達數千之眾，在青山公園作衣冠冢。當時犬養毅等議員質詢政府，「要求對中國採取措施」。玄洋社（日本擴張主義右翼團體）成員的野半介訪外務大臣陸奧宗光更謂：「清國對金玉均的處置，實為日本之一大恥辱，誰能忍受？我政府應對清國宣戰，以雪韓、清兩國加於我國之恥辱。」外務大臣陸奧宗光感時機尚未成熟拒之道：「若為他國一亡命徒之死而宣戰，決不可能。」但介紹的野半介訪參謀本部次長川上操六。川上

金玉均追慕碑

教唆道：「聞貴社（玄洋社）為濟濟遠征黨之淵藪，豈無一放火之人乎？若能舉火，則以後之事為余之任務，余當樂就之。」（明治文獻株式会社《玄洋社史》東京一九二七年版，第四三七頁）「甲午」的戰釁，似乎兆機於此了。

再返回來看看寒齋所懸金玉均行書條幅：

草裏相逢兩赤眉，交鋒一陣疾如飛；
東西旗號渾相似，試問何人得勝歸。

款署：「古筠金玉均」。鈐印二：白文方印「金玉均印」、朱文方印「古筠居士」。

書幅沒有記年，不知何時所書。筆者約十年前得之於日本京都，書幅係日式原裝原裱逾百年之物，料是流亡日本時所書。查此詩見自南宋法應集。從詩而言，似是金氏感念甲申政變無功，而只賺得勞人草草，死傷枕藉。筆下似是不屑蠻觸相爭和同室操戈。見道之言，正與他「三和」的見解相近。

二〇一四年三月二十四日

朱文方印「古筠居士」（右）
白文方印「金玉均印」（左）

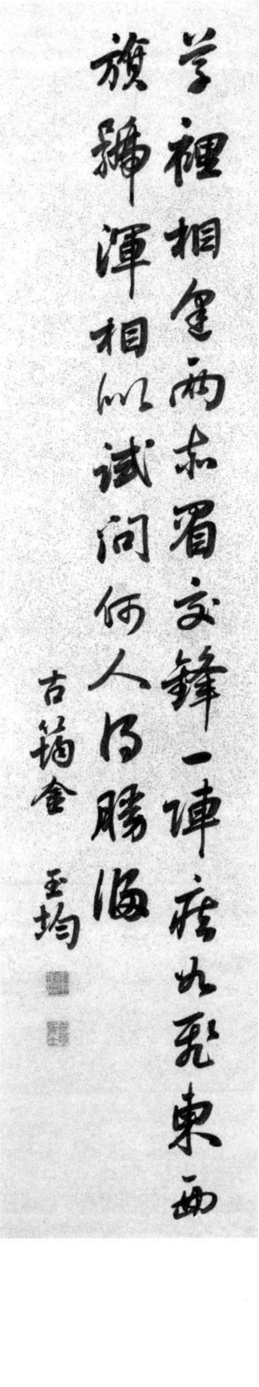

金玉均行書條幅

諸橋轍次書贈胡蘭成「孤操自將」

諸橋轍次書「孤操自將」贈胡蘭成

小思介紹我去看《字裏人間》電影，果然好戲。編字典的電影還是第一次看到。內容講主角馬締如何由出版社營銷員轉為字典編輯主任，鍥而不捨的用十五年時間，編出《大渡海》辭典，只可惜主編松本教授喉癌，來不及見《大渡海》面世而先行離世。電影反映出日本人的認真、執著，韌性戰鬥到底的堅毅，令人感佩。電影中《大渡海》花十五年編成，令人不期然想起比這些辭典編得還要長的《大漢和辭典》和編者諸橋轍次。

諸橋轍次（一八八三—一九八二），新潟縣南蒲原郡人（現三條市）人。十三歲習漢學，廿一歲入東京高師國語漢文科，卒業後嘗任教員，後再入同校深造，專攻漢學。一九一八年旅行中國，親炙王國維、陳寶琛。歸國後決意要到中國留學，次年負笈北京。諸橋留學期間，深感每日花的時間有三分一是在查閱各種工具書，如果能有一套查閱漢學書籍的辭典，就可以省卻這許多煩惱。而這種大型的工具書，在當時中國沒有，日本也沒有。諸橋腦海中萌生要編纂這種辭典的念頭。歸國不久，約一九二五年，大修館書店社長鈴木一平訪諸橋，諸橋提出漢和辭典的構思，最初擬

諸橋轍次

五十六卷，每卷一千頁的規模。往復討論到簽約動工，已是一九二八年六月了，定名為《大漢和辭典》。時諸橋四十五歲，鈴木四十一歲，正值盛年。編了五年，已經寫了六萬張原稿紙時，諸橋發覺五十六卷容不下這許多詞彙，與鈴木一平商討，說最起碼要多加十二卷至十三卷，再加五年，才可竣工。結果前後十三年半，到一九四一年十月，總算完成大辭典一萬三千七百五十七版的活字版，校樣高達二公尺。二個月之後，日本發動太平洋戰爭，用紙受到限制，只有勉強先出版第一卷（一九四三年）。一九四五年二月二十五日，美軍空襲東京，大修館蒙難，一萬三千版的活字版和二十萬條活字母型，連同其他資料一併燒為灰燼。這對諸橋不啻致命打擊。但這並沒有讓諸橋氣餒，韌性戰鬥的毅力，令諸橋重整旗鼓，繼續奮鬥。諸橋在雙目白內障，尤其右眼幾乎失明的情況下，終於克服所有困難，在一九六〇年五月十三日完成《大漢和辭典》十三卷。前後歷三十二年，時諸橋已七十七歲，真是短命一點也難以成事。《大漢和辭典》收單字四萬九千九百六十四個，詞條五十萬個，囊括中國古漢語、現代漢語、古籍中所見各種成語、熟語、格言、俚語、詩文典故、人名、地名、官職名、年號、動植物名、政治經濟等等學術用語。是二十世紀研究古漢語的權威性工具書。過去有所謂一本書主義，諸橋編了這麼一部辭典，堪稱不朽。一九六五年獲授文化勳章，一九七六年得勳一等瑞寶章。

諸橋轍次

諸橋高壽，活到九十九歲，一九八二年十二月八日卒。其故鄉三條市有諸橋轍次紀念館，去年春重修開館。

筆者喜集學人墨蹟，一直留意諸橋轍次手澤，直到前幾年，始在京都覓得一件諸橋書贈胡蘭成行書匾額：「孤操自將」。胡蘭成與諸橋相識。日本三菱公司每週一夕請漢學耆宿諸橋轍次講詩經，這個講座叫止軒會，是三菱較重要的人物才能參加。胡蘭成偶然列席聽過二次（六十一歲時），胡在《中國文學史話》（四）「文學與時代的氣運」，提到「諸橋先生像舊時塾師的祇照字句素讀，釋義訓音，三菱的社長經理等十餘人也像舊時塾生的聽講。我很愛那種靜穆的空氣。我小時就是這種讀書法。」這個匾額署款「止軒」是諸橋的號。諸橋轍次據《莊子》德充符篇「仲尼曰：人莫鑑於流水而鑑於止水」，採「止軒」為號。「孤操」謂高尚的特行，「自將」謂自我保持。「孤操自將」典出《新唐書》對李渤的評價「孤操自將，不苟合於世」。諸橋寫的這詞，說他自己還是胡蘭成呢？抑或是共勉呢？那就由觀者各自理解了。

二〇一三年十月二日

《大漢和辭典》（右）
胡蘭成（左）

《青年樂園》諸友赴穗訪問李廣明社長（中坐戴帽者），2012年11月18日

記《青年樂園》週報

上世紀五六十年代，各種政治勢力在香港相爭、盤踞和滲透，他們都留意到對下一輩的教育和爭取。因之在針對青少年文化方面，出現有《中國學生周報》和《青年樂園》週報。前者不諱言是由右翼文化機構友聯出版社出版，而後者則以個人名義出版。兩者似是不相關聯地各行其是，彼此互不指斥但卻隱然敵國。而當時的中學生讀者，大概不會理會，也搞不清兩家週報的背景。許多學生兩份都同時並看，兩份都投稿。例如筆者熟識的盧瑋鑾（小思）、龐志英（舒鷹、林琵琶），就是既是兩報的讀者，也是兩報的作者。

《中國學生周報》是一九五二年七月廿五日誕生，至一九七四年七月廿日停刊，其間長達廿多年，出紙一千一百多期。當中作者眾多，讀者也眾多，為日後社會培育人材，且各掌要津。這從近廿年的回憶文章都可明了這一點。

反觀《青年樂園》週報的編者、作者、讀者，似乎刻意的低調，變成用沉默去抹走那曾經的、共同的存在。記得香港回歸那年，筆者曾經到大

青年樂園
YOUTHS' GARDEN

《青年樂園》創刊號

會堂高座七樓參觀一個香港青少年懷舊刊物的展覽，展品居然一邊倒是右翼出版物，「眾裏尋他千百度」，那《青年樂園》週報就是付之闕如。

也是十多年前，專治香港文學史的小思，曾通過阿濃（《青年樂園》週報社外編輯）約得當年《青樂》主編陳序臻作訪談，座間陳兄卻似未暢所欲言，讓人弄不清是殖民高壓的餘悸使然，抑是階級鬥爭的敵情觀念所震懾？陳兄的「欲説還休」，讓小思未能聞其詳，也難免把當年《青年樂園》週報的光環淡化了。不過陳兄為小思研究香港文學的真誠所感動，將珍藏多年的《學生叢書》，捐獻給香港中文大學香港文學研究特藏，讓該部門掃描上網，公諸於衆。

筆者早歲常登駱克道四五二號十三樓，接觸《青樂》的朋友，即使近年亦偶有聚會，因亦關心該報的舊事。年前又嘗陪同小思、熊志琴赴穗訪問《青樂》的社長李廣明，而月前李氏病逝，筆者隨《青樂》諸君赴穗弔唁，返港後即撰本文，既悼逝者，亦感念疇昔，更是於無聲處發聲也！

《青年樂園》週報係一九五六年四月十四日由左翼學界領導吳康民幕後策劃、創辦，吳氏姨仔黃穗華出面任督印人，汪澄當社長。黃穗華中山唐敢村人，父親係太古洋行理貨員（職稱買辦），夫婿熊敬儀（化名洪新），客家人，泰國華僑，家境富裕，創辦《青樂》時有份出錢者之一。熊敬儀嘗參加左翼青年團體虹虹歌詠團，一九四九年秋港英頒布《社團登

中國學生周報

《中國學生周報》創刊號

記條例》，宣布三十八個左翼團體非法，虹虹係其中之一。社長汪澄係吳康民太太黃穗良（黃寧）漢華中學同事諸兆庚之前夫。這是《青樂》草創時期人事組合。

據陳序臻透露，《青樂》創辦資金約數萬元，是「由一些熱心人士集資，當中包括個別華僑。」創辦時社址設於督印人黃穗華在灣仔謝菲道三九八號三樓寓所的一間房，一九五八年夏遷波斯富街五十五號四樓，一九五九年四月再遷駱克道三九五號四樓，再過兩年多復遷至駱克道四五二號十三樓。（後來《青樂》諸君自稱「十三樓」以明統系。）

據吳康民透露，《青樂》是灰的，他在培僑是紅的，加上學校事務繁多，更重要者係紅、灰不宜混雜，所以創辦一年多即轉交李廣明接手，自此不再理會也不復問《青樂》的事情。吳氏嘗言他是在香港經朋友介紹認識李廣明的。（二〇一四年二月十三日）而陳序臻則早於《青年樂園》創刊不久，第二、三期已加入《青樂》做編輯，其後又與汪澄等同寅研究三千多訂戶和眾多作者，大部分為官津補私學生，遂調整編輯方針，有針對性的為這群學界主流的讀者服務。陳印象最深係一九五七年元月第三十九期革新版，頗受讀者歡迎，嗣後不斷聽取讀者意見，每半年改版，不斷更新，是以一紙風行，銷量由創辦時約四五千份，期年倍增，最後一期銷量約一萬五千，而最多時曾達二萬（李廣明曾說達三萬之數）。

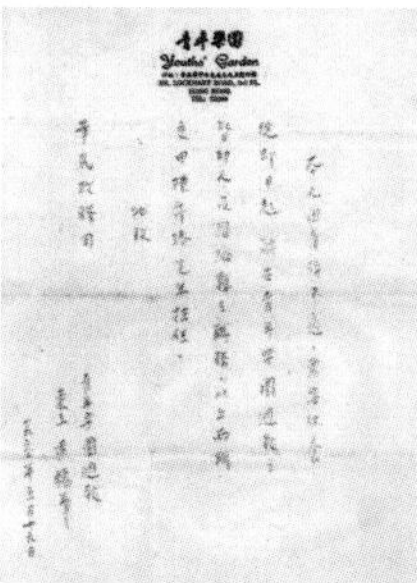

《青年樂園》東主黃穗華致華民政務司手札聲明辭去督印人及總編輯職務，並交由陳序臻擔任

《青年樂園》週報初辦時之人事是汪澄任社長兼總編輯，編輯有黃穗華、陳樂群、洪新（熊敬儀）和陳序臻；洪新兼任經理，全員兼任記者。黃穗華雖然掛督印人名銜，在《青樂》主要係總理內外大小事務。約在一九五八年間，汪澄辭職，李廣明接社長，陳序臻升任總編輯，辦報宗旨亦基本不變。一九六二年黃穗華移居泰國，交由陳序臻兼任督印人。何劍齊、吳子柏、傅華彪、李石等先後加入編輯部。李兆新、吳秋負責訂户管理和收費。其恒常的作者有黃苗子、林靜、紫莉、葉靈鳳、侶倫、碧侶、孟君、水之音、雪山櫻、黃蒙田、夏炎冰、何達等等，這些作家在《青樂》發表文章時用本名或改名。當中有早已知名的，也有新秀如水之音，原名張心永，嶺英中學一九五二年協社，常在「沃土」版發表文章，也有結集成書由《青樂》出版。當時他在某船務公司工作，前些年入新華社香港分社，為新界工作部副主任。而更多的作者，是各校同學。如新亞書院的區惠本等等。據陳序臻憶述，有許多熱心人士支持《青年樂園》週報：美術界有陳福善、白尼、麥正等，攝影界有香港攝影學會、中華攝影學會的鄔圻厚、陳復禮、潘日波、吳兆堅、林襄修、夏森林等，文化界有葉靈鳳、碧侶、侶倫等，電影界有吳楚帆、娛樂戲院宣傳部張氏（每週預寫電影評介），播音界有麗的呼聲兒童節目主持人劉惠瓊，集郵界有香港中國郵學會會長蕭作斌，音樂界有凌金園、東初、趙梅伯等。他們或開講座，

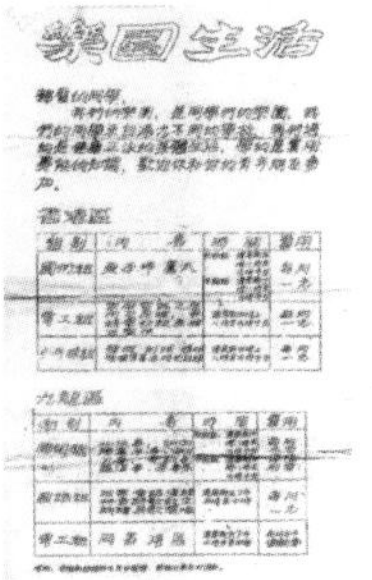

六十年代《青年樂園》在社址舉辦活動（右）
《青年樂園》辦興趣小組之油印傳單（左）

或任評判，或助編版面，或是撰稿，對《青樂》幫助很大。（見陳序臻《有關青年樂園史料的問卷》）

香港學界比較重視校際音樂節，而女拔萃一位西人老師 Mrs Brown 及聖保羅男女的鍾老師等許多音樂老師，都樂於向《青樂》老編講述其教學心得，讓老編得以分享，並據以寫為音樂評論，而讓許多學校的音樂老師誤以為青樂老編是音樂高手呢。《青樂》創刊號頭條就是《青年學生的歌聲琴韻——記音樂比賽得獎人演奏會》，可見該刊對音樂教育的重視。

香港中學生最關心會考，《青樂》每在會考前，有徵集老師編寫會考須知、模擬試題解答等等，以幫助考生。當中更有應屆考生執筆編寫「天書」的，如皇仁的陳文岩。後來陳君成了香港名醫。

《青樂》在多間學校設有通訊員網絡，嘗舉辦各種活動，如旅行、聯歡晚會、電影欣賞會、講座、講笑話比賽等等。

最令人難忘懷的是《青樂》在六十年代首創「課本出讓站」。每年暑假舉辦這利己利人的活動牽涉大量繁瑣而精細的工序：收書、登記、定價、分類、擺放、出售、收錢、結賬、付款、退書，這許多瑣碎工作全由讀者義務負責。否則，一家小型的報社，哪來人手呢？

《青樂》還有一群熱心讀者做派報員。每到星期二下午，這群熱心讀者便到《青樂》報社來，一起疊摺剛送到的《青年樂園》週報，次日依

《青年樂園》組織之郊遊活動，1969年，二排左起：陳序臻與筆者

地址派送給訂戶。有些訂戶係派報員的同學，則帶返學校分發。派報員工錢為每份斗零（五仙），而當時《青年樂園》週報與其他日報一樣售價一毫，派送費斗零佔售價一半，也算大手筆了。（見陳序臻《有關青年樂園史料的問卷》）

《青樂》辦得有聲有色，影響不限於香港，還遠銷南洋。但創刊時原沒有考慮會發行到南洋各地，所以編輯方針並沒有照顧到南洋讀者的需要。一九五七年第三十九期革新版，刊有署名少宜的「給南洋讀者」，道出編輯們「衷心的話」，開始採取一些措施，採納一些南洋讀者的文章，又參考南洋各地學校課程標準，盡量使專頁的文章既能適合本港，也能適合南洋青年讀者的需要等等。嗣後馬來西亞有熱心讀者（華僑學生），要求出南洋版，每期由《青樂》在香港加印幾千份，運南洋銷售。後來根據馬來西亞怡保讀者要求，更進而抽出香港校園消息之類版面，增加純為南洋讀者而編的專頁「海風」，成為真正的南洋版，行銷南洋各地。南洋版由五十年代末開始持續刊行了好幾年。

正當《青年樂園》週報辦得相當成功時，卻忽來「橫逆」，這就得從當時的政治大氣候去分析了。

六七暴動，對左派的紅線灰線，都是災難。灰線紛紛暴露了左翼背景，以致多年功力，毀於一旦。《青年樂園》週報在這巨劫之中，也未能

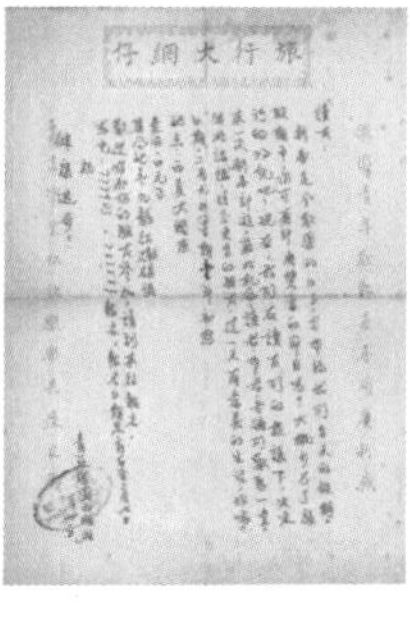

《青年樂園》組織之郊遊活動，1969年（右）
《青年樂園》舉辦新春旅行之油印傳單（左）

倖免。

據陳序臻回憶：「到一九六七年，因新蒲崗膠花廠勞資糾紛引致的『反英抗暴』事件，許多讀者紛紛寫稿給我們，或者上報社向我們表達他們的心聲，要求我們把他們的意見發表。最初我們沒有答應他們的要求。後來，他們的要求實在太强烈了，讀者來稿來信也越來越多了！於是我們在八至九月間另外出版一份副刊叫《新青年》（也是每星期出版一次），專門反映他們的心聲和社會上的訴求；刊出的文章大部分是讀者的來稿。……想不到，出版了十多期，就給當時的港英政府派警察上來搜查報社，當然，他們甚麼也搜查不到，只胡亂地取走了部分讀者的稿件。事實上，我們是正正當當的依足當時的港英法例出版報紙的。」（見陳序臻《有關青年樂園史料的問卷》）

《青樂》新增的《新青年》是另紙副刊，其政治傾向明顯，使《青年樂園》週報無復舊時的灰調舊貌。創辦前陳序臻感到不妥，但社長李廣明認為要滿足讀者要求。筆者嘗問李社長，為甚麼要辦《新青年》，為甚麼要暴露自身的政治面貌呢，李廣明透露，此係贊助《青樂》經費之商家，要求《青樂》對這大是大非局面要表示一下態度，要旗幟鮮明，遂爾染紅。

在此，陳序臻說《新青年》是讀者要求，而李廣明則說是贊助人的要

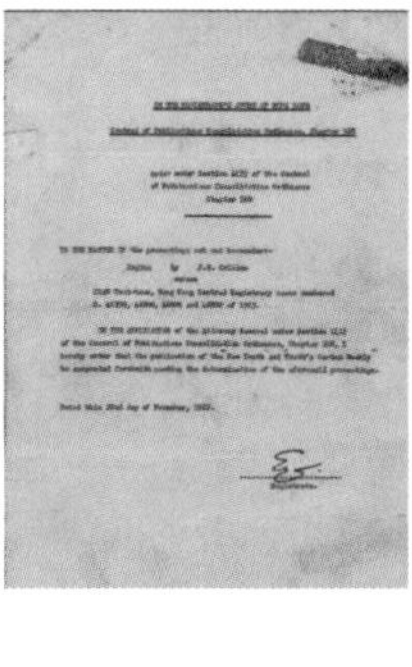

1967年11月22日法院查封
《青年樂園》之文件

求。是遁詞抑是兩者皆真？是讀者抑贊助人？抑另有其人？這些旁觀者清，筆者不便深究了。

李廣明嘗說，港英在香港暴動前，從來不明顯理會《青樂》，但經這次搜查，雖查抄不出具體可以入罪之物，但搜出週報作者領稿費單的紀錄，政治部執事一看，不得了，《青樂》的作者盡是皇仁仔、英華女、……都是港英重點培育高等華人的精英學校學生。雖然華民政務司表面上覺得沒甚麼大不了，但政治部看法不同，一於要封鋪拉人。遂於一九六七年十一月廿二日查封《青年樂園》週報及《新青年》，迫令停刊。並派密偵監視威脅督印人陳序臻。

港府要封殺，《青樂》人員急將《青樂》許多檔案，包括兩套《青樂》合訂本、當時油印或鉛印的傳單、反英戰報、《新港大》之類「令人恐懼與沮喪」（緊急法令罪名之一）之刊物好幾箱，轉移到天樂里口摩利臣山道一號郵政局頂層的九樓存放，嗣後交由學生樂園電工組葉君保存，幾經搬遷已散失大部分了。九樓係費彝民物業，由費弟弟出面購入。此處可監視雯西街新華社。當時用作學生樂園的活動中心，初無名稱，只稱九樓。一九七四年二月十日登記註冊為非牟利社團「雅健體藝社」，由石中英長駐。此物業現已歸石氏。

停刊翌年，局面稍安。陳序臻多次去華民政務司交涉《青年樂園》週

《青年樂園》創刊六十周年茶話會。前：許禮平、何景安、張心永、羅慶琮、龐志英、陳文岩。後：謝炳堅、貝鈞奇、石中英、周蜜蜜、侯明、高順卿、趙崇坤、雷麗文、陳偉中、張偉成

報復刊事。官員說：「告你的是律政司，不是我；你要復刊，一定要上法庭去辯護；如果你有理由，獲法庭接受判無罪，不就可以復刊了？」華民政務司管的是刊物註冊，無權要求法庭讓《青年樂園》週報復刊。這位官員還頗能變通的建議，謂可以給陳序臻表格，填上的只要不是法庭禁的《青年樂園》，或加一個「的」字變成「青年的樂園」，他可以立即批准出版。據譚全基（陳序臻嶺英同學）說，這位官員楊永泰（Walter W. T. Yeung水之音老友，近年故去）也是陳序臻嶺英同學，這在當時也算幫忙了。衹是陳堅持一字不改，同學也幫不上忙，復刊告吹。

港府封殺《青年樂園》週報，講究策略，留有一手。只頒令「禁止《青年樂園》週報出版」，並沒有吊銷出版社的「執照」。一九六八年六月，《青樂》由週刊改為《學生叢書》出版，約半個月一期，仍由陳序臻主編。惟其時社會動蕩分化，《青樂》左翼面目已然暴露，銷路頗受影響，無復當年三萬份之勇了。報社經濟景況不佳，如何維持呢？當此克難時期，無開源之策，只有厲行節流。當時全職的只得兩人，薪酬很低。幸有其他義工相助，包括編輯、記者和負責活動的同事。例如曾勵予，上午在培中教書，下午到報社任義務編輯，太古的李達義（止水）、北角培中英文老師麥青葵等，也是義務編輯；李兆新，日間在別處返工，下班後到報社任義務工作。為了省錢，飯餐都在報社自己煮，用餐者每位四毫，

《學生叢書》47期

輪流當值，買餸（常去羅素街鵝頸橋燒臘鋪買五毫子豬頭肉兼索要芥辣醬）、煮飯、清洗碗碟等，分工合作。如此奮鬥了約三年半，至一九七一年底停刊，也居然出版了八十七期。

《青樂》被封後，衍生出好幾種刊物和青少年活動中心來。這些刊物和機構，或係《青樂》原來老編另謀出路，或係《青樂》讀者不甘於散伙而凝聚創設參與。在《學生叢書》創辦前，《青樂》編輯傅華彪、羅笑仙等接手李怡、吳羊璧所編輯之《伴侶》（一九六八年初），這份刊物原來對象係工廠妹，銷路甚佳。傅接手後銷售也有所增長，但傅兄擬將《伴侶》改為面向青少年學生，但刊名本身讓人有遐思，學子拿著這刊物總有點那個，難在學校推廣。而馬來西亞政府軍在馬共軍營中曾搜出《伴侶》這刊物，遂視為左翼書刊，禁止入境。種種原因，令《伴侶》難以發展。

《學生叢書》創辦不久，另一份以年輕人為對象的《青春週報》（一九六八年十一月十三日創刊）也誕生了，由梁綺文任督印人、鄺貴和、關穎華（三週年加入）等主其事，辦了約五年，以資源不足，也無疾而終了。

而在灣仔天樂里口、旺角彌敦道新興大廈、新蒲崗某大廈二樓等處，《青樂》中人創設有青少年活動中心，類似學友社功能之機構，名堂不一，主要為青少年學子提供課餘健康活動，如體育、武術、唱歌、舞蹈等。

《青春週報》創刊號

而另一邊廂，則不避左翼面孔，一九六八年夏《青樂》的老領導李廣明，借《新晚報》創辦《學生樂園》等幾個副刊，有《星火》（文藝）、《花兒朵朵》（小學生）、《學生樂園》（中學生）、《孺子牛》（教師）、《風華》（大專學生）等，聘任剛出獄的石中英當全職編輯。但這幾個副刊俱在一九七四年左右相繼結束。

以上算是《青樂》的餘緒。而以下則說到有大關聯的人物。

汪澄

《青樂》創辦時的社長兼總編輯汪澄（一九二〇—二〇〇二）原名汪潛，浙江杭州人。早歲雅好繪事，留學英國，返香港後致力美術教育，年輕時是中華全國木刻協會會員。當時其木刻、水彩、剪紙諸作品已頗為知名。三十年代末已出版《新剪紙藝術》（與李凡合作，香港，紅田出版社，一九三九）。五十年代初有《新廣州素描》（藍藍說明，李石祥、楊甦、汪潛繪圖，廣州，南方通俗出版社，一九五二）、《解放頌：剪紙集》（汪潛作，新星出版社，一九五一，廣州）。《植物學掛圖》（鄭勉編，汪澄、張守仁、俞子才繪圖，上海新亞書店）。時汪澄在廣州執信中學任教，五十年代返香港，其前妻諸兆庚（九十多歲健在廣州）係漢華

汪澄，四十年代（右）
李碩祥，2003年（左）

中學老師，與吳康民太太黃穗良（黃寧）同事。汪本身長於美術設計，又有教育經驗，兼在美術圈薄有名氣，遂被禮聘為《青年樂園》週報社長兼總編。在青樂以筆名王凝撰述。五十年代末離開《青樂》去辦《小朋友》（與老友李碩祥拍檔），也是與友聯辦的《兒童樂園》抗衡，爭奪兒童讀者。其後出國深造，先赴法國隨名師 G. Bores 學油畫，一九六八年赴美國紐約隨著名版畫家 Claire Romano 研究銅版畫，兼又師從名凹版畫家 Michael Ponce de Leon 研究金屬凹版畫。汪澄七十年代居夏威夷，九十年代遷紐約。數十年間繪畫不斷。在夏威夷多畫風景畫，在紐約的畫作反映都市文明、社會現實，如環境污染、反核試、貧民問題等等，有較大社會影響力。汪澄先後在美國、法國、西班牙、韓國等國榮獲各種獎項，飲譽畫壇。晚歲曾返香港（一九九八）、廣州（一九九二）等地舉辦個展。

李廣明

《青樂》後來的兩位主力，在這裏略為介紹。先說《青樂》的老領導李廣明，人稱老李，老李是何許人呢？他是灰線黨人，姓名都是假的。老李病臥時，香港羅慶琮博士（培僑前校長）赴穗探訪，在醫院查李廣明大名就無法找到，費很大勁才知道老李在穗回復本姓：覃，名剛。覃剛也不

九十年代中汪澄（前左四）回港會晤諸畫友暨弟子。前左：梁蔭本、鄭家鎮

是真姓名，真名目前仍然保密。一九二四年十二月二十四日生（老李本人親口告訴筆者）。籍貫兩説，廣西壯族（老李與傅華彪言），李夫人説廣東肇慶。李氏愛徒蘇寶桑説骨灰盒上書「肇慶覃氏」。一九四八年廣東省立文理學院（前身勷勤大學，後為華南師大）生物系畢業。其時國共內戰正酣，老李參加學運，為當道追緝，遂於五月逃港以避險。在港繼續從事學生工作。先在思明書院教學。一九五八年底接辦《青年樂園》週報，與陳序臻等拍檔。逮香港六七暴動，八月間警方搜查報社，李已知不妙，自行消失。《青樂》被查封後，港英政治部特工嘗跟蹤李氏伉儷，恐生不利，遂緊急撤退隱蔽。嗣後不久，李廣明復入漢華中學教書。中聯辦蔡培遠即其弟子。七十年代末，改革開放，大陸形勢丕變。李廣明北上，赴暨南大學，初掌華僑研究所，繼授生物課，直至退休。李氏雖然身在穗垣，心懷香港，時關注香港政治生態、青年學生思潮走向等等。昔日《青樂》諸徒，時赴穗向李氏討教。去歲筆者隨眾與李氏伉儷餐敘，李公與筆者短談片刻，關切之情溢於言表。

李夫人吳子柏（在《青年樂園》週報用吳紫青），又叫阿端（真名吳儀端），一九二六年生，與先生同為廣東省立文理學院生物系同學。四十年代一同赴港參與學生工作，七十年代末則同返穗垣。李氏伉儷生活儉樸，在香港時居駱克道，近國民戲院附近某樓宇不足百呎之小梗房。在劏

李廣明與吳懿端

魚涌海山樓另有小單位，用以安頓暫離家庭的官津補私左翼學子。

陳序臻

《青樂》臺柱陳序臻，一九三五年一月生（官方紀錄四月），廣東順德人。乃父陳天偉（一九〇一——一九六九）一直從事銀行業務，在廣州佑安銀號做抬白銀的後生，升為出納，再升主任，四十年代調澳門十月初五街一間銀號，其後為梁季彝（梁定邦父）調至香港廣安銀行，六十年代晉升為深水埗南昌街分行經理。家境優裕。陳序臻自幼在廣州讀書，四十年代在越秀山五層樓下邊觀音山廣大附中寄宿，一九四九年六月十九日來香港，住大道中廣安銀行四樓宿舍，初入聖保羅男女中學暑期班，後經梁季彝親戚何副經理推薦考入當時有名的貴族學校嶺英中學。嶺英師資甚佳（饒宗頤在該校授文字學），師生多傾向左翼，一九四九年嘗掛出五星旗，而校長洪高煌卻是親國民黨的。陳序臻係一九五二年畢業，這一屆有二十多人回大陸升學（一九五三年那一屆更多）。一九五二年香港首創會考，陳等左翼諸學子認為這是殖民地教育政策，集體拒考。陳後來再去新法、威靈頓英文中學讀英文補課。一九五三至一九五四年與友人合開補習學校賺錢，也曾到中環近卑利街一家姓呂（肇慶人）開的印刷廠工作。期

陳序臻在中文大學圖書館與展示的《青年樂園》、《學生叢書》合影，2002年

間在必列啫士街男青年會參加口琴組，有人介紹認識黃寧（穗良），遂結緣而入《青樂》。陳序臻多才多藝，行事低調，又能儉樸安貧，早歲全部心血投入《青樂》各種大小事務，不遲勞苦、不計薪酬，鞠躬盡瘁。在《青樂》以晧盱筆名撰特寫，每篇二三千字，也用行之、雨中行等筆名撰述，十多年來，也寫了百多萬字。五四運動五十周年，以筆名曉丹編撰「新的一頁」（庇理羅士青樂讀者集體編寫，陳序臻總其成）。《學生叢書》結業後，自創新城文化服務公司，編輯出版《僱員退休手冊》、《安老服務手冊》等書，又參與「香港新一代文化協會」任董事會董事，為青年學生提供多元文化活動和服務，貢獻餘熱。年前退休，隱居廣東鄉間碧桂園頤養天年。

二〇一四年二月十日

「青年樂園」負責人
陳序臻繼續辦公
蔑視港英臭「法令」

「青年樂園」鬥委會
喝令港英縮魔爪

《澳門日報》1967年11月24日剪報，報導青年樂園被封後陳序臻仍在報社辦公（上）
青年樂園鬥委會聲明（下）

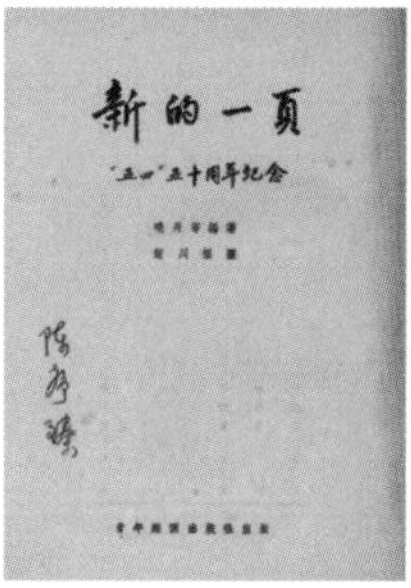

《新的一頁》青年樂園出版（右）
《新的一頁》扉頁陳序臻簽名（左）

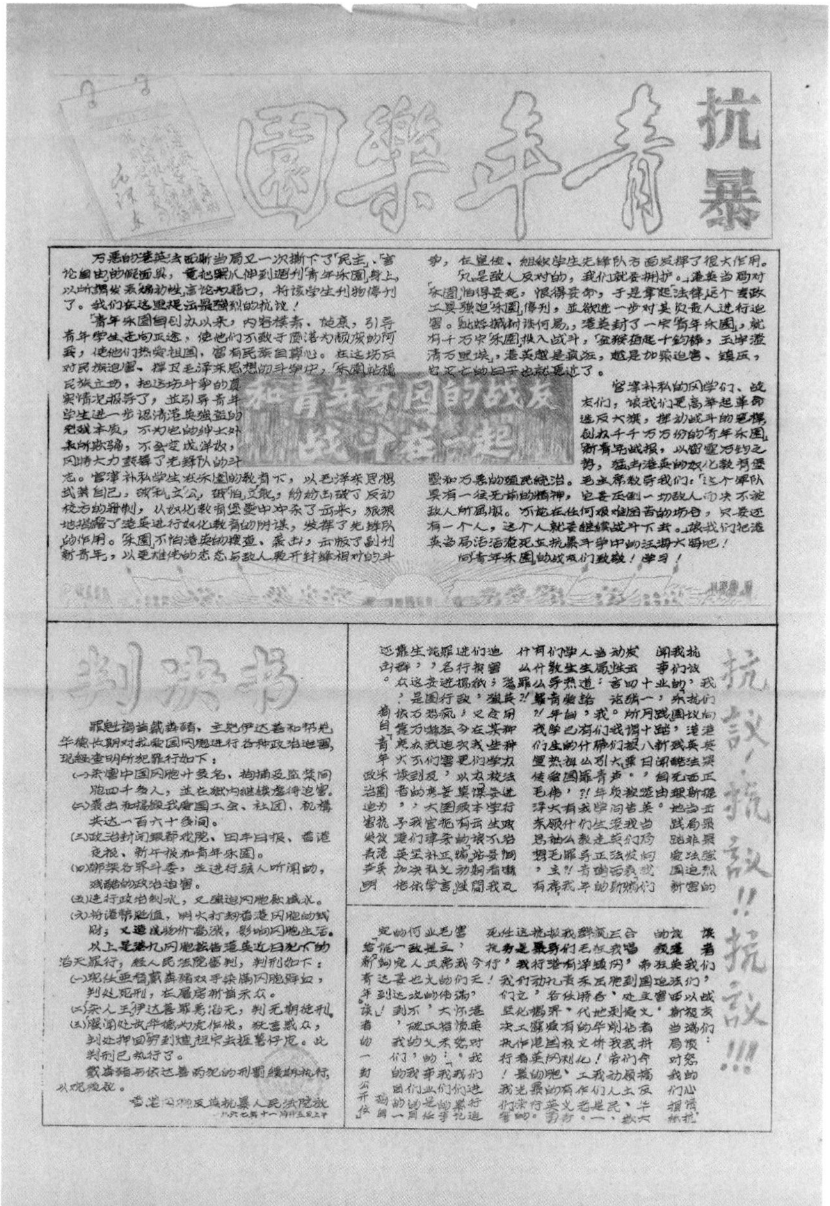

抗暴 青年樂園

和青年乐园的战友战斗在一起

万恶的港英法西斯当局又一次撕下了「民主」、「言论自由」的假面具，竟把魔爪伸到週刊「青年乐园」身上，以所谓发表「煽动性」言论为藉口，将该学生刊物停刊了。我们在这里提出最强烈的抗议！

「青年乐园」自创办以来，内容朴素、健康，引导青年学生走向正途，使他们不致于堕落为颓废的阿飞，使他们热爱祖国，富有民族自尊心。在这场反对民族迫害、捍卫毛泽东思想的斗争中，「乐园」站稳民族立场，把这场斗争的真实情况报导了，并引导青年学生进一步认清港英殖民的凶残本质，不为它的绅士外表所欺骗，不会变成洋奴，同时大力鼓舞了先锋队的斗志。官津补私学生在乐园的教育下，以毛泽东思想武装自己，破「私」立「公」，破「怕」立「敢」，纷纷击破了反动校方的钳制，从奴化教育堡垒中冲杀了出来，狠狠地揭露了港英进行奴化教育的阴谋，发挥了先锋队的作用。「乐园」不怕港英的搜查、袭击，出版了副刊「新青年」，以更雄伟的态姿与敌人展开针锋相对的斗争，在宣传、组织学生先锋队方面发挥了很大作用。

「凡是敌人反对的，我们就要拥护。」港英当局对「乐园」怕得要死，恨得要命，于是拿起「法律」这个专政工具强迫「乐园」停刊，并欲进一步对其负责人进行迫害。「蚍蜉撼树谈何易」，港英封了一家「青年乐园」，就有千万家「乐园」投入战斗，「金猴奋起千钧棒，玉宇澄清万里埃」，港英越是疯狂，越是加紧迫害、镇压，它灭亡的日子也就愈近了。

官津补私的同学们、战友们，让我们更高举起革命造反大旗，推动战斗的思潮，创办千千万万份的「青年乐园」「新青年战报」，以雷霆万钧之势，猛击港英的奴化教育堡垒和万恶的殖民统治。毛主席教导我们：「这个军队具有一往无前的精神，它要压倒一切敌人而决不被敌人所屈服。不论在任何艰难困苦的场合，只要还有一个人，这个人就要继续战斗下去。」让我们把港英当局活活淹死在抗暴斗争中的汪洋大海吧！

向青年乐园的战友们致敬！学习！

判决书

罪魁祸首戴麟趾，主犯伊达善和帮凶华德长期对我爱国同胞进行各种政治迫害，现经查明所犯罪行如下：

(一)杀害中国同胞廿多名，拘捕及监禁同胞四千多人，并在狱内继续虐待迫害。

(二)袭击和捣毁我爱国工会、社团、机构共达一百六十多间。

(三)政治封闭银都戏院、田丰日报、香港夜报、新午报和青年乐园。

(四)绑架各界斗委，并进行骇人听闻的，残酷的政治迫害。

(五)进行政治勒索，又强迫同胞献藏，

(六)贬港币币值，刚大打劫香港同胞的钱财；又造成物价高涨，影响同胞生活。

以上是港九同胞控告港英近日犯下的滔天罪行，经人民法院审判，判刑如下：

(一)罪魁祸首戴麟趾双手染满同胞鲜血，判处死刑，在属地斩首示众。

(二)杀人王伊达善罪恶滔天，判无期徒刑。

(三)殿阁处故华德为虎作伥，狱害戮众，判处押回「劳到炉」祖家去挺警仔庭。此判刑已执行了。

戴麟趾与伊达善两犯的刑罚缓期执行，以观后效。

香港同胞反英抗暴人民法院启

一九六七年十一月廿五日上午

抗議！抗議！！抗議！！！

《青年樂園》被封後第三日所出油印刊物《抗暴青年樂園》

閒話生年

每人都有自己的生辰，而且僅只一個，這本是上天給予的公平，但人們卻弄出有官齡實齡之分，又有足齡虛齡之別，裏面的原因都關乎歷史和社會。但也有出於個人的故弄狡獪，不盡不實，令人撲朔迷離。有的生年更多至兩個、三個。

過去政府紀錄制度不那麼嚴謹準確，要更改出生年月也並不太困難，只要去民政司署宣誓即可。世局變亂，難民逃港，許多人的生辰就憑其本人起誓所宣稱的日期作準。這就帶來了很大的隨意性。

習見的是將農曆作新曆。例如黃苗子，政府紀錄是一九一三年九月一日生，那九月一日實為癸丑年農曆，按新曆則應為一九一三年九月三十日。有些人，知道農曆新曆有別，但苦於當時無萬年曆書可查，隨便將舊曆月份加多一個月當作新曆。於是農曆十一、十二月出生者，在申算上往往有一年之差。例如中文大學藝術系高教授的政府紀錄，將舊曆十二月作新曆十二月，結果等於報大一年，要早一年退休。

又例如：齊白石老人生於同治癸亥農曆十一月二十二日，同治癸

齊白石相信長沙相士所言，丁丑之年以瞞天過海法虛添兩歲，避免災劫

亥是一八六三年，過去齊白石也自以為是一八六三年，當時的書都作一八六三。後來有人細心查萬年曆，發現十一月二十二日已跨進一八六四年元旦了。

又如：九十年代初筆者編《中國近代名畫家圖鑑》，發現所收畫家陳佩秋在上海美協和北京的中國美協所填生年紀錄不同，正好碰到謝稚柳，順便問謝公尊夫人生年以哪個為準，謝公是大而化之的人，竟答：我怎麼曉得？後來有機會直接問陳佩秋本人，才搞清楚，她生於壬戌年農曆除夕，壬戌是一九二二年，但農曆除夕已跨入到一九二三年了。

陰曆和陽曆的差距可長可短，長者幾可達至一個月，反而用星相家的慣例，以「立春以後生人，作第二年立命」。那跨年的情況就易掌握了。

再說：有人為的瞞天過海者。像齊白石相信長沙相士舒之鎏所言，一九三七丁丑之年與他時辰八字相沖，「今年七十五，可口稱七十七，作為逃過七十五一關矣。」這是瞞天過海法，虛添兩歲，避免災劫。所以一九五七年白石老人卒時實為九十四歲，但該年畫作署九十七歲。這是瞞天。

齊白石弟子啟功本不怕死，但八十過後卻有所忌諱。語云，七十三八十四，閻王不請自己去。啟老到八十四那年特別小心，書畫作品署年干，八十三之後就跳到八十五，跨越可怕的八十四。也是瞞天，蒙了一下

謝稚柳、陳佩秋伉儷

閻王爺。

更有人卻是瞞自己。黎雄才過去身體健旺，自信心十足，常言人類可以活到一百二十歲。後來蒞港由名醫為他做眼部手術，視力提高，更自以為恢復青春，太大意，跌倒兩次，要坐輪椅。那時已活到八九十，其實很不錯了，但老人家不滿足，又自知健康遠不如前，雖不敢要求活到一百二十歲，退而求其次，期頤之年好了。但身體又不爭氣，慌怕活不過百歲沒面子，於是在題畫時逢一進二，每年加兩歲。有一次謝公稚柳跟我說，他見到黎雄才，互報年歲，竟然大謝公兩歲。謝公細想不對，本來大家同屬狗（一九一○），同年人，怎麼一下子黎雄才比自己多兩歲呢？回歸前，黎鎮東兄推著坐輪椅的黎雄才來小軒，黎伯慨言，活到一百歲好辛苦的。結果二○○一年黎伯卒時春秋九十又二，雖然不過百，也毫不失禮，算高壽了。

饒公七十年代任中文大學中文系主任時期，中大有好些教員的年齡常為人議論，楊勇的年齡就是個迷。前文曾述及，三十多年前在中大，有一次下班，我與王德昭教授一齊步出文化研究所，正巧楊勇自碧秋樓（當時中文系在碧秋樓）走過來，揮手打招呼。其時王教授在歷史系已退休多年轉到中國文化研究所任高級研究員，我好奇語王教授，你好像比楊勇還要年輕，王朗聲應了一句：「他在學校的年齡是四十七！」怪不得中文系

黎雄才晚歲題畫時逢一進二每年加兩歲

有人說，楊勇小報二十歲，可以延遲二十年退休。也有人說如果寫楊勇年譜，八歲已帶兵剿共，真神童也。

饒選堂教授是楊勇的恩師，楊的碩士論文，就是饒公指導下完成的。八十年代，楊到中國文化研究所二樓饒公辦公室，當場由饒公撥電話與學校有關方面溝通，大概是為楊升高級講師的事說項。但講電話間，選翁忘記了楊勇在校所報年齡，而言及楊一把年紀，快要退休。楊非常尷尬，連忘搖手示意饒公。此一場景是曾公憲通教授現場所目擊者。

近來有文友仍在討論方寬烈的準確生年。有人查一九六四年《華僑日報》，吳灞陵之《香港名人錄》中，方寬烈是一九二三年生，這所據的該是方自擬自報的資料。而自此以後方氏自己的作品中卻有一九二五年、一九二八年等說法，於是成為今日文友們疑莫能決的問題。在此我可以提供資料作一說明。

本來中國人有敬老傳統，何以要少報年歲？方氏是如何有此心魔的？這就要從一九七四年方氏首赴臺北說起，其時是方氏以青年詩人身份活躍於寶島詩壇，但年過五十總不能稱為青年詩人，那時開始減年歲以作微調，改為一九二五年生，後來再減又再減，最後更變為生年是一九二八年了。

側聞藝展局（後改藝發局）成立之初，他是從當時某主席得到暗示，

方寬烈十一歲時皈依虛雲和尚的度牒

令他急於在某期限前要報上藝展局，用以爭取社團一票。於是虛擬出一個「香港文史研究會」，方自任會長，又強邀了黃、區兩位朋友副之以符規定，友人知其日後必用以招搖，而又人情難卻，於是與之約定，只充當一個月，待手續完成後之一月內即行退會。方氏惟惟。而呈報資料時，有人親見其出生年為一九二三年。不過，早期的身份證也不一定是正確的，我們還要一些旁證。

有時，方氏自己也説漏了嘴的，他曾謂日寇侵港父親死難時他十八歲。但日寇犯香港是一九四一年的事，那時是十八歲，則證明出生是一九二三年，而不是一九二五年了。後來更又有人得到方氏十一歲時（一九三四年）皈依虛雲和尚的度牒，那度牒當中就錄有方寬烈的舊曆生辰，中云：「……本命生於癸亥年八月初四日寅時……」這樣由他自己狡獪做成的混亂，也總算得到澄清了。方氏死後數天，我也親聞其未亡人以安慰的口氣説：「都九十一了！」

在方氏卒後五天，即九月十日慕容羽軍亦辭世。慕容羽軍（李維克，李影）也有生年之迷。前幾年與慕容飲茶時他自稱生於一九二五年，但有些書記載一九二七年，而十三年前天空小説家李我在重晤慕容後，與友人透露：慕容當年在廣州光復路與他工作比隣，年紀比他還大，現在年紀卻比他少了？李我一九二二年生，則慕容是少報好幾歲了。

慕容羽軍與方寬烈

上海博物館徐森玉之子徐伯郊（文坰）丈初相識時報稱生於甲寅屬虎，後來他找某大律師幫忙想改為一九二幾年生，大律苦笑沒有文件證明，兼過去已報一九一四年了，沒法改動。筆者有次到上海訪王辛笛伉儷，問起王夫人徐文綺生肖，夫人應以牛，繼問一九一三的牛嗎？答：是。我即時想到其兄伯郊比她還小一歲，遂問夫人你媽媽先生妹妹再生哥哥，怎麼解釋？夫人張目結舌，想不到我會有此一問，王辛笛反應快，坦言：伯郊比我大兩歲屬狗，這才證實過去曾聽過的傳言不虛，徐老所報不實。怪不得徐伯郊千金嘗言，媽媽也不知道爸爸到底哪一年出生。

徐伯郊

臺北故宮江兆申，其生年也有爭議。嘗請教江氏，自稱生於一九二五年屬牛。問這是官齡還是實齡，江也顧左右而言他。

臺灣之子陳水扁的年齡也有不同版本，最奇怪是當年競選總統時出版的《臺灣之子》，內文阿扁自稱生於一九五〇年，但書的外封套摺頁作者簡介卻印明阿扁生於一九五一年。到當總統後的再版本，內文改為生於一九五一年以求內外統一。但就任總統不久，聽說阿扁擬改為一九五二年生，或者屬龍比較像真命天子也，但終不果。讀法律出身的人，又做律師，繼做總統，連生年這麼鐵板釘釘的硬體數據，都敢一改再改，如何能取信於民呢？

說開文人墨客的年齒，一不小心，又涉及政界的人，忍不住得說說

江青。女人一般喜歡報細，表示年輕也，但也有例外。江青本來屬虎，一九一四年生，到延安延攬毛公為她的愛人，驟升為中共第一夫人了。但兩人相差二十一歲，在上個世紀四十年代的社會有些壓力，所以一反女人報細之陋習，變為報大。斯諾訪延安，江青被訪時就向斯諾報大兩歲，變成一九一二年生，如此只細毛公十九歲，也可以說細十幾歲，差別不那麼大了。

前幾年去北京中國美術館，出席李可染畫展開幕式，李夫人和小可找來文懷沙站臺，文氏致辭時自稱生於宣統元年己酉屬雞，今年九十七八了，聲如洪鐘，大家鼓掌。筆者納悶的是，嘗見過文化部的檔案中有文老申請去蘇聯時自填生平履歷，在蓋滿各部門的紅色圓形公章上，文老寫的生年明明是一九二一，與他自稱宣統元年相差了十二年，到底以自己公開說的為準呢還是自己向政府部門申報填寫的為準呢？抑是得看劇情發展需要而定呢？

上天公平給予一個生日，只是總有人要轉換和忌諱。

二〇一三年十月二十二日

江青（李雲鶴）接受斯諾訪問時報大兩歲

筆者夢中預知張大千病逝

說夢

一九八三年三月七日，是星期一，看《大公報》，驚悉容老（庚）昨天（六日）逝世。其時筆者在香港中文大學中國文化研究所上班，遂拿持報紙到二樓饒公（宗頤）辦公室，擬告訴容老大弟子中山大學曾憲通教授，曾公那時蒞港與饒公合作搞曾侯乙墓編鐘和楚帛書研究項目。惟筆者尚未開口，曾公即愁容滿面跟我説：昨夜做了一個怪夢，聽到敲碑聲，夢見自己在敲鑿「容庚之墓」四字，這個夢境令他很不舒服。曾公又説，早上從研究院宿舍下樓，見到興建中的醫學院建築工人在打石，或這聲音引致這敲碑夢。筆者聽畢隨即出示《大公報》，曾公見容老逝世報導大驚，立即要返廣州中山大學為容老治喪善後。筆者遂托曾公代做花圈，四人聯挽，署名筆者而外，尚有饒公、常公（宗豪）、張公（光裕）。這次曾公夢境通靈，讓筆者頗感驚異。

過了幾天，輪到筆者做了一奇夢。夢中在一酒樓飯局，有人拿收條向我收錢，是張大千先生追悼會的花圈費，記得發票日期是四月一日還是二日。時大千仍健在臺北，次日饒公跟筆者説，大千約他去臺北相見，但復

中國古文字專家
容庚昨在穗病逝
終年八十九歲　學生遍佈海內外
【本報廣州六日專電】全國政協委員、中山大學教授、著名古文字、青銅器專家容庚先生，因久病醫治無效，於今（六）日上午十時在廣州逝世，終年八十九歲。
容庚先生歷任考古學會名譽理事、中國古文字研究會理事、中國書法家協會理事，以研究古文字、青銅器著名，學生遍佈海內外。他著有《金文編》、《商周彝器通考》等著作數十種，生前藏有商周青銅器近百件及字畫一千八百多件，已分別於五十年代、七十年代捐獻給國家，所有藏書已贈給中山大學圖書館。

《大公報》報導中國古文字專家容庚昨在穗病逝，1983年3月7日

活節有點忙，擬等暑假讓筆者陪同去。筆者即告以不能等暑假了，要去就趕緊去，大千四月一、二日會死的，並告以夢中情景。饒公說我細路仔亂講，不予理會。筆者即電臺北《藝術家》雜誌何政廣兄，何反應迅速，立即說《藝術家》四月號就做張大千專輯吧。四月二日還是三日，饒公來電話，告以臺北友人電話訃告張大千上午病逝了，說我的夢境通靈，令他有點擔心，再囑不要夢見他，大吉利是也。何政廣兄後來見告，感謝預告大千死訊，四月那期張大千專輯賣得特別好。

再有一次夢境，卻不那麼準了。話說甲骨文泰斗于老（省吾）是張作霖身邊紅人，解放後在吉林大學教學研究，著述極富，甲骨文已識千多字大部分是于老認出來的。香港中文大學中文系在一九八三年九月搞了個古文字學術研討會，請了大陸一批專家學者來，于老老邁年高，筆者擔心他健康狀態是否能來參加會議，去函諮詢，于老回覆無問題，強調很想出席，也就連其弟子吳振武兄一併邀請，以便照顧。但當時剛巧碰到中國女子網球隊選手胡娜出逃，大陸對外交流活動收緊，中共港澳工委（新華社）要求將邀請學者人數減半，上海博物館的馬承源被刷掉，吳振武兄也被刷。于老怕死，一輩子不坐飛機，由振武兄陪護，由長春坐火車到廣州，筆者到廣州接駕。交接時，振武兄拿出一疊于老的病歷，說出事時不能用甚麼藥，要用甚麼藥，讓筆者憂心忡忡，更加小心保駕護航。當時下

于省吾

榻美麗華酒店，我向酒店申明住客情況，詢問出事時該先打九九九抑是電酒店，酒店方面也有點擔心，要求我陪于老睡。于老只出席大會開幕式，全程由筆者護駕，幫他謝絕一切應酬，連馬臨校長的飯局也推掉。筆者小心侍候幾天，只到海洋公園一次，在寒齋觀賞書畫，陪老人家見見馬來西亞專程來港的女兒。于老在港幾天，每天都很高興，健康正常。（除了剛到港那天商承祚來訪，談次間，商老說到于老反馬克思主義，于老曾生氣跟商老吵了一架。）及會議完畢，筆者護送于老回穗，「原璧歸趙」，由振武兄接收了，筆者始放下心頭大石。于老也就與振武兄乘火車返長春。不久，筆者卻夢見于老躺在牀上病卒，心感不妙。其時長春可沒有長途電話這麼方便，遂寫信與振武兄了解情況，很快覆函至，原來于老真的差點嗚呼，學校已準備好治喪等一切事宜，只等于老斷氣，但于老忽又「翻生」，能爬起身，活過來了。還好，筆者的夢不準確了。但沒幾天，訃聞至，于老真的往生了（一九八四年七月十七日）。振武兄幾頁紙的信詳述于老卒前病情，我不懂醫，也看不明白，只知夢境還是對了一半。已有大千報夢前科，再加上于老這半準確之夢，所以饒公真有點怕，一再叮囑，不要夢見他。

再有一奇事，也是夢中發生，時維一九九六年，與紐約藏家王方宇有關。王老藏八大山人作品極富，是張大千離美返臺定居前，廉值讓與王

王方宇報夢筆者揪心催促
編印其所藏八大山人法書

老的。王絀於資，再廉值也付不出，大千只好讓王每月美金幾百，分期付款，算是半賣半送了。筆者編《名家翰墨》叢刊，其中一個系列，是《中國歷代名家法書全集》，王老乃將其所藏八大山人法書，編為二冊，蒐入這個系列，而編印正有稽延。有天半夜三更，筆者酣睡中有似被人揪著心臟，突然心痛驚醒。至清晨則接紐約藏家鄧仕勳來電，告以王方宇病逝之噩耗⋯⋯。

筆者那次睡眠中心痛，疑是心臟病，可大可小，上午立即看醫生，左驗右驗，醫生細詢筆者從事何業，又問有做甚麼運動嗎？告以只是打打太極而已。醫生即說他也要學太極了，因為我的心臟良好，有似馬拉松選手的心臟一樣強，太極果然有功效。既然醫生驗證我的心臟一點問題都沒有，但為甚麼痛呢？是王老冥冥中揪心催促？這是予小警告吧？那比鄭板橋「為厲鬼以擊其腦」輕可多了！於是趕緊編印出來，讓王老安息，也讓筆者安心。

夢境和現實，是找不出因果的聯繫，《左傳》有「晉侯奇夢」，那似是夢境成真，而「子不語怪力亂神」，那卻是夢境難憑。子曰：未能事人，焉能事鬼，那又是來不及研究而已。西哲康德把宇宙的一切劃為可知、不可知兩部分，其不可知者，就是為這種人類理解力未及者預留位置的。

二〇一三年八月十四日

《名家翰墨》叢刊八大山人法書集兩冊

閒話博士

八十年代初，曾憲通兄陪同選翁赴武漢參加中國語言學會成立大會，據云王了一（力）與選翁閒談中，曾不憚煩地問選翁哪間大學畢業？哪裏拿的博士？選翁忿而不答。隔了不久，選翁夜裏來電，故作神秘道：「禮平，我冷手執個熱煎堆，你估我執到甚麼？」我試撞彩道：「撿了件董其昌？」「不是」。「文徵明？」「也不是，是與書畫無關係的，你再猜。」我實猜不出。選翁於是自揭開謎底，是香港大學賜給選翁名譽博士也。選翁高興，也出於對贈銜者的尊重，不久名刺上即加列此榮銜。只是不知後來選翁有否再遇王了一先生？我想：以選翁的學養，即使再見了一先生，亦必不會以名器頭銜驕人，報之以津津樂道。

「冷手執個熱煎堆」，是粵人熟語。亦足說明選翁的心境。「博士」固然尊榮，但最令選翁得意和享受的是那種不求而至的驚喜。「冷手」也者，是指本無所待，「熱煎堆」者，是世人所嚮往，而能「執」者，是指那不期而至，那偶然得之也。「偶然得之」，是一種因緣會合。有似王國維稱引的「驀然回首，那人正在，燈火闌珊處」。因緣會合，於是「熱煎

饒宗頤

堆」，就在選翁的「冷手」上。

筆者也有讓人笑話的「偶然得之」。是句前澳門文化局辦「百年金石——西泠印社歷任社長作品展」，筆者借出吳昌碩、馬衡、趙樸初、啟功等書畫作品參展。但寄來的展覽圖冊，赫然發現筆者姓名之後，竟殿以「博士」稱號。深知澳門文化局向無賜贈「博士」之例，卷首文化局長吳衛鳴兄之獻詞也明明稱筆者為先生。這種榮銜大抵是圖錄編輯想當然而為之。但令我感到僭越太甚，有不期而至的惶恐。因此，聲明這「煎堆」是假的。這也算得上是「偶然得之」。但我沒有選翁先生那種快意，而啼笑皆非之餘更有惶恐！編輯先生錯愛，玩笑也太大，真擔當不起！

打開了話匣子，再聊些博士趣聞。嘗聽選翁言及，在法國巴黎某大學圖書館看過好些有名學者的博士論文，水準實不敢恭維。但在二十世紀初拿了個法蘭西博士返神州，就光宗耀祖神氣得不得了。國人大都不知底蘊，自然盲目尊敬了。筆者舊老闆劉殿爵教授說過，英國有議員提出，國家培養一個博士時間太長成本太高，應該壓縮一下，課程縮短，大學二年，碩士一年，博士一年，如此四年就可生產一名博士，節省教育經費。筆者叫這是打針雞博士。

也說有些顯赫家族，一門博士，累代教授，一似王世襄姑父郭則澐，有一用印刻上「祖孫父子兄弟叔侄翰林」，鈐在自己書畫作品上，榮耀盡

王力八十年代攝於香港大學

顯。香港聞人利希慎第二代「榮」字輩一眾博士，嘗聽李俠老說，有人打電話到利家，說找利博士，正巧是利榮康接電話，利榮康說這兒有許多利博士，你找的是真博士還是假博士，真博士只有我一個，其他都是假博士。利榮康是考回來的博士，其他兄弟是事業有成人家大學賜予的名譽博士，在利榮康口中卻變假博士。

又再說港大年年發名譽博士，有一年發給查大俠金庸，江湖傳聞查大俠當時應允捐港幣百萬，不知校方是否嫌數字有所偏低，某院長教授唔大俠，大俠行善也善解人意，數字百萬不變，只是港幣升「呢」（level）為美鈔，大俠大方，教授有面，學校庫房進賬大增，皆大歡喜。

但頒發名譽博士也曾惹麻煩。話說八十年代初邵爵士逸夫大手捐款，嘗隱姓名捐千萬與敦煌文物保護之用，又捐本港中文大學建逸夫堂，耗資千萬。中大贈以名譽博士銜。但當時社會對爵士形象不完全正面，中大贈名譽博士銜與爵士之消息一出，即有中大學生反對，在范克廉樓貼大字報抗議。其時學生弱勢，校方聽之任之也無所謂。典禮那天，筆者陪同訪問中大的北京大學教授周祖謨伉儷出席，當宣布邵爵士大名，邵老爺猿鶴般的瘦削骨架，掛上博士袍、帽站出來時，臺下一陣刺耳噓聲。尚幸當時學子較為單純，噓聲舒發胸中鬱悶，表達了意見，點到即止。典禮得以不受太大影響，繼續進行。若換了早十多年（六七十年代）發生在日本的京都

金庸

大學的話，情況可能失控，當年京大學生頗為激進，學會北京大學的紅衛兵文攻武衛，京大開學典禮上校長也曾差點兒被打死。香港學生算是斯文得多了。

七十年代末，筆者初入中文大學搵食，時各辦公室電話仍由大學總機接駁，有兩三回總機接來電話說找許教授，聽得筆者聲音有點遲疑，立即改口找許博士。七十年代初筆者曾被戲稱「教授」，但那是花名，在大學裏可不能亂叫。接線生本不相識，更不可能知道筆者早年花名。問其他同事，才知曾有真博士真教授被接線生稱為先生，大不高興，接線生被訓斥後乾脆對所有人都叫教授博士好了。啊喲，原來如此，筆者遂也學接線生，隨便策封人家為博士教授。文化研究所有金魚池，養殖錦鯉一隊，由一黑黑實實金姓花王打理，嘗見馬臨校長蒞研究所時，偶爾不恥下問金氏養殖之道，筆者遂稱之為金博士，或金教授。文化研究所有阿嬸叫蘭姐，工作之一洗廁所，筆者嘗戲稱之為蘭所長。岔開一句，那金教授應未研究過心理學，在校長室門口擺放一盆盆白菊，大吉利是，惹校長生氣，被要求撤換別的花卉，那當然照辦了。噢，那是文化圈中的世俗。

二〇一三年十二月二十日

邵逸夫

緣分之奇

收藏書畫，講究眼光、實力之外，還有一個重要因素：緣。沒有緣分，縱使實力雄厚，目光如炬，即使相逢，也終成陌路。

拍賣，是近代收藏的一大來源。而其瞬息變化，有非常理能測，這都只能用一「緣」字來解釋和概括。

話說八十年代初，紐約蘇富比一場拍賣會中，有一冊宋元《名畫薈錦》冊，絹本十開，雖然標列的名頭嚇人，甚麼周文矩、趙幹、李迪、林椿、劉松年、趙孟頫之類，蘇富比拍賣行也老實，在這些天王巨星後加「傳」字，免成交後有爭議也。但此冊不管所掛名頭是誰，無可質疑係出自宋元人之手，其中《漢宮乞巧》《風雨歸牧》《日暮孤吟》等均係南宋畫院高手佳製，為不可多得之名品。這是安儀周舊藏之物，乾隆甚寶愛之，每開都有御筆題詩，並著錄於《石渠寶笈續編》，嗣後不知是因圓明園火劫之役、抑或庚子一役，使之流落民間，後輾轉歸完顏景賢庋藏，又著錄於《三虞堂書畫目》。

臺灣藏家蔡一鳴以收官窯瓷器著稱，八十年代初開始涉足書畫，看了

香港蘇富比1984年11月葉義醫生藏品專場拍賣圖錄（右）
蔡一鳴（左）

蘇富比拍賣圖錄，心儀此宋元人畫冊。但拍賣之日他不能出席，因要參加女兒中學畢業典禮。遂托紐約一陳姓雕塑家幫忙，代為競投。結果以差一口敗北。陳報告説，此冊為一西人以三十三萬美元奪得。蔡心慼焉。

未幾，蔡兄訪港，探望香港藏家葉義醫生。談次，葉醫生以新藏品共賞，而宋元人畫冊則赫然在茲。乃知當日西人是葉所委託。後葉醫生忽罹惡疾，自知無可救藥，服大量安眠藥自行了斷。葉既無妻室（早離異），也無兒女，最親係弟弟。葉弟大把錢，不要乃兄財物，通通拍賣，所得捐作慈善用途。

一九八四年十一月葉義所藏書畫在香港蘇富比專場拍賣。時值中英就香港問題談判，股市地產崩潰，市況極劣，連累藝術品市場也甚差。蔡兄藉此良機，入場競投，要再奪此宋元人畫冊，此冊估價係全場拍品之最，高達港幣二百五十萬至三百萬（其時可買銅鑼灣豪園三千三百呎豪宅三間），故問津者寡。拍賣時好像沒有甚麼人競爭，蔡輕易以估價內港幣三百萬元，一舉而得。真是好命兼緣分到。事後蔡兄才曉得，其實本來也有勁敵想競投此冊，那是蔡氏老友、教科書出版業鉅子區氏，區搞錯了時間，以為此冊是下午拍，下午三時開拍的是另一場近現代名家書畫，封面係高奇峰花鳥，亦區氏收藏對象。結果區氏下午到達富麗華酒店拍場時，始知宋元人畫冊上午已拍了，徒呼負負。此之謂欠緣分也。蔡兄後來説，

宋元《名畫薈錦》冊之一《日暮孤吟》(右)及乾隆御筆題詩(左)

如果區氏入場跟他爭，區出價勇猛，太貴的話蔡或會放手。所以蔡兄因對手缺席，纔能以廉值投得心愛之宋元人畫冊，似獲天助。

故事未完，此宋元人畫冊後來也略有波折。一九九二年臺灣藏家組「清翫雅集」，蔡一鳴兄為首任會長，三年後臺灣另一年輕藏家陳啟斌繼任。清翫要在歷史博物館首辦展覽。陳要蔡支持，蔡義不容辭，借出此宋元《名畫薈錦》冊鎮場。展覽時蔡兄到加拿大溫哥華避暑。

布展時陳啟斌兄與歷博布展人員思路有異，一方擬按時代順序排列，一方要就現場布局美觀為重，總之不協調。結果蔡兄此宋元人畫冊遭殃。甚麼回事呢？或因展覽場地不足，歷博之布展人員未經蔡同意，竟將乾隆對題之葉撕開，只展宋元畫那葉，不展乾隆御題。冊頁對開遂一分為二，十開變二十葉，歷數百年兵燹而無恙之完整冊頁，在二十世紀末和平環境下慘遭此劫，寧不令人太息。蔡兄返臺灣後，始悉此荒唐事，大為痛心，以後不再借出藏品了。「清翫雅集」移師北京故宮展覽時，此宋元人畫冊缺席。故宮劉九庵丈因此冊未能到京展出，大失所望。劉老或未悉臺灣歷博竟有此煮鶴焚琴事也。

再舉一事，亦關乎書畫緣分者。

廣東崇正首拍，主事者覓得泰國僑領潮州人鄭午樓湄南別墅舊藏書畫，內有張大千齊白石諸名家精品，而定值偏低。故預展時人頭湧湧，一

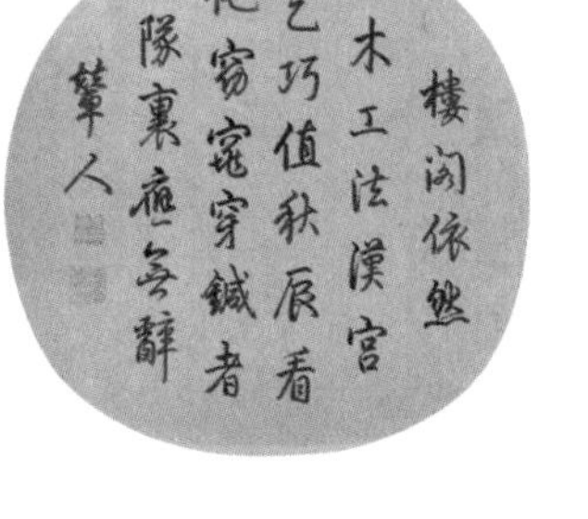

宋元《名畫薈錦》冊之一《漢宮乞巧》（右）及乾隆御筆題詩（左）

眾藏家炒家，磨拳擦掌，擬一爭心頭好。

筆者好友閩人K君，心儀鄭午樓舊藏齊白石花鳥四屏，白石四屏本不多見，此堂四屏高四尺，係白石壯歲之作，雖有少許黃斑，品相仍佳。其時其他拍賣公司，白石四屏畫作拍賣所訂多逾千萬，或高至二三千萬者。廣東崇正此四屏卻低估為六百至八百萬元，空間不少。K君托筆者電話競投，擬出價九百萬，再加一兩口。而拍賣進行當中，K君忽來電話，謂不知發生甚麼事情，股票正在狂瀉，出價要減一百萬。旋又再來電話，謂股票仍然下跌不止，是否再減一百萬，即出價七百萬。筆者見K君有所擔心，買書畫本是輕鬆雅玩，太多顧慮則不宜也，遂勸K君不如索性放棄算了，K君允從。

嗣後打聽，白石此四屏七百多萬落槌，連佣金等費用共八百九十多萬。本是K君預算之內，即感他與這四屏欠缺緣分。嗣後更聽到，擬競投此四屏之實力買家共四位，一位臨時生病缺席，一位委託電話競投而電話竟無法接通，一位臨時放棄（K君），只剩一位就是潮汕銀行家蕭君。

這位蕭君雅好書畫，尤喜蓄名家畫荷，或以荷為出淤泥而不染自許。其買書畫不似土豪出價勇猛，而是像銀行貸款般對來人來件左審右核，屬理智型穩健藏家。

蕭君素性不爭，然而不爭也能得此四屏，似是上天安排的真命天子，臨場幾位勁敵都辟易退出。蕭君有緣，最終撈底奪得。

二〇一四年六月十八日

崇正2013年首拍之
齊白石花鳥四屏

魯迅留贈許廣平之著譯入藏魯博

魯迅每出一書，都有題贈許廣平，或稱「害馬」，或稱「廣平兄」，凡十八種二十冊，內中包括《吶喊》、《彷徨》、《墳》、《熱風》、《野草》、《苦悶的象徵》、《中國小說史略》等著譯，「這些書具有研究和版本的雙重價值」（魯迅專家孫郁語）。聞魯迅哲嗣周海嬰晚歲，擬籌魯迅文化基金會（已於二〇一二年九月成立），需款甚殷，擬將此著譯獻北京魯迅博物館收藏，換得獎金以供基金會運作。魯博遂向國家文物局報告，申請經費六百萬。但有專家（不知是否有出席論證會之專家）認為此區區二十冊書怎值六百萬大元，密報文物局，投訴魯迅博物館不應亂花國家的錢，文物局遂不敢批准此事。

嗣聞周海嬰再活動上層，財政部主事者係魯迅粉絲，敢於擔當，允撥專款促成。惟期間周海嬰離世，魯博則再與周家洽商降價為五百二十萬元。周家人也同意，因五百二十萬係稅餘之款，與六百萬再扣稅之數無異。

捐贈儀式之後，例發新聞。記者報導這批書值一千二百萬，較獎金高一倍有多。有人問到底這批書市場價格如何？

魯迅與周海嬰

據二〇一二年三月七日《新京報》張弘《二十冊魯迅簽名書入藏魯博均有魯迅贈許廣平手蹟》一文透露：

> 《周海嬰藏魯迅文物鑒定表》顯示，這批入藏的文物總估價達一千二百萬元，價值最高的是題籤時間為一九三一年的魯迅書自作詩《自題小像》，估價達六百萬元；價格最低的是魯迅翻譯的厨川白村著作《苦悶的象徵》，沒有魯迅題字，估價為五萬元。而其他大多數有魯迅題字的圖書，估價為三十五萬元。

要知道，魯迅手澤大部分已歸之公家如北京魯迅博物館等單位收藏，民間鮮有流通。年前浙江某拍賣行曾拍魯迅題名之著述一冊，也是數十萬元。去歲北京某大拍賣行拍魯迅致陶亢德手札一葉，雖然有爭議，也以五六百萬元成交。可見魯迅之墨蹟極受藏家追捧，而供求完全失衡，因之價格極昂。而這回廿冊書中有魯迅書自作詩《自題小像》之一冊，就值回整批書價了。以此觀之，記者報導千二萬之數，一點也不誇張。

而密函投訴魯博亂花國家錢財之專家，若不是對市場茫然無知，就是別有目的了，是否冀公家收不成，迫之流入市場，讓大家有機會收藏，若果然，則也算用心良苦，豈收藏界之臥底耶？周家不幸魯博幸，這一次周家算是錯失千二百萬的機會了。

二〇一四年五月二十三日

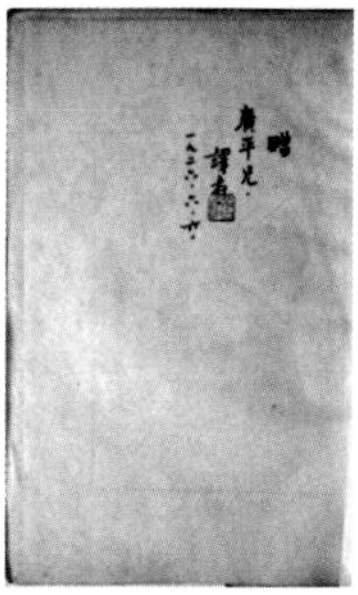

魯迅翻譯厨川白村著作《苦悶的象徵》扉頁上題「贈廣平兄」

記王懿榮篆書「戩穀」

拙藏吉語「戩穀」中堂，是王懿榮在灑金箋上所篆。「戩穀」兩篆字筆酣墨暢，結體緊湊，用筆靈動。左邊杜香直行署年款「光緒己亥正月元日直廬花衣懿榮篆」。下鈐白文方印「王懿榮印」，朱文方印「翰林供奉」，右邊上端鈐朱文長方壓角章「慈聖御賜多受福祉」。新正時節把這大中堂懸諸大廳，頓覺滿堂吉慶。

賞「戩穀」，那是清宮帝后寓榮寵於吉語的一種新年賞賜傳統。王懿榮入直南書房，書法深受慈禧賞識。這是有文字可稽的，在庚子以前，王氏的書法一直是在為朝廷效勞。在《清稗類鈔》就有題為「孝欽后喜王文敏行楷書」的一段云：

> 王文敏公懿榮受業於周夢白，為文皆翔實典雅，堅重密栗，專家或有不逮。工行楷書，嘗云：「作一字須含十二意。」光緒甲午，大考，由三等改一等，入直南書房。尚方貼絡所需，其章幅稍大者，孝欽后必降口敕曰：「令王懿榮書。」醇賢親王栗主，特旨命繕寫供奉。庚

王懿榮篆書「戩穀」

子之變，竟以身殉。流傳翰墨，聲價愈重。禮臣議謚，得謚文敏，雅稱其為人矣。

而在楊鍾羲《雪橋詩話》正編（卷十二第七十六則）也同樣有關於慈禧對他有口敕命書的記載。但那內容都是大同小異，所以在這不贅徵引了。至於「令王懿榮書。」這出自孝欽慈禧口中的「語錄」，倒是很為當時人所艷說的。汪國垣在《光宣詩壇點將錄》曾提及王懿榮，說他是：

「嗜目錄、金石，精於考訂。」並說到：「所作皆翔實典雅，堅重密栗，詩亦如之。」

話固然是不錯，「堅重密栗」四字，何止在於「詩亦如之」，如套用於王的書法，也同樣恰當的。

再說，拙藏的「戩穀」是己亥年（一八九九），次年是庚子（一九〇〇），王懿榮殉難了。朝廷的「直廬」失去了王懿榮其人了。據《清稗類鈔》有一段是說在王殉難後，那行宮中出現了另一種「寫戩穀」的淒涼的鏡頭。那段文字的題目是「德宗熾炭揮毫」。內文是：

王懿榮

光緒庚子，德宗西狩時，於寢宮門外新立屏風，以朱箋親書「戩穀」二字，黏於上。時硯冰久沍，命熾炭炙之，湯志尹等實侍於側。

這描寫的一幕，真是「人之云亡，邦國殄瘁」的景象。當光緒要冒寒親書「戩穀」時，可會想到那曾奉慈禧特旨為他生父醇賢親王繕寫神主而又「著花衣」「宿直廬」來寫「戩穀」的王懿榮？

我是為一種歷史感的感染，令我要在拍賣場中勢必投得這王懿榮的「戩穀」大軸。事後，山東煙臺市（即舊日福山）的「王懿榮博物館」，也曾一再托拍賣行負責人向筆者要求轉讓。但在下實在捨不得，所以未能割愛玉成，至今思之，竊喜之餘，亦有歉疚。

說回來，王氏這軸法書，有三個關鍵詞先在此依次鋪說，就是：「戩穀」、「直廬」、「花衣」，然後再談到揮毫的「王懿榮」本人。

戩穀

「戩穀」出《詩經・小雅》中的「天保六章」。章中有「天保定爾，俾爾戩穀」。據前人解釋（毛傳）：「戩福；穀祿」。「戩穀」猶盡善也。朱熹集傳中有載：

王懿榮殉難之磚井（北京錫拉胡同11號）

> 戩與翦同，盡也；穀，善也。

就以此，「天保」六章中的「戩穀」成了最典型的頌禱吉語。以後多見於一些典冊高文。像《順治實錄》卷六十九之「懿靖大貴妃冊文」就有：

> 謹以金冊、尊為皇考懿靖大貴妃。昌齡彌茂、宣內則之夙嫻。戩穀方來、睹履祥之協吉。

再說，在江蘇省高郵市，紀念清季樸學大師王念孫、王引之父子的「高郵王氏紀念館」內，藏有一方刻有「戩穀」的磚雕，是鎮館寶物之一，從中可見古人頗喜「戩穀」一詞。

另外，一些人更把這「吉語」用到名字上。或者是在名和字的配合上。

像近人蘇曼殊原名蘇戩，字子穀。就顯然是「戩穀」相配的取義。

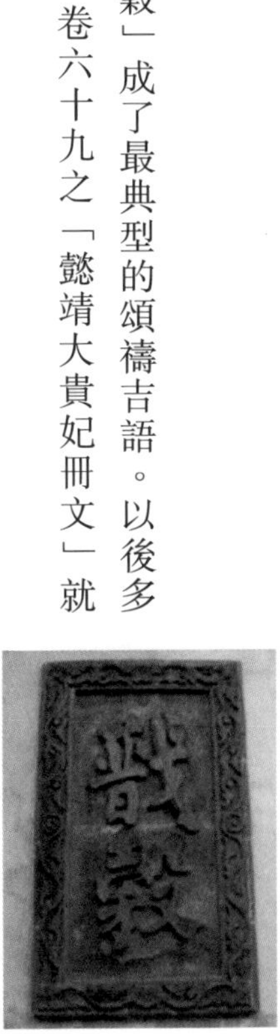

「高郵王氏紀念館」藏「戩穀」磚雕，是鎮館寶物之一

直廬

「直廬」，直，即值。「直廬」就是當值的意思，故稱「直廬」。但翰林當值的「值廬」和軍機當值的「值廬」當有不同。

按《養吉齋叢錄》所載：

軍機處始設於乾清門外西偏，繼遷於門內，與南書房隣，在隆宗門內之北。軍機大臣入直於此。

郭則澐的《南屋述聞》也說：

軍機處直房在隆宗門外，北房五楹，為大樞趨直之所，南房為章京直舍，亦五楹。漢章京恒在西間，滿章京恒在東間。樞直中人相沿稱南北屋，其曰南屋者，謂章京也。

以上兩者都明言是軍機處、大樞、滿章京、漢章京才是樞值中人。另外，《雪橋詩話續編》卷二則有提及和前者不相同的「入值」內容，謂：

世祖（雍正）虛己勤學，手不釋卷，數幸內院，與諸臣討論古今。建直廬於景運門，令翰林官分番入直，以備顧問。

直廬

《郎潛紀聞二筆》卷三載稱：

南書房舊直廬在禁園東如意門外，乾隆年間翰林入直之所。嘉慶初，復於勤政殿東垣賜屋三楹，地逾清切，而舊直廬亦不廢。道光初年，凡奉命交勘書畫，輒留連累日，諸臣退直餘暇，亦時憩此，有宮監守之。

按理，王懿榮是當以翰林入直，那麼所謂「直廬」，即當係指南書房的入值處。

花衣

花衣

「花衣」係清代七品以上官員在喜慶大典或節日，穿着的蟒袍官服，蟒袍亦稱花衣，元旦日再加補褂。

據林海音家公夏仁虎之《舊京瑣記》卷五：

衣服之制，四時更易，皆由宮中傳出，登之邸抄而行。各部署引見時，冬裘不得用羊皮，惡其近喪服也。夏不用亮紗，嫌其透體也。遇

萬壽或年節皆蟒袍，謂之花衣期。

又：劉聲木《萇楚齋三筆》卷四有謂：

我朝舊制：凡遇萬壽聖節，除正日外，前後各三天，皆須穿花衣，俗謂之花衣期。花衣即蟒袍，京師流行有此稱。

又：《張蔭桓日記》有：

上諭：「索性叫他續假十日，花衣後再出，明日遞摺。」仲山奏言：「明日即是花衣期，恐不便具摺。」上不顧，復諭令總理衙門傳旨。

綜上所述，「花衣」即是今日所謂「假期」的同義語了。

王懿榮

王懿榮（一八四五—一九〇〇）大節彰然。不必累述。現只掇拾稗聞，從張之洞一首「國子監拜熙文貞、王文敏兩公祠，遂觀石鼓」詩說起。

王懿榮畫像

庚子以後，張之洞曾到國子監拜祭監內的兩公祠，祠中所祀的是滿人盛昱、漢人王懿榮，因兩人都曾任國子監的祭酒。詩云：

> 戟門階下綠苔生，鳳翥鸞翔老眼明。人紀未淪文未喪，巋然石鼓兩司成。

詩中說的「司成」是周代的官名，即後來的祭酒。兩司成是指熙元及王懿榮兩公也。事見王揖唐《今傳是樓詩話》。

又楊鍾羲《雪橋詩話》正編（卷十二第七十六則）也記載有王懿榮與熙文貞同殉庚子之難。謂其甲午、乙未間有句云：「有國有家三歎息，好兵好色兩無能。」並謂公詩不多作，亦可以見志矣。

按：熙元（一八六四—一九〇〇）字吉甫，卒謚文貞，滿洲旗人，直隸總督裕祿之子。生於同治三年，光緒十五年進士，由編修官至國子監祭酒。光緒二十六年，八國聯軍入侵北京，偕妻及嫂仰藥以殉國，時年僅三十七歲。這與王懿榮及繼配謝夫人與長媳節孝，三人投井殉國一樣悲壯。

司成一職，向以碩學清望充之。盛昱曾為祭酒，海內稱得人。遜清之末，國學改制，徐梧生坊亦任此官。樊樊山有贈梧生監丞云：

> 橋門今是靈光殿，東魯遺經獨抱殘。樂止一夔知已足，劫餘石鼓幸猶完。

熙元

金絲夜夜鳴虛壁，書畫時時閱冷攤。死友平生雙祭酒，與君先後得同官。
樊山所謂「雙祭酒」者，蓋謂廉生、伯義也，亦均與梧生友善云。
（《今傳是樓詩話》）

按：「廉生伯義」則是分別指王懿榮和盛昱的別字。

在上例中，所說的「兩司成」、「雙祭酒」是兩種組合稱呼。但都包括了王懿榮。

再說光緒初年朝士的學派最雜：

潘祖蔭好金石，翁同龢，汪鳴鑾好碑板，洪鈞、李文田好輿地，張之洞好目錄，張之萬好畫，薛福成、王先謙好掌故，雖不能自成一家，亦足覘其趨向。予甲午至京，祖蔭死已久，之洞外用，先謙被斥旋里。及戊戌再來，汪、翁先後忤旨歸，洪、李亦皆物故。其時太常寺卿袁昶好為詩歌，刻書籍；王懿榮、盛昱精賞鑒，收藏甚富……。
（參見《國聞備乘》）

中國人喜歡托古改制，這往往以學術來干預政治。而談學問，意趣，因而變成了是丹非素，於是有門戶之見，有門戶之見則意氣生。跟著就會

盛昱

有黨同伐異。而王懿榮被惡稱為「青牛腹」，就是黨同伐異一例。

光緒年間，政壇上有所謂「清流黨」。但這個「黨」沒綱領、沒章程、沒組織、沒選舉、沒委任，因為連黨名都是旁人指派給它的。這就和現在的「膊頭黨」、「跌錢黨」、「祈福黨」一樣，黨名也是由人封蔭的。

但「清流黨」在朝廷也實在是一股強大的勢力。「清流」和「青牛」音相近，於是朝野間這「青牛」便變得有頭有足了。於是呼李鴻藻為青牛（清流）頭，張佩綸、張之洞為青牛角，用以觸人；陳寶琛為青牛尾，王懿榮為青牛肚，其餘牛皮、牛毛甚多。最慘是那連學政也不要，甘心娶個船娘的寶廷，除了前番博得「江山九姓美人麻」的笑謔外，這回更被封為「青牛鞭」。

張之洞是牛角，王懿榮是牛腹，是讓王懿榮被「騎劫」了。這容後再說。說回張之洞和王懿榮訂交是在同治九年。張在同治十二年即任四川學政，光緒二年回京。從此被視為清流的「牛角」。而張、王不止是意氣相投，而且又是姻家。《汪辟疆說近代詩》就有說：「南皮與福山王氏論婚，在光緒初元督學蜀中時。廉生尊人，方為龍安守也。」

張之洞迎娶的是王懿榮之妹王懿嫻為繼室，這對王懿榮日後的前途，有所幫助。在《張蔭桓日記．甲午日記》（四月初一日）也透露出一個秘密。內文云：

張之洞

> 陳兆文、王懿榮，多舊識。最可喜者，廉生以三等十八插至一等第六，閱卷者不問文理，但挑破體字，內有「揭」字作□，□字作□，遂為粘簽，續得南皮相國、漢軍協揆、常熟尚書復閱，乃為表白，竟荷聖明拔擢，廉生可從此騰達矣。

而王懿榮這人，除了知忠於君父，就是迷於金石，此外非他所好。近人陳恒慶《諫書稀庵筆記》中說到：

> 清宗室盛伯羲先生，學問宏博，群呼為旗人中小聖人作大司成，其獎勵後進，成均士風，為之一變，漢大司成則為吾鄉王文敏廉生，兩人皆講金石，講考據，以故成均之士，講漢學者居多。兩人散署後昕夕晤談，端午帥亦講金石，時相辯論，又相謔也。

王之沉迷金石，更有另一例子可證明。他即使在詩集中，也充斥著這種情緒。他有《正讀亭詩》一卷，是其子所輯。但詩集中所作詩大多是和金石考據有關。如：《觀秦權秦量歌》《之罘秦刻石歌》《潘伯寅師滂喜齋搨先秦彝器歌》《得邵瓜疇宋瓷方印》《題鄭康成像》《濰縣陳氏武梁祠拓本》《宋拓虞書廟堂碑長安本》《題晉永和六年王氏磚硯匣兼論書

端方

脈》《偽造二王帖》《松溪三兄屬題載書曬書祭書勘書四圖威武公寶刀歌謝徐明府桂寶同年》《題惲南田畫冊四首》《吳墨井仿范寬臨安山色卷》《題南田草衣小像》《張靈畫梅花》《高南阜卷子》等等，光看目錄，已知這位王懿榮在「以詩言志」了。所以把他視為清流黨的「青牛腹」，那是很有被綑綁騎劫的意味。他實在很少論政，生前做事衹有要求回登州辦團練一事較政治化。但此事是以翰林院祭酒去請纓辦團練，這就國事可知了。

王懿榮生平酷嗜金石書畫，「時篤好舊槧本書、古彝器、碑板、圖書之屬，散署後必閱市，時有所見」，遂傾力收藏。在京師時早與陳介祺、趙之謙、吳大澂、李佐賢、張之洞、端方、翁同龢等一眾高官名士交往，談書論藝。王又專攻金石文字，因緣際會，給他發現了甲骨，還斷定為商周文字，影響二十世紀學術走向。這恐怕是王懿榮一生人最值得稱道的大事。

相傳光緒二十五年（一八九九年）己亥，就是寫「戩穀」這幅字的那一年，王懿榮在北京患瘧疾吃中藥，其中一味藥是龍骨，那包藥購自宣武門外菜市口達仁堂，王好奇「龍骨」是甚麼藥，打開藥包審視，發現龍骨上有古篆，大為驚訝，派人往那家藥店了解龍骨來歷，並悉數收購。如此這般，發現甲骨文。舊日有不少書本如此記載。

其實不然。近世學者有查過當年北京並無藥店名達仁堂，而當時藥店所售龍骨，早已磨成粉末，如何能顯示文字？龍骨係河南小屯村埋藏的龜

甲骨卜辭

甲獸骨，當地人偶然掘出，研成粉末，叫刀尖藥，可愈刀創，藥鋪購之，一斤才得數文錢。也有專門收購此藥販賣者。

王懿榮次子王漢章《古董錄》記載：

> 回憶光緒己亥庚子間，濰縣估人陳姓，聞河南湯陰縣境小商屯地方（安陽小屯村），出有大宗商代銅器，至則已為他估席載以去，僅獲殘鱗賸甲，為之嗒然！乃親赴發掘處查看，見古代牛骨龜版，山積其間。詢之土人，云牛骨可椎以為肥田之用，龜版則藥商購為藥材耳。」「估取骨之稍大者，則文字行列整齊，非篆非籀，攜歸京師，為先公（王懿榮）述之，先公索閱，細為考訂，始知為商代卜骨，至其文字，則確在篆籀之前，乃畀以重金，囑令悉數購歸。（載一九三三年《河北第一博物院畫報》第五十期）

出自王氏公子親筆撰述，相信這應該是王懿榮發現甲骨的較為接近真實的情況。但此畫報流傳不廣，今亦成古董，年前筆者在拍場費萬金之鉅始得之。鄭逸梅《藝林散葉》第一五三九條就說過：

> 王懿榮之子漢章，著有《古董錄》一書，甚少見。

王襄

本來甲骨賣給藥鋪一斤才制錢六文（明義士《甲骨研究》一九三三年齊魯大學石印本），一下子可當古董賣大價錢，龜版以字數論值，每字銀二兩（估人范維卿售與端方每字銀二兩五錢，端所獲也豐，僅一九〇四年所買即有千片）。有鉅利可圖，估人不會只售王懿榮一人，也有同時售與天津的王襄、孟廣慧等人。所以後來有人爭論甲骨文發現者應是王襄而不是王懿榮。但王襄、孟廣慧皆寒儒，「力有不逮，僅於所見中百數十中獲得一二」，「後聞人云，吾儕未購及未見之品，盡數售諸福山王文敏矣！」（王襄題所錄貞卜文冊）王懿榮官大錢多，出手闊綽，所以甲骨大宗歸了王懿榮，據統計前後所得共一千五百多片。其實出手闊綽是王懿榮的購古董的風格，往往「揮斥萬金，買骨董書畫」。（李慈銘《越縵堂日記》）。所以王懿榮好碑板，沈曾植也好碑板，時人就有稱：「好歸王，劣歸沈」的說法。連兩朝帝師富於收藏的翁同龢訪王懿榮觀其藏品，在日記中也大讚「蓮生所藏無一不精。」（光緒十七年正月十九日）

遺憾的是王氏庚子蒙難，隔兩年，王懿榮長子王翰甫為了還債，所藏甲骨大都轉歸劉鶚，劉鶚早一年已著力於此，一下子得王氏千件甲骨，又為羅振玉極力慫恿，遂整理拓印出版《鐵雲藏龜》（一九〇三年出版，羅振玉序），為甲骨著錄開創之作，自此世人始知有甲骨文字。嗣後羅振玉也著力搜尋甲骨，所得最富，達三萬片之多，而研究之深，刊布之精之

孟廣慧

多，貢獻宏大。羅振玉的拍檔兼兒女親家王國維於甲骨研究，多所發明，深得時譽。同時期西人明義士、日人林泰輔等，也廣為搜羅甲骨並研究刊布。入民國，官方的中央研究院正式大規模科學發掘研究，所獲尤多。甲骨一門，遂成二十世紀之顯學。推根究源，王懿榮居功至偉。

俗語有謂成功男人背後總有個女人支持，王懿榮背後的女人就是其原配夫人黃宜人。王懿榮早歲科場失意，屢敗屢考，夫人黃氏極為哀傷，「每於重陽放榜日，夜半聞街衢有唱賣題名錄聲者，輒以被蒙頭曰：『此聲淒涼，與秋風並厲，不可聞也。』」（《王懿榮集》《王文敏公年譜》）黃氏本就多愁多病身，以致「秋冬之際，黃夫人必大嘔血，百計不能止。」尋名醫，吃良藥均不見起色。而王氏雅好收藏金石碑板、書畫骨董，在在需要銀兩，開銷頗鉅，常常弄到手頭拮据。「典衣還惹群書債，折券時蒙小賈羞。」但夫人黃氏並沒有因此而限制夫婿收藏，而是非常有識見的鼓勵夫婿說：「明珠、白璧，異日有力時，皆可立致之。惟此種物事，往往如曇花一現，撒手便去。移時不可復得。後來縱或有奇遇，未必即此類中之此種也，好極力慫恿購之以為快。」有時實在拿不出錢購買古董，黃氏便將自己的衣服、首飾拿去典當，毫不吝惜。（《王懿榮集》《誥封宜人元配黃宜人行狀》）

劉鶚

王懿榮的原配夫人又：

> 善氈蠟法，凡文敏所購彝器、泉印、鏡劍、磚瓦等物，每得一種，必手自椎拓，務使紙白如玉，墨光如漆，無絲毫墨瀋沁入字口中乃已。押小印一，志其物名，文字燦然。或拓一造像，必雒拜祝之曰：「心心相印，此便作億萬化身」云云。紙尾綴小橫方印一，文曰「王懿榮婦黃氏一心供養」，蓋做造像文中語也。（見《清稗類鈔》）

張之洞門生繆荃孫係版本目錄學專家，嘗助張撰《書目答問》，一八七六年繆由四川赴京參加會試，經張之洞之介，與王懿榮訂交。二人同試，王不第，繆則高中進士，授翰林院編修。到一八七九年秋王參加順天鄉試，座師就是繆，這纔跑出，可以牽強一點說，王背後另一女子就是其妹王懿嫻。有兩名女人在背後發功，王懿榮是「天保定爾，俾爾戩穀」。

二〇一三年二月二十二日

王懿榮座師繆荃孫

近世圓明園與《寒食帖》的人和事

前言

記得月前在城市大學講演會上，藏家林霄在説著明清書畫研究的心得，當時有聽眾問及《功甫帖》者，而主持人鄭培凱教授竟令筆者作答。深慚淺陋，怎敢當？乃當場敬謝不敏。

所問那《功甫帖》只九個字，在紐約蘇富比拍出平均每字約百萬美金。一場驚天動地的成交之後，乃有上海博物館專家指出是偽蹟。自然，那邊蘇富比的專家團隊繼作反彈，目前沸沸揚揚，套一句滕王閣序的話式，「攞景與學術齊飛，贈慶與交流一色」。搞不清，總之好生熱鬧。漩渦中有我認識和敬重的人，但我明白這種爭論一百年也不一定有結果的。

關於《寒食帖》

《功甫帖》我不敢置喙，在此卻想談談另一蘇帖，是《寒食帖》。也許，人説我是「顧而之他」，但不管了，因這是公認的蘇書第一，亦是流傳有緒的劇蹟，談起來該不會惹起甚麼烽火爭論。我也希望關心《功甫帖》的人，也同樣關心我這話題。

蘇東坡畫像（右）
蘇東坡《功甫帖》（左）

要先說明的是：《寒食帖》有同名者。而我要說的只是蘇東坡《寒食帖》，是蘇東坡所書，而帖首云：「自我來黃州，已過三寒食」，遂以為名，也有稱作《黃州寒食帖》。另一和它同名的是顏魯公書的《寒食帖》，全文是：

> 天氣殊未佳，汝定成行否？寒食只數日間，得且住為佳耳。

只廿二字。也因有「寒食」兩字，被稱作《寒食帖》。兩帖同名是因傳統的但取帖中兩字為名的方法。歷史上的《伯遠帖》、《腹痛帖》、《喪亂帖》等，其取名都是同此範例。而宋代辛棄疾《霜天曉角》詞有：

> 宦游吾老矣。玉人留我醉。明日落花寒食，得且住、為佳耳。

就是借用顏魯公《寒食帖》中的廿二字運思成詞。

近人談《寒食帖》的，焦點都不限於書法藝術，而著重其文物性和遞藏。本文於此也不例外，只想從該帖的流傳和遞藏，反映出百多年來，社會人士的文物心態。此前，像黃秋岳的《花隨人聖庵摭憶》、鄧之誠的《骨董瑣記》、鄭逸梅的《藝林散葉》、朱省齋的《記蘇東坡寒食帖》

乾隆御題《寒食帖》引首

（載《海外所見中國名畫錄》）、高伯雨丈的《蘇東坡「寒食帖」真蹟》（載《中國歷史文物趣談》），都有關於《寒食帖》的紀錄，都有評說而各具詳略，如以上舉的六家作比較，則以朱省齋、高伯雨丈兩人所述都能系統和詳備。朱省齋的文字簡潔可誦，而論評蘇東坡書法的篇幅稍多，轉觀高伯雨丈所記文字樸實，論帖的遞藏源流特別詳而條暢。所以本文引高伯的文字為敘述基礎。至於高伯所簡略或未備者，試為之補說。至於臨文不諱有所商榷，那是不得已的事。緬舊師舊，雖評論誾誾，而內心有敬意在。

出處和第一次火緣

「寒食」，該日古有禁火風俗。蘇帖雖然以「寒食」為名，但帖的遭際卻是非常「惹火」。因自一八六〇年至一九二三年的六十四年，《寒食帖》曾三度與火結緣。

可以說，圓明園的興衰以一次大火為轉折，而《寒食帖》這火鳳凰是以三次大火，來證明它的飄零。

那麼須從第一次大火說起。

第一次大火是咸豐十年（一八六〇）英法聯軍攻入北京那次。李慈銘的《越縵堂日記》是一個在場者的文字記述。

圓明園銅版畫海晏堂西面

圓明園遭火劫後海晏堂遺蹟

自我來黃州已過三寒
食年年欲惜春春去不
容惜今年又苦雨兩月秋
蕭瑟臥聞海棠花泥
汙燕支雪闇中偷負
去夜半真有力何殊病少
年病起頭已白
春江欲入戶雨勢來
不已小屋如漁舟

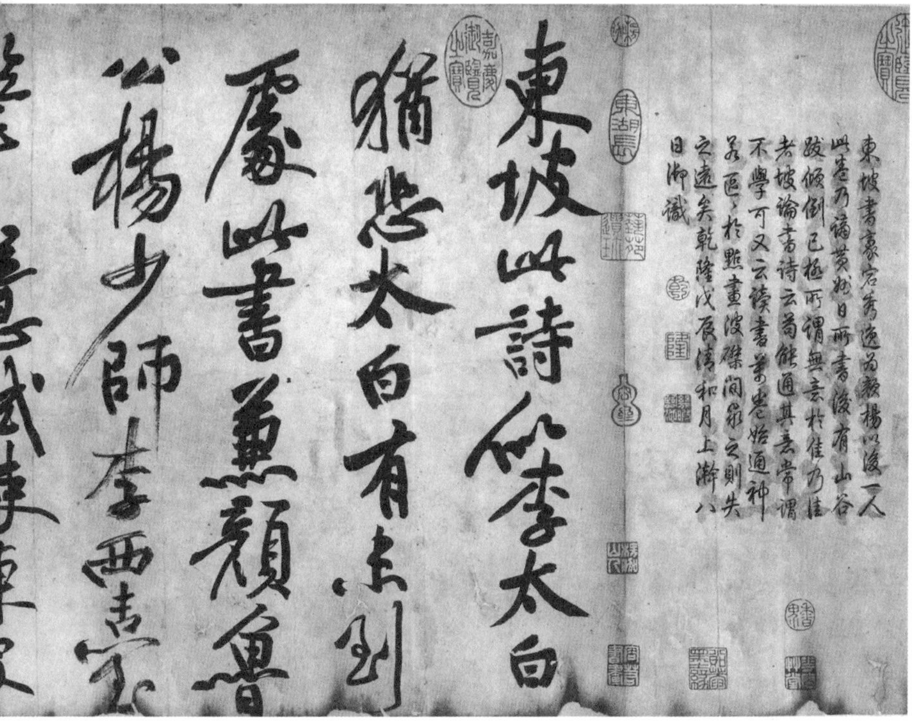
東坡書豪宕秀逸為顏楊以後一人
此卷乃謫黃州日所書後有山谷
跋傾倒已極所謂無意於佳乃佳
者坡論書詩云苟能通其意常謂
不學可又云讀書萬卷始通神
二語正於點畫波磔間得之則失
之遠矣乾隆戊辰清和月上澣八
日御識
東坡此詩似李太白
猶恐太白有未到
處此書兼顏魯
公楊少師李西臺
筆意試使東坡復

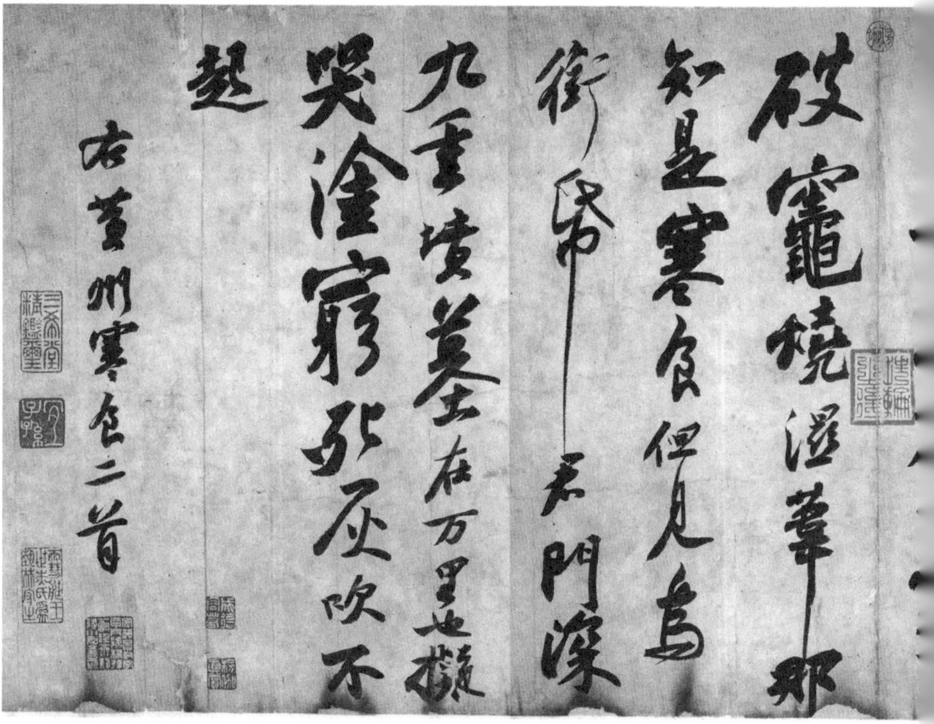

蘇東坡《寒食帖》

八月二十三日記：「聞恭邸逃去，夷人踞海澱。夷人燒圓明園，夜火光達旦燭天。」

八月二十四日記：「聞夷人僅焚園外官民房。」

八月二十五日記：「今日內外各門盡閉，都人思竄者，車徒簦擔，擁塞城下不得出，蓋城外劫盜四起，隻身敝衣，悉被掠奪。又聞有持園中斷爛物進城者，銅龍半爪，金獸一鐶，俱相傳視玩弄，蓋禁禦已不保矣。嗚呼！自聖祖締營海甸，以園賜世宗為潛邸，至高宗踵而大之，歷三朝之久，殫列聖經營，極國家富盛，園囿之美，冠絕古今。乃一旦播遷，委此而去，犬羊深入，遽付焚如。憶去年曾以事三至園，轉瞬滄桑，已為摩挲銅狄人矣，可哀也夫！」

八月廿七日：「聞圓明園為夷人劫掠後，奸民乘之，攘奪餘物，至挽車以運之，上方珍秘，散無孑遺。前日夷人退守，兵稍敢出禦，擒獲數人，誅之。城中又搜得三人，一懷翡翠椀一枚，上飾以寶石；一挾玉如意一枋，上有字一行為：『子臣永珣恭進』，乃成哲親王獻純廟者；其一，至挾成皇帝御容一軸，尤可駭歎。」

九月六日記：「自昨日西直門外火，訖今不滅，或云黑市災，或云夷人焚大鐘寺，或云燒萬壽山宮室。」

九月初七日記：「昨日夷人燒萬壽山宮（即甕山），即清漪園也（昆

圓明園銅版畫大水法正面

明湖在其側）。連及玉泉山諸寺（地有靜明園當亦連及矣）。又焚圓明園之正大光明殿、勤政殿略盡。夷人張偽示於城內外，言中國屢失信義，故借此洩憤。」

那不幸的三日大火催生了王湘綺的《圓明園詞》和楊雲史的《檀青引》。應了趙翼（甌北）詩：「國家不幸詩家幸，賦到滄桑句便工」。先說《檀青引》是從蔣檀青這伶工身世，襯寫出世局的興衰，是用側面來反映。儘管作者文詞瑰麗，要說一時詩史，終是尚隔一層。反觀王壬秋《圓明園詞》，雖則文詞稍遜，且又曾被陳夔龍、陳石遺、錢鍾書諸人公開調侃訕笑，但無損於它是這場災難的正面實錄。

且看人們怎說這《圓明園詞》。陳夔龍（筱石）撰寫的《夢蕉亭雜記》卷二說：

（王壬秋）一日過我書齋，見案上《吳梅村詩集》，笑謂余曰：「此乃《天雨花》彈詞，君胡好之甚」？實則太史所作《圓明園宮詞》，大半摹擬梅村，不能脫彼窠臼也。

而錢鍾書的《石語》記與陳石遺的一段對談是：

圓明園遭火劫後大水法遺蹟

> ……人以「優孟衣冠」譏壬秋詩，夫「優孟衣冠」，亦談何容易。壬秋之作，學古往往闌入今語，正苦不純粹耳。至以「泥金捷報」入詩，豈不使通人齒冷。鍾書對曰：「湘綺晚年作品，純乎打油體。早年《夜雪集》中七言絕句，已不免英雄欺人矣。即如《圓明園詞》此老壓卷之作，尚有『即令福海冤如海，誰信神州尚有神』等語，寧非俳體乎？」丈曰：世兄記得多。

陳夔龍、陳石遺、錢鍾書所提出的是藝術要求。但有人不作如是觀，為的是追求一種歷史意義。

這當中包括了「中華民國湘軍都督翰林院譚大人」（這「結銜」是當年湖南巡撫余誠格的調侃語，此處借用了。而後來譚更當上國民政府的主席，也不止此銜頭了）。且看譚延闓為《圓明園詞》所寫的一篇跋文。其時距火燒圓明園已六十二年了。

跋云：

> 余年十七，得讀湘綺翁此詞，聞有自注，求之不得。後乃得徐叔鴻序，意未盡也。及見湘綺翁長沙，亦云徐序乃就自注演成，因欲求觀，則久刪棄不可得矣。去歲歸滬上，見家弟有鈔本，即此冊，積想廿餘年，始獲見之。己未二月，曹君孟其寄此冊來，為晉棠索題，乃知已

圓明園銅版畫方外觀正面

圓明園遭火劫後方外觀遺蹟

為晉棠所藏弆，留案頭匝月，謹題記還之。辛酉驚蟄前三日。延闓。

後又書云：

> 湘綺翁語余，圓明園燬後，周垣半圮，鄉人竊入，盜磚石，伐薪木，無過問者。然品官無敢往遊，云禁地也。爾時士大夫，迂謹可笑，類如此。延闓甲辰至京師，欲尹佩之偕往，咋舌不敢去，縱馬獨尋，不識路而返。辛亥夏，訪陳鳳光於清華園，始約同遊。仍入自福園門，青壟彌望，如行野田中，訪所謂雙鶴齋者，不可得，蓋湖西軒亭，亦不在矣。惟極西有樓閣，以白石為之，略如今泰西制，雕鏤精美，壁立如故，玲瓏一石，挺然孤秀，猶矗榛莽中。按之徐序，知湘綺翁當時未至此境也。黃澤生聞余言，欣然復偕往，是日更往頤和園，澤生問余兩遊孰佳，應之曰：頤和之遊，人人所同。至圓明園，於瓦礫想見亭臺，於蘆葦想見湖沼，於荊榛想見花樹，非曾見《圓明園詞》者，不知也……。

譚的「於瓦礫想見亭臺，於蘆葦想見湖沼，於荊榛想見花樹，非曾見《圓明園詞》者不知也」，正是全文最精警處。

譚延闓有弟名譚澤闓，是個書家，朱省齋《記蘇東坡寒食帖》一段文

陳夔龍

字說他曾向張大千借去《寒食帖》的珂羅版印本。那是日人菊池惺堂得到《寒食帖》後，不肯自秘，以珂羅版印行於世。朱文是這樣說：

> ……是卷經過，具如上述。勝利之後，大千與余，同寓香港，大千對於斯帖以及李龍眠《五馬圖》兩卷，深為關懷，而尤惓惓於前者。良以二十五年前（唐宋元明展覽會與宋元明清展覽會之間）曾在菊池惺堂私邸中獲覩此卷，念念不忘，當時並承菊池氏贈以珂羅版影印本一卷，旋為譚瓶齋所見，愛而假去，後即永未歸還者也。

其弟的久借不還的事，這趣事正說明是對《寒食帖》的嚮往。而其兄如跋文之自謂，「積想廿餘年，始獲見之」。這是對圓明園歷史滄桑的執著。這對昆仲，可謂難為兄、也難為弟了。而譚氏兄弟的執著點，又正好是本文重心所在。因為圓明園和《寒食帖》是咸豐十年的一對火鳳凰。

咸豐十年的圓明園大火和搶掠亂象

《圓明園詞》說：「敵兵未爇雍門荻，牧童已見驪山火」，自注云：

> 夷人入京，遂至宮闈，見陳設鉅麗，相戒勿入，云恐以失物索償也。

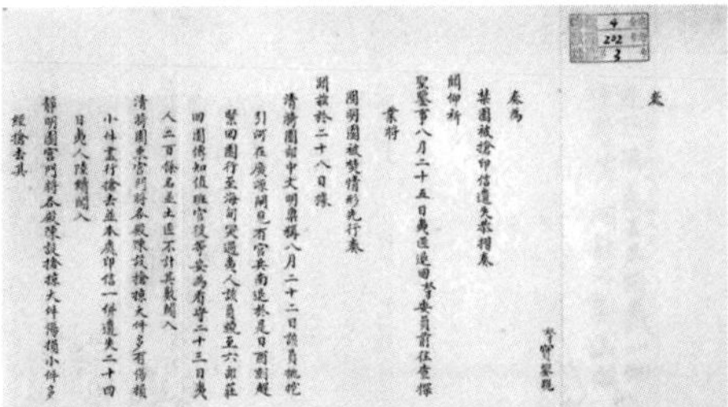

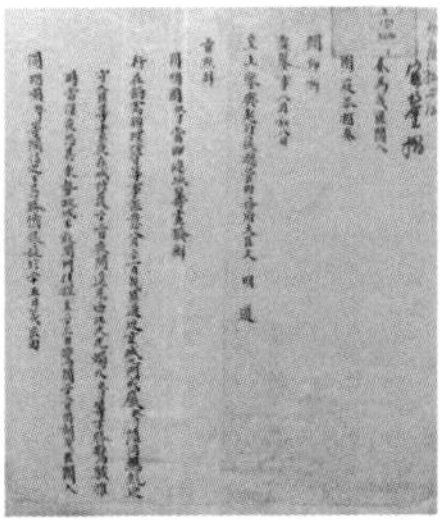

總管內務府大臣寶鋆奏報英法聯軍火燒圓明園事摺（右）及禁園被搶印信遺失事摺（左）

及夷人出，而貴族窮者，倡率奸民，假夷為名，遂先縱火。夷人還而大掠矣。

王壬秋在此說到大火。前引譚延闓題《圓明園詞》跋中說：

湘綺翁語余，圓明園燬後，周垣半圮，鄉人竊入，盜磚石，伐薪木，無過問者。

這是大火後的圓明園。黃秋岳在《花隨人聖庵摭憶》說過：

予居北都卅年，凡三遊園址，民國七八年時，猶存殘礎遺石；十五六年間，則輦移幾盡。今清華、燕京兩大學，偃蹇鄰其故墟，望古者類能言之。

這話，又為前兩人的說法作出延伸。同樣，鄭逸梅《藝林散葉》謂：

北洋軍閥王懷慶，其第宅園林，備極宏大，所有山石，大都由圓明園移來。

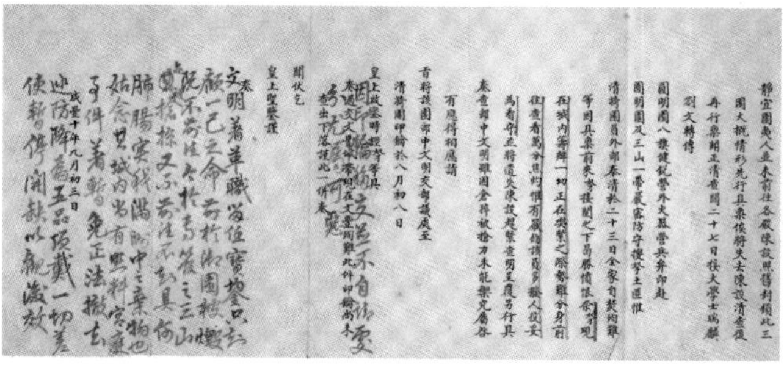

總管內務府大臣寶鋆奏報禁園被搶印信遺失事摺

鄭是掌故家，北京附近百多年來大型建築都覬覦圓明園的雕刻和鑄造，老人家焉有不知，怕闖禍，卻挑個北洋軍閥（死老虎）說一下。他膽量不及陳從周，陳就不怕得罪社會人士，六十年代就敢說出：

> 北京中南海新華門前之石獅一對，係西元一九一二年袁世凱為總統府時，以寶月樓改新華門，將石獅自端王府移來。今北京大學之石獅及華表，為舊燕京大學建造時，從圓明園遺址中遷入者。（見《梓室餘墨》一三六頁）

但更妙的事情是譚延闓生前對圓明園有眷顧之情的，他明明在題跋中引錄過王壬秋的話來作認同和感慨。說過「圓明園燬後，周垣半圮，鄉人竊入，盜磚石，伐薪木，無過問者。」誰想到為他在南京建墓地時，卻從北京圓明園運去石料。據云「其中一龍雲紋石雕圍欄應為圓明園之舊物。」（《爭議圓明園》，人民日報出版社出版。）但事情卻很弔詭呢。

以上，是《寒食帖》出身地的「圓明園」的人為大火和侵掠的實況。數噸重的石雕都可以被燒被盜，那可以設想，一件柔弱紙本的《寒食帖》，能安全離開這被破壞的世界，那不僅是僥倖，而且是奇蹟了。

譚延闓

首藏者馮譽驥和第二次火燒

但《寒食帖》不可能直接到第一藏者馮氏的手中，因火燒圓明園之時，馮譽驥根本不在北京，他是在湖北當學政。可以想像，其間也一定經過多重轉折。可惜被輾轉販賣的過程沒有記載，那麼這帖的「遞藏」，仍得從馮譽驥算起。

這說法依據是顏韻伯在《寒食帖》的題跋，云：

> 東坡《寒食帖》，山谷跋尾，歷元明清，疊經著錄，咸推為蘇書第一。乾隆間歸內府，曾刻入三希堂帖。咸豐庚申之變，圓明園焚，此卷劫餘流落人間，帖有燒痕，即其時也。嗣為吾鄉馮展雲所得，馮歿，復歸鬱華閣。展雲、伯義密藏不以示人，亦無鈐印跋尾。意園云逝十年，始由樸孫完顏都護購得。越六年，是為戊午，乃由樸孫轉入寒木堂，此數十年來未經著錄展轉遞藏之大概也。余恐後來無由知其源委，用特識於卷尾。若夫書之精妙，前人評定第一，余復何言。戊午東坡生日，瓢叟顏乙記。

跋中說到「帖有燒痕，即其時也」。但也可能是第二次大火造成的。現在先從馮譽驥的經歷說起。

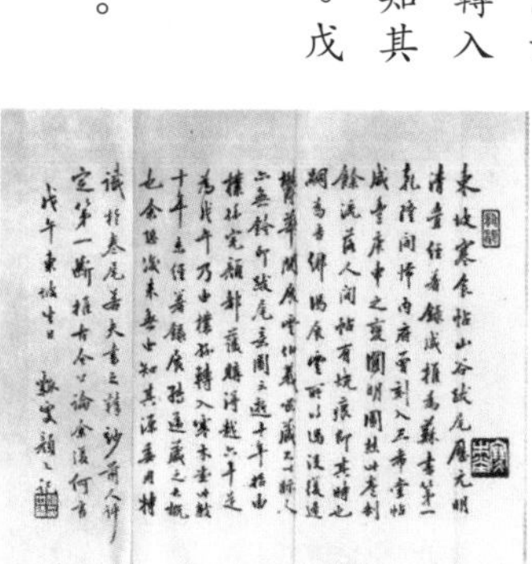

顏世清跋

少年歸娶及一榜三巡撫

百多年前馮譽驥在粵是家傳戶曉。因他少年翰林，奉旨歸娶。是當時佳話。後來他那一榜，是一榜三巡撫，為人所艷説。在《安樂康平室隨筆》記載該科是指馮譽驥任陝西巡撫、文格任山東巡撫、李福泰任廣東巡撫。

在三十年代，本港名記者蘇守潔在雜著中，還說到馮譽驥少年歸娶的事，云：

> 聞諸人言，嘉道間，吾粵馮譽驥中丞，少年以進士入翰林，請假歸娶，一時傳為美談。陳學博禮賀以聯云：「蓮炬移歸，艷傳嶺表，蘭閨靜對，閒話蓬萊。」巧而不失於纖，艷傳嶺表云云，真能道出箇中心理。

馮氏善於撰聯，督學江西時，嘗登吳城的望湖亭（當年曾國藩曾駐師於此）。馮氏撰聯云：

> 東下壯軍聲，橫槊高歌，遙想一時豪傑；北歸停使節，落帆小泊，閑看千里湖山。

後來，他由學政，主考，洊升至陝西巡撫。晚年卻因家人受賄，削職

隱居揚州。他富收藏，但身後星散。

讀張蔭桓光緒廿年的日記記載：

> 晴。增知畋約觀海棠，兼約李芷陔多攜書畫來會，甚雅事也。午後赴總署料量畢，即往增宅。芷陔申初始來，攜示卷冊十種，范華原《秋山蕭寺》卷絕佳，惜毀裂過甚，後半尚完善。吾鄉馮展雲撫軍之物，曾於質庫被焚，灰燼之餘，究是廬山真面目。又朱澤民一卷，亦佳，紙本，四圍界連環，略如朱絲欄，古人操翰隨意所適耳。余亦攜卷軸十五種與芷陔閱，究不足相抵也。

張氏日記中「吾鄉馮展雲撫軍」是指馮譽驥，馮別字展雲，段中說是「質庫被焚」，文中的「質庫」就是現在稱的當鋪。這就可見馮的晚年，並不寬裕。該是馮晚年落職居揚州的事，否則堂堂巡撫大人，何至於藏品要放到質庫？

另外，鄭逸梅《藝林散葉》一八七一條有云：

> 馮展雲富收藏，多宋元名蹟，一日不戒於火，馮號於眾曰：有能出圖卷者，酬百金。一少年應聲突火，挾數卷出，則黃公望《秋山無盡

張蔭桓

圖》、范寬《重山復嶺圖》、顧虎頭《洛神圖》。

鄭沒説出所記火厄的年月，但估計是馮氏待罪揚州的時候。要是位居高官時，斷不至失火號咷轉求救於路人。馮的卒年是未見有紀錄的。據汪宗衍丈的《廣東人物疑年餘錄》云：

> 清道光二年（一八二二）生。據《道光庚子恩科直省鄉試同年齒錄》。《清史稿・疆臣表》載其光緒九年（一八八三）官至陝西巡撫被革。《嶺南畫徵略》云：「致仕僑居揚州卒」。則六十二歲猶在。（見汪宗衍《廣東文物叢談》二〇三頁）

似乎汪宗衍丈未見《雪橋詩話・餘集》卷八所記，云：

> ……展雲中丞有文名，而性簡傲，以侍郎出撫秦中，癸未（一八八三）去官，寄寓揚州。……己丑（一八八九）卒後，定興鹿文端為疏請復原官。

故此，知馮氏老死之年是光緒十五年（一八八九）。那麼該場火的發生該在這年之前了。《雪橋詩話》所記可補《廣東歷史人物辭典》、《廣

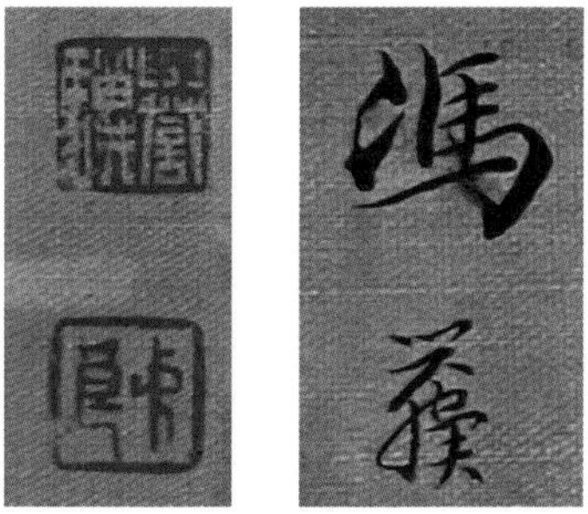

馮譽驥署款用印

東人物疑年錄》、《清代人物生卒年表》諸書的不足。

同名的趣例

馮譽驥是廣東高要人，是兄長，有弟叫馮譽驄，兄弟皆為詩人。

但天下間就有巧事，在四川什那縣也有一對兄弟。其兄叫馮譽驥，其弟也叫馮譽驄，也都是詩人。這太巧合了。

時人蔣寅在《金陵生小言》（第七四二頁）說：「兩馮氏兄弟，同名譽驥、譽驄。一為道光間廣東高要人，一為清末人。」

但蔣寅所言不確。因為廣東的馮譽驥歿於光緒十五年（一八八九年），而四川的馮譽驥則光緒七年登賢書。這可證同姓名的兄弟是曾生當並世的。

關於不題跋的猜測

《寒食帖》前三名遞藏者沒題跋，這是很特殊的事情。且先引錄高伯雨丈的一段文字：

> 張之洞很愛此卷，但沒有錢，買不起，甚至連題字都沒有。為甚麼會這樣呢，羅振玉一跋說得很詳細，節錄如左：

張之洞

先師張文襄公，嗜東坡書，光緒壬寅（一九〇二年），公建節武昌，客有以此卷請謁，公賞玩不置，謂平生所見蘇書，以此卷及內府藏榿木詩為第一。客喜甚，言將奉獻，並微露請求意。公曰：「時已仲春，貂裘適以付質庫，若以價相讓，當留之，否則不敢受也。」客大失望，因求公題識。時方向夕，公乃張宴，邀端忠敏（案：端方也）、梁文忠（鼎芬也）、馬季立（案：貞榆之字，順德人）與余同賞之。且語衆曰：「如此劇蹟，不可不一見，明日物主人將北歸矣。」時物主方在座，喻公意，乃亟請曰：若許加題，當遲行程一二日。公曰：「山谷老人謂此書兼魯公、少師、李西臺之長，某意則得法於北海與魯公。然前人所言，烏可與立異？矧文節為東坡老友，某安敢竊議其後？」卒不允。主人因請座中諸人，亦無敢下筆者。客乃惘惘挾此卷北歸，故今卷中無公一字。文襄事功，昭昭在人耳目，而持躬嚴正，不可於以私，即此一事，已見一斑……甲子仲夏，上虞羅振玉書於津沽寓居聾硯齋。

這個對張之洞有所干求的客人不知是誰，我們讀此題記，可見之洞居官清正，包苴不進，就是文玩之物，也不輕易投其所好。他察出物主有企圖，甚至就是題幾個字都不肯，還弄狡獪說了一篇似是而非的話以杜絕之，亦可見此君之風趣。當時幕府中人，無一敢下筆題字，但

端方

> 十一年後，那次在座同觀此卷的梁「文忠」，則為此卷題簽。因為梁鼎芬事之洞惟謹，之洞所喜者喜之，所惡者惡之，所以不敢題一字。到一九一三年，之洞死已三年多了，他的題字是這樣的：「宋蘇文忠寒食詩帖眞蹟，張文襄稱為海內第一，意園物，獻庵藏（獻庵，景樸孫字），宣統癸丑（案：係民國二年公元一九一三年）二月，梁鼎芬題記。」此籤題得很有趣，具見遺老面目。

這裏，高伯雨丈認同和引錄羅振玉所說，把張之洞之不肯題字說成是「持躬嚴正，不可於以私」。

似乎羅、高兩位都沒有體察到張之洞的用心。

其實，張之洞之不肯題跋，和前面的三個遮藏者的不作題跋其原因都相同。當官者除了曉得官箴，也要懂得律例。

《寒食帖》是內府的失物，作為方面大員，怎會在這失物上題字呢？要是題了，白紙黑字更有私印，碰上御史一奏，即使不是「接贓」，也起碼是「失察」，或「知情不報」。如果在內府失物上題字，一旦有事，那又將是怎樣的說法？況《大清律例》中早有明文，其《刑律・賊盜・盜內府財物》條云：

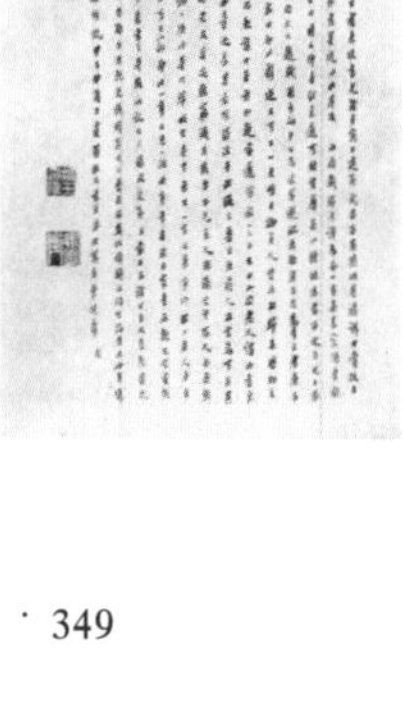

羅振玉跋

〔律〕：

盜內府財物者皆斬（雜犯但盜即坐，不論多寡。不分首從。若財物未進庫，止依盜官物論）。

〔例〕：

凡盜內府財物係御寶乘輿服禦物者俱作實犯死罪。其餘銀兩錢帛等物分別監守常人照盜倉庫錢糧各本例定擬。」

又：

凡偷竊大內及圓明園、避暑山莊、靜寄山莊、清漪園、靜明園、靜宜園、西苑、南苑等處乘輿服物者，照例不分首從擬斬立決。

所以當時一席之中也無人肯為這《寒食帖》題字，其道理亦同於此。況且長官不題，禮貌上僚屬也自然不敢題，否則這是僭越。至於後來梁鼎芬的題籤「宋蘇文忠寒食詩帖眞蹟，張文襄稱為海內第一，意園物，獻庵藏，宣統癸丑二月，梁鼎芬題記。」須知那「宣統癸丑」，時張之洞已死，而且是民國二年的事。已是無須顧忌了。至於顏韻伯所題，那更是民國十二年的事了。

梁鼎芬

遞藏者盛昱和景樸孫

《寒食帖》的第二遞藏者是盛昱，別字伯羲。筆者去年在《記王懿榮篆書「戩穀」》談王懿榮時，曾提樊樊山詩有謂「雙祭酒」，是指王懿榮和盛昱。「祭酒」向來使碩學清望充當。而王、盛兩人當年都任國子監祭酒，而又同是樊樊山朋友。

樊樊山原詩是：

> 橋門今是靈光殿，東魯遺經獨抱殘。樂止一夔知已足，劫餘石鼓幸猶完。金絲夜夜鳴虛壁，書畫時時閱冷攤。死友平生雙祭酒，與君先後得同官。

那「書畫時時閱冷攤」這句詩形容王、盛二人也是維妙維肖的。《雪橋詩話三集》卷十二第一〇二則也有記：「何吟秋追弔二祭酒詩」，說明當時多以「雙祭酒」、「二祭酒」作同一指稱的。「書畫時時閱冷攤」。是句指王懿榮和盛昱在琉璃廠的冷攤的淘寶，形象也很概括。

盛昱字伯希、伯熙、伯羲、伯兮，號韻莳，別署意園，姓愛新覺羅，滿洲鑲白旗人，清肅武親王豪格七世孫。所居「意園」，是其祖父協辦

盛昱

大學士敬徵之舊邸，有池臺喬木，蔚然深秀，他收藏書籍、金石、書畫之室就稱為「鬱華閣」。好客，所交類為知名之士。他博聞強識，其考訂經史以及中外輿地皆精覈過人，於是挾其所長，每日必在狗尾巴胡同那書賈「封書」之處「落標」。

「淘冷攤」已是盛昱其生活特徵，但這位盛王孫又「寓學術於娛樂」，所以淘寶時，每喜歡行其小慧，也就是弄點小聰明，但也往往因此得罪朋友。其中一例是得罪了葉德輝，弄得葉在跋文中猶恨恨不已。葉曾在《說文注鈔》二冊跋云：

> 乾嘉諸儒僅求金石之學，平日摩挲碑板文字，故下筆多得碑板遺意。以余所見著述家遺翰，若伯淵、洪稚存、阮芸臺、伊墨卿、陳曼生諸先生皆同一風氣，同一機杼，此冊為桂未谷手鈔之書，亦正與之相類，多見乾嘉墨蹟者，方知余言有據也。是書原有三冊，得之都門廠肆，因往他肆觀望，為宗室伯兮祭酒持其一冊以去，坐索不與。先是，余得元刻陸森《玉靈聚義》，已議值矣，為祭酒強得。又得宋贛州張之綱校刻《文選》七本，祭酒持去二本，余又以全冊讓之。祭酒嗜古有癖，而不近人情。既得《文選》，以為此二冊可以挾持，余惡其奪取無理，因攜此二冊而歸。今祭酒已歸道山，聞庚子之亂，家

葉德輝

藏之物半罹劫灰，□□□□□□歟，書此為吾子孫誡。（《郋園讀書志》一〇二）

葉說這位王孫是「嗜古有癖，而不近人情」，倒是很恰如其份的話。由於盛伯熙的奇癖，卻惹怒了葉德輝，令好端的三冊《說文注鈔》卻分屬兩位主人了。是應了一句俗語，「一拍兩散」！

文中□□□□□□，大抵是罵人的話，不好猜測。但盛伯熙也有讓人思慕的地方，梁鼎芬在他的《梁祠圖書館章程附借書約》卻說到：

伯希精本最多，不輕借人，於鼎芬最厚，函去書來。一日往借宋本呂穗卿《莊子解》，不許，再求之，限三日，不能畢又寬兩日，手錄其序還之，曰：「吾日以淨布鋪几上，洗手乃閱，夜則置諸枕邊，恐有遺失。」伯希笑曰：「借書若此，可以托孤寄命矣。」追思愴然！

盛氏收藏最烜赫者，為南宋紹熙三山黃唐刊本《禮記正義》七十卷，與《寒食帖》及刁光胤《牡丹圖》共稱「三友」。都是經景賢（樸孫）散出。

原因是盛昱死後，家道日衰，盛有個養子善寶，素性揮霍，並不以先人積聚為可貴，其行事也不知所謂。曾自製馬車，內裝以宋錦，外飾以漢

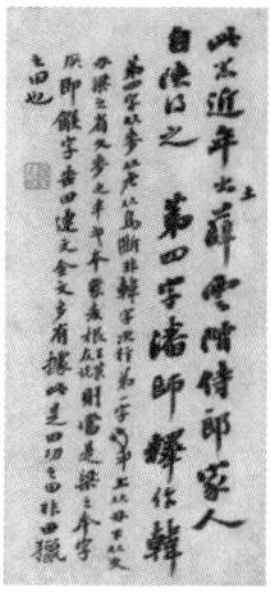

盛昱題跋金文搨本

玉，古色古香，𢡟蓋流輝，招搖過市，自以為榮，但古物卻遭了厄運了。

這裏要說一說這位旗人完顏景賢（樸孫）（一八七六——一九二四），他號稱三虞堂主人，三虞者，是藏有：唐虞永興《廟堂碑》冊、《汝南公主墓志銘稿》卷、《破邪論》卷這三者。他早年隨端方遊，所以陶齋所藏多落入他手。在盛昱死後他便日夕與善寶交遊，極力慫恿善寶揮霍和出售家藏，所以盛氏的佳品都歸了景樸孫。以盛昱生前所謂「三友」而論，計由景賢經手將《禮記正義》賣給李盛鐸、袁克文，再轉賣給潘宗周（明訓），《寒食帖》則賣顏世清，再轉賣日本人菊池惺堂，《牡丹圖》歸蔣孟蘋（汝藻，蔣穀孫之父），而蔣又賣與美國人。

對於這事，高伯雨丈有這樣的一段文字描述：

盛伯羲所藏的書畫金石，久已有名。他所自定的「三友」為宋本《禮記》，刁光胤《牡丹圖》，及《寒食帖》。伯羲死後，他的養子善寶以「三友」賣給景樸孫。出賣時的契約是這樣寫的：「善寶今將先人所藏宋版《禮記》四十本，蘇黃合璧《寒食帖》一卷，元人字冊一十頁，刁光胤《牡丹圖》一軸及《禮堂圖》一軸，情願賣與景樸孫先生，價洋一萬二千元正。絕無反悔，日後倘有親友欲收回各件，必須倍價方能認可。恐口無憑，立此為據。善寶押。舊曆壬子年（公元

完顏景賢，字享父，號樸孫，一字任齋，別號小如盦印

一九一二年，即民國元年）五月二十日。」

高伯雨丈所記和鄭逸梅相同。鄭在《藝林散葉》二〇〇一條下云：

盛伯希藏宋版《禮記》四十本，蘇黃合璧《寒食帖》一卷，刁光胤《牡丹圖》，稱為三友。逝世後，其養子善寶，以一萬二千元讓歸景樸孫。

這時，這位景樸孫變成了大拆家，且看：

莫繩孫（莫友芝之次子）有《唐寫本説文解字木部殘卷》百八十八字，光緒末年歸兩江總督端方。後為景樸孫所得，他秘不示人。人亦罕知，後竟為日本內藤虎所得。傅增湘在一九二九年在日本觀書，得觀於內藤虎家中。（見傅增湘《藏園群書經眼錄》卷二）

盛氏的宋元善本又經景樸孫之手星散，當時日本田中慶太郎在北京開店肆專門搜羅中國古籍，景樸孫為重值，不惜賣予外人。這令傅增湘在與友人書中斥為「蟊賊」。

菊池惺堂

景樸孫的著名收藏後來都星散。像宋刊《張于湖集》、《纂圖互注周禮》、《絕妙好詞選》等，都歸了袁克文（寒雲）；宋鈔《洪範政鑒》後歸傅增湘（沅叔）；《翁覃溪詩文雜著》手稿三十餘冊後歸李贊侯，轉歸葉恭綽（譽甫）。

但一九一八年，景樸孫又怎樣將《寒食帖》出讓給顏世清呢？這先要參讀日本人內藤虎在《寒食帖》一段題跋。

蘇東坡《黃州寒食詩卷》，引首乾隆帝行書「雪堂餘韻」四字，用仿澄心堂紙，致佳者……阮芸臺《石渠隨筆》云：蘇軾黃州寒食詩墨蹟，卷後有黃魯直跋為世鴻寶……又有天曆之寶及孫退谷、納蘭容若諸人印記，可以見乾隆以前，歷世迭更珍襲之概。乾隆以後，授受則詳於顏韻伯跋中矣。韻伯為顏筱夏方伯子，家世貴盛，大正壬戌（公元一九二二年，民國十一年）來遊江戶時，攜此卷，遂以重價歸菊池君惺堂。癸亥（公元一九二三年）九月，關東地震，都下燬於火者十六七……先世以來收儲，蕩然一空。惺堂躬犯萬死，取此卷及李龍眠《瀟湘卷》，而免於災，一時傳為佳話。此卷昔脫圓明之災，今復免曠古未有之震火，雖云有靈物呵護，抑亦惺堂寶愛之力矣。及惺堂命以跋語，為書其事於紙尾……甲子（一九二四年）四月，內藤虎書。

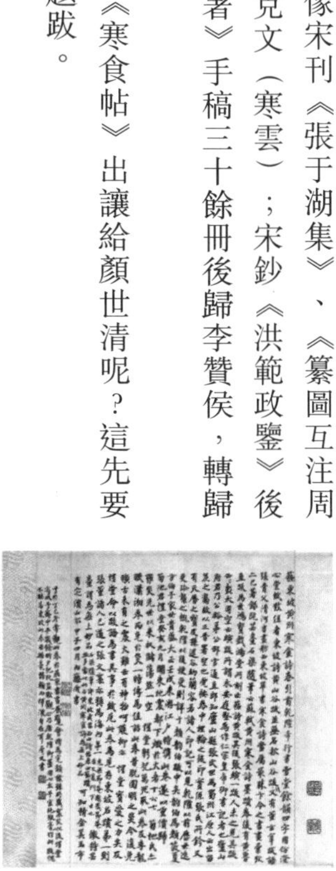
內藤虎跋

又題云：

余於丁巳（公元一九一七）冬，嘗觀此卷於燕京書畫展覽會，時為完顏樸孫所藏。震災以後，惺堂寄收余齋中半歲餘，昕夕把玩，益歎觀止。乃磨乾隆御墨，用心太平室純狼毫作此跋，愧不能若東坡此卷用雞毫弱翰而揮灑自如耳。虎又書。」

這跋文中透露了若干遞藏的線索。內藤虎跋文中所謂「韻伯」就是本文前引那自稱「瓢叟顏乙」的題跋者。說他是「韻伯為顏筱夏方伯子，家世貴盛」是事實。

遞藏者顏世清（韻伯）

「瓢叟顏乙」就是顏世清，別字韻伯。至於「韻伯為顏筱夏方伯子」，這「顏筱夏」就是顏鍾驥，內藤虎稱之為「方伯」，這是古稱。他在清末曾任長沙知府。光緒三十年秋，長沙明德學堂教務長黃興，支持陳天華刊印反清刊物《猛回頭》、《警世鐘》，遭長沙知府顏鍾驥追查。

顏鍾驥能畫，見記載於《寒松閣談藝錄》卷四、《嶺南畫徵略》卷十。而顏世清韻伯亦見載於《嶺南畫徵略續錄》卷二十八。

內藤虎（湖南），1931年

黃秋岳在《花隨人聖庵摭憶》中，在評論陳師曾時，也兼論及顏世清。這段文字也足供搞民國畫史的人參考。

> 舊京畫史……民國三四年間，武進陶寶泉畫殊有名。至五六年間，陳師曾肆力於畫，筆力高古，為一時推重。其人温雅而有特行，友朋星聚，姚茫父、王夢白、陳半丁、齊白石，最數往還，而金北樓、周養安、凌植支、顏韻伯、蕭謙中、羅復堪、凌宴池，次之。湯定之、汪慎生亦偶來。其時蕭厔泉與謙中並稱二蕭，拱北長於細筆，仿宋逼真，夢白寫生近新羅，半丁博而精，白石草蟲絕代，韻伯規橅宋人，膽手壯勁，然皆善師曾。

顏世清

而《冼玉清文集》內也有論廣東藏家之專文，亦評論及其父子。可惜謝文勇的《廣東畫人錄》卻沒有起到鄉邦文獻的作用，對這對廣東父子，只是聊聊數語，連生卒年也欠奉了。下錄《廣東畫人錄》三二三頁所載顏氏父子資料：

> 顏鍾驥[清]字筱夏。連平人。官至浙江布政使。工篆刻，善畫花卉。
>
> 顏世清[清]字韻伯，號瓢叟。連平人。鍾驥子。官吉林長春兵備道。

雅好鑒藏文物。《嶺南畫徵略續錄》引《遐庵隨筆》說他「辛亥後隱居京師，藏珍盡散，有流出國外者，知者惜焉。」又說他「工書畫，所繪雄奇勁挺，槎枒磊砢，一如其為人。」《廣東文物》記載過區尺君藏有他畫的《松樹圖》。

把希望放在《廣東近現代人物詞典》吧，結果，顏氏父子連姓名都沒列上。這是二十年前一窩蜂的辭典熱的負面結果。

說回來，內藤虎說他是「家世貴盛」，其實郭則澐也有類似的說法，他在《十朝詩乘》裏說過：

連平顏氏，三世開府，皆嘗巡撫雲南。

而《舊典備徵》則記載過：

廣東連平顏檢（直隸總督）、子伯燾（閩浙總督）、從子以燠（河東河道總督），一門數世一品。

以下簡述其家三世：

曾祖是顏希深（一七二九—一七八〇）字靜山，由任府同知，升按察使，布政使，兵部侍郎，河南巡撫，貴州巡撫。乾隆四十五年（一七八〇）四月調任雲南巡撫，實授部侍郎，同月遷任貴州巡撫，七月卒於任上。（見《廣東歷史人物辭典》頁八三七、八三八）

祖父是顏檢（一七五六—一八三二）字惺甫，初任禮部七品小官，後出任知府，按察使，布政使，巡撫等職。嘉慶五年（一八〇〇）代理直隸總督。七年（一八〇二）授直隸總督，加太子少保銜，被嘉慶皇帝稱為「腹心之臣」。（見《廣東歷史人物辭典》頁八三六）

顏伯燾

父是顏鍾驥，已見上述。不贅。而顏鍾驥之堂兄顏伯燾也是事有足記的：

顏伯燾（一七九二—一八五五）字魯輿，嘉慶十九年（一八一四）進士。歷任巡撫、總督等職。道光二十一年（一八四一）任閩浙總督，督師廈門，擊沉英艦一艘，擊傷五艘，但因總兵江繼雲等戰死，炮臺失守，使英軍一度佔領廈門。被革職，遣返鄉梓連平，閒居十二年。（見《廣東歷史人物辭典》頁八三七）

煌煌家世，簪纓累代的顏韻伯更又熱心文化，據《續藝林散葉》八一六則載云：

> 梁鼎芬……陳蘭甫弟子。倡南園詩社，曾見其雅集照片，同列者，有關冕伯、吳昌綬、顏韻伯、陳公輔、石德棻、凌福彭、盛芰舲，均一時耆宿。

另外，在《梁鼎芬年譜》中，也屢見有為顏韻伯題扇的紀錄。可見其早年也曾生活在廣東地區，而且社交是頗為活躍。

後來，他在吉林作道員，但官運並不像祖輩那樣亨通，宣統年間有一次因豆價合約履行的問題，累得巡撫陳昭常被降一級留任處分，而吉林西南路道的顏世清則即行革職。

據《清實錄》（宣統二年庚戌八月朔）云：

> 長春農產公司。曾與英商德商定購大豆五萬噸。已有成約。未訂合同。而豆價日昂。商情瞬變。西南路道顏世清慮及虧折。不免藉故推延。冀圖消滅。疊由英德兩使向外務部提起交涉。……然已隱受巨虧。實屬辦理不善。請將西南路道顏世清交部議處。臣於此事前既屬失於覺察……得旨、吉林西南路道顏世清即行革職。陳昭常應得降一級留任處分。著准其抵銷。

陳昭常

其實這件事對陳昭常、顏世清都是有點冤枉，陳昭常是就事徵求錫良意見的，但朝廷怕外國人，那低一級的官員就要總攬惡果，甚至代人受過了。

其實陳昭常、顏世清在東北一直是維護民族資本的，舊日蕭乾編的一套文史叢書，還居然有人為他表功呢！原文不長，但卻有助我們去了解這位顏世清。該文題目是：《敢於與帝國主義抗衡的長春道臺》，作者署名：楊寄春。

> 一八九八年沙俄借助不平等的《中俄密約》、《中俄合辦東省鐵路公司合同章程》和《東省鐵路公司續定合同》等，佔據了長春二道溝，建起了寬城子站區（俗稱老毛子站區）。
>
> 其後，於一九〇四—一九〇五年，又爆發了日俄兩國旨在爭奪中國東北殖民利益的骯髒戰爭，以沙俄敗北而告終。日本帝國主義佔據了長春市頭道溝，建造了「滿鐵長春附屬地」，且有大舉南侵之勢。昔日繁華的長春舊城由於帝國主義的侵略，日漸衰敗。
>
> 一九〇九年，血氣方剛、年輕有為的長春道臺顏世清，決心從舊城區北門至「滿鐵長春附屬地」之間開闢總佔地為一萬三千五百垧的商埠區，發展工商業，設立商埠局，與帝國主義抗衡，頒行了《開埠局章程》。與吉林省開埠局合僱英國工程師鄧芝偉，規劃、設計並組織施

長春道台衙門

工，首先在臨近「滿鐵長春附屬地」日本橋通（今長春勝利大街）的高地上，建起了青色磚瓦水泥結構，規模達二萬五千平方米西式建築風格的道臺衙門。其建築工藝細膩講究，宏偉壯觀，中國國旗高高飄揚，恰有居高臨下威震「滿鐵長春附屬地」之勢，是長春當時最為壯麗的建築組群。至此，扼制了日本的殖民勢力的向南擴張。商埠區一直是長春市的商業中心街區，促進了長春地區經濟的發展。

讀上文，可知顏在當時也不是那一般的昏庸官吏，而且算得上是遺愛在民了。但歷史有時也愛開玩笑，這樣有民族自尊和維護民族利益的人，他的伯祖顏伯燾又是抗英名臣，他又怎會把國寶《寒食帖》出賣給外人？據說他要賣時，許多有心人都為此事而呼走的。其中葉恭綽便是最為焦急的一個。

鄭逸梅《續藝林散葉》第一一五九則有謂：

> 顏韻伯藏蘇東坡《寒食帖》，又得黃山谷《伏波神祠帖》，誇為雙璧。既而韻伯以《寒食帖》讓與東瀛，葉恭綽知之，恐《伏波神祠帖》流至域外，即以其他文物易之歸。

葉恭綽

這可能和他的生活壓力有關係，他享受奢華，又愛交結朋友，京津滬的朋友往來固可在他家作客。而或和外人協商，或者社團的會議也都可借他家進行的。在鄭孝胥的日記中，就透露出，清政府外務部和外人非正式討論東北鐵路合資條約時，就曾借顏的河北大宅進行。

試讀鄭的宣統二年正月十九日日記：

> 鄧孝先來談，言明日入都，清帥欲令留京與各部接洽，己意不願，欲辭……孝先曰：「倘議至累月，則吾負累益重，若何？」余曰：「否。在津應設議事處，議事員應領薪水，何讓之有？」孝先曰：「若是，則可來津。其議事處可借顏觀察世清公館，最便。宜請帥電借，彼必允諾。」余乃見清帥言之……。

又一則是宣統二年二月初三日（三月十三日）：

> 清帥送余登輿，至火車站，同行者鄧孝先、崔文徵、徐啟東、施伯安。九點過山海關，四點抵天津，金仍珠遣馬車來，迎至河北大街顏公館，乃長春道顏韶伯之別墅也。

（按：這顏公館坐落在河北大街，當年是天津最繁華處。天津三絕中的狗不理包子、耳朵眼炸糕的祖鋪都起源於此，天津四大名園慶芳茶園、金聲茶園、協盛茶園、襲勝茶園，後兩家就是挨著河北大街的。）

一九二三年，顏韻伯五十大壽時，還是改不了當日承平公子的特色。最近在國內的《文史資料選輯》中讀到一篇題為《北京梨園談往》的文章，其作者是「訥蒼」，該文論及「堂會」一段時舉例而言，說：

……記得粵人顏韻伯（名世清，人呼曰顏瘸子）做五十整壽，在那園招名角演戲，請帖上注明某桌某號，而憑帖入場，按號就座。臺前全仿從前團拜辦法。金漆桌面六人一席，一概面向戲臺。宴席由東興樓備辦，所請多係達官貴人（其地位較遜者，則不獲列前排正面，因此尤招致一般的不滿），豈能謹遵臺命？座客零落參差，竟不成一個局面。顏頗難堪，遂以電話四處邀人，前往聽戲。我亦在被邀之列，謝而未往，善「聽蹭兒」者，聞之大快。

試想，食指浩繁，還要揮霍，怎能不賣藏品？更有人說，他晚年還找了一個和殷明珠一起出道的影星袁淡如作小老婆，真是「設想英雄垂暮日，溫柔不住住何鄉」？如果屬實，那《寒食帖》又怎能不東渡呢！

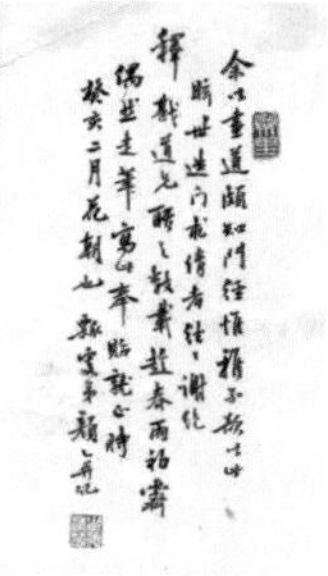

顏世清山水（右）
顏世清自題（左）

他的詩作有《宜泉閣詩集》不分卷，也未見印出，只是有鈔本，現存在中國國家圖書館。

《寒食帖》的東渡，套句唱詞是：「佳人已屬沙咤利」，是和番去了。

日本的大地震

內藤虎題跋中說：

> 余於丁巳（公元一九一七）冬，嘗觀此卷於燕京書畫展覽會，時為完顏樸孫所藏。震災以後，惺堂寄收余齋中半歲餘，昕夕把玩，益歎觀止。乃磨乾隆御墨，用心太平室純狼毫作此跋，愧不能若東坡此卷用雞毫弱翰而揮灑自如耳。虎又書。

這證明是《寒食帖》在惺堂家中度過這場地震和火災的。是地震和大火破壞了惺堂的家園，於是把《寒食帖》如「托孤」般交付內藤虎了。這是《寒食帖》在近百多年來，經歷了的第三次火災。卻也是《寒食帖》第二次經歷了的搶劫世界。

關東大地震在一九二三年（大正十二年）九月一日發生，規模高達七・九級，這次地震使東京、橫濱造成毀滅性的破壞，關東大地震死亡人

關東大地震引發大火燃燒情景，1923年9月

數估計大約十多萬，是日本戰前最嚴重的一次。

東京許多房屋在地震後引發火災，遭到嚴重焚毀。內務省在地震發生後宣布戒嚴，有說朝鮮人在地震中縱火和搶劫，引致日人憤怒，在東京和橫濱的朝鮮人遭到大規模鎮壓，約有六千六百多名朝鮮人遭到殺害。而在東京和橫濱的華工也有多人同遭日人殺害。

《寒食帖》經過了兩次社會性的火災和搶劫。恰好顯示了中日兩國的處理截然不同。帖如有知，該會怎樣的感喟？

在日本，會是嚴厲了一點，但問題一下解決了。而在中國，偌大的圓明園被燒被劫，也只懲辦了兩個不相干的人。

按說晚清的懦弱無能也罷了。但到清亡之後又怎樣？再到如今超過了一百五十年了，那圓明園還不是一直繼續地被盜被佔用？我們既懂得對外散佚的文物追索，但卻要忍受自己人的玩忽呢。

爭得蛾眉匹馬還

前引「佳人已屬沙吒利」喻《寒食帖》東渡。逮至日本戰敗，財閥莫財，秘藏之尤物，陸續釋出。張大千等藏界巨擘，紛紛托人在扶桑尋弋。這回得套一句吳梅村詩句，「爭得蛾眉匹馬還」了。

查王世杰（一八九一——一九八一）日記一九四八年一月二十二日：

張大千和王世杰

日本私人所收藏之中國書家名蹟為王獻之《地黃湯帖》、顏魯公《自書告身帖》、蘇東坡《寒食帖》（有黃庭堅跋）、米襄陽《樂兄帖》。王、顏兩帖聞已入日本博物館，蘇、米兩帖尚可收購，予因托友人試為收買。

王世杰所說這四件法書，前兩件已歸中村不折書道博物館寶藏。七十年代末，筆者嘗隨日本書法家宇野雪邨與一眾弟子數十人參觀書道博物館，未見《告身帖》，詢之，看此帖要另外收費，每位萬円，數十人就是數十萬円，等於京大教授兩個月俸給，筆者莫財，宇野惜財，只好作罷。啟老（功）嘗言《告身帖》顏書非真蹟。《地黃湯帖》也是摹本。二者雖非真蹟，仍不減其價值，後兩件則輾轉落戶臺灣。

先說《樂兄帖》，當年為國府駐日代表商震所得。再漂浮去瑞士、紐約，最終回歸臺灣。商夫人本擬讓與臺灣故宮，百萬美元故宮嫌貴，減半也沒有要。通過羅家倫秘書王藹雲，讓馥記地產陳啟斌庋藏。九十年代筆者陪劉九庵丈渡臺，有緣獲觀。近聞《樂兄帖》已轉歸臺灣某大藏家L君，名蹟算得覓佳處藏身。

蘇東坡《寒食帖》本為張大千覬覦之物。大千早於三十年代已在菊池惺堂寓所拜觀此帖和李龍眠《五馬圖卷》，大千尤傾慕前者。此後渴想

朱省齋

夢縈，欲據之而後快。抗戰勝利後，張大千與朱省齋（樸）同寓香江，一九五〇年大千托朱馳函東京友人探詢，得覆此二卷要美金萬二。其時大千擬先購《寒食帖》，以美金三千之價議成，大千為此專程赴日。怎料事機不密，交易為競爭者王世杰所偵知，急電中華民國駐日代表團郭棐（彝民、則生），加百分之五（百五美金）的價錢，橫刀奪愛。（參朱省齋《海外所見中國名畫錄》）王時為外交部長，出面的又是戰勝國駐日代表團的人，一介布衣的張大千，自然是飲恨。但王氏日記缺了一九四九年之後好幾年，無從查考爭奪此帖具體經過，只能從其跋語略知梗概。

王氏跋云：

> 東坡先生此帖。曾罹咸豐十年。英法聯軍焚燬圓明園之厄。介後。流入日本。復遇東京空前震火之劫。詳見卷後顏世清、內藤虎兩跋。二次世界戰爭期間。東京都區大半為我盟邦空軍所毀。此帖依然無恙。戰事甫結。予囑友人蹤購得之。乃購回中土。並記於此。後之人當必益加珍護也。民國紀元四十八年元旦王世杰識於臺北。

《寒食帖》在王世杰庋藏二十年之後，有人問價了。且看王世杰日記一九七〇年一月廿六日，記有：

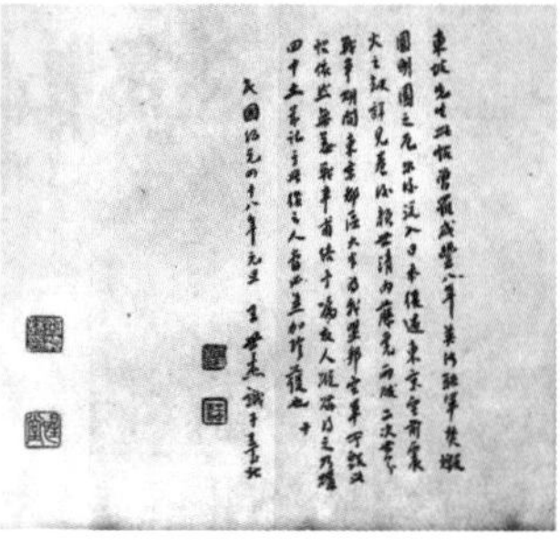

郭彝民（右）
王世杰跋（左）

林熊光託譚亘悶君來言，謂有人願以美金四萬元購余所收《寒食帖》，詢余能否接受。余堅決拒之。

按：托譚亘悶君來言的林熊光（一八九七—一九七一）字朗庵，大成火災海上保險株式會社董事長，富收藏，齋名寶宋室。林氏藏有宋人徐熙《蟬蝶圖》、米友仁《江上圖》、李公麟《春讌圖》，以及燕文貴《夏山行旅圖》，但都不及坡翁此帖知名。舊日藏家之間互相挖寶，所以林氏托故宮副院長譚亘悶說項。

林氏出價不高，美金四萬，似未能打動王世杰。後來有人出價數倍，王也不為所動。同年六月廿五日其日記有：

方聞來家看畫。據彼囑古董商人張鼎臣來說，願以十五萬美元購余所藏之東坡《寒食帖》，又古董商程琦日前託譚亘悶（故宮博物院副院長）來說，願以美金五萬元購此卷，余均斷然拒之。余之藏書畫，決不欲以此圖利。

日記中提到之方聞（一九三〇—二〇一八），係普林斯頓大學藝術與考古學系教授，兼擔任大都會博物館亞洲藝術部顧問。而張鼎臣

譚亘悶（右）
林熊光（朗庵）（左）

（一九一六— ）係本港著名古董商，店設荷李活道，家住大坑豪園。程琦（一九一一—一九八八年冬後），安徽歙縣人，字伯奮，齋號萱暉堂，有《萱暉堂書畫錄》傳世。日本古董商兼大藏家。收藏唐宋元明書畫名蹟甚夥，歿後歸臺灣大藏家林百里（一九四九— ）。

一九八一年四月王世杰在臺北榮總辭世。他的寶藏備受各方關注。在一九八四年左右，筆者在臺北聽到《寒食帖》有可能放售，盤口是新臺幣一千萬元，折合港幣一百七十萬元左右。返港後筆者嘗問虛白齋主人劉公作籌和選堂饒公，擬請此帖入寒齋如何？咸謂藏品不必多，收藏此一件坡翁名蹟足矣。筆者雖絀於資，惟當時的寓所興發街維多利大廈十八樓C座千八呎無敵海景可約值百七萬，於是委托與王世杰有交誼之老友阮公（廷焯）幫忙說項。

阮公應允代為洽購之後，卻一直沒有下文。筆者追得緊，阮公始說，王太太回話：這是香港人買不起的！再問到底要價若干，也未有回應。時筆者已聽聞日本藏界也要染指此帖，有人在臺灣為日方活動，在下寒酸小子怎能與財雄勢大的東洋客較量呢？也就不敢存奢望了。還是買卷複製本供奉，聊托哀思吧。不久，消息傳出，故宮買了，心想這更好，保存得所，功德無量。但打聽成交價，卻也就是新臺幣一千萬元，這與筆者出價完全一樣。

張鼎臣（右）
方聞（左）

後來臺北老輩傳言，政府不肯高價購此帖，源於傳聞王世杰當年購此帖用的是公款，其他幾件上繳而此帖沒有交出，所以不願重金購藏。又嘗聽黃苗公言及王曾因貪污美金五百，老蔣震怒。王托張群出面說項，張推吳鐵城出來，老蔣見吳大罵，罵的是你們政學系說甚麼談判，談到整個大陸都丟失了。都是你們政學系誤事。鐵老被罵大驚，不久嗚呼了。其自傳寫了一半，另半留下綱目，遺恨人間。這些傳言均未能證實，但筆者後來讀了許多王世杰資料，覺得王氏為人正直，心存黨國，不是貪圖小利之徒。對這些傳言是難予置信的。

年前與臺灣藏家蔡一鳴餐敘，無意中語及《寒食帖》，蔡公道出過去所未聞。

話說一九八四年秋，有人私問蔡氏，蘇東坡《寒食帖》，要價新臺幣二千萬元，有沒有興趣購藏？蔡不知道《寒食帖》的重要性，只知蘇東坡有名，但也一口應允：「要！」蔡續說，當時不知王世杰兒子（基隆稅局）正與故宮談判出讓此帖。王公子開價是二千萬，故宮嫌貴，殺價一半，王公子沒答應。蔡此際殺入，而且出價高故宮一倍，勢增加故宮談判的困難。時臺灣是國民黨統治，行高壓政策。有人通過警備總司令部，蔡氏被約談，勸說退出購藏此帖。民不與官鬥，臺灣人最怕警總，蔡不敢作「釘子戶」，只好乖乖退出。

吳鐵城（左）和張群

蔡氏出價二千萬也被迫退，筆者出的價與故宮高度一致，剛好一半，難怪「這是香港人買不起的」。

二〇一四年六月六日

拙文發表後三年，復在參觀北京嘉德拍賣預展時，得見有張鼎臣致王世杰手札，其一函五紙，內容可供參證王世杰日記。亦可補充前文。該函云：

「雪公院長鈞鑒：敬啟者，日前面謁鈞座，關於尊藏東坡寒食帖事，友人願以極秘密方式求讓，並附有如下條件，可由購方出示親筆人格擔保書。（一）價錢方面，最高願以十五萬美元現款交易。（二）原件在五年以內，決不公開露面。當無人知悉行蹤。任何人不會知道。（三）成交後，除雙方及經手人，當然敝人決不會有第四人知曉。緣敝人與公相交易歷廿餘年，從未有籍我公之盛名，有所招搖。

關於此件，公之願望，日後捐獻故宮以保此名蹟，永存國內。宏願本屬美善，吾每國民應盡之義務。回憶吾國歷數十年來，古董向不禁止。即當年張靜江先生以賣古董大量出口，而每次均以吾國珍品，流出國外，不可勝計。尤以歐美金石銅器，價值連城。其次日本為對象。清末之滿清遺老名士，更以販賣書畫為職業。士林人士，無不知曉。今我公以卷翰墨因

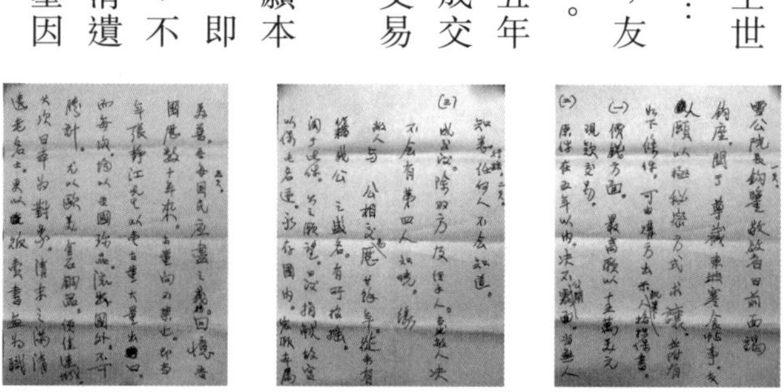

張鼎臣致王世杰手札，求轉讓《寒食帖》

緣，購來珍藏若干年，亦屬幸甚。倘此卷以善價割愛，以此得款，陸續遇機購玩別件，亦可消磨歲月，更無傷大雅也。請公考慮。賜以見復。倘公認為敝人過於冒昧，淺膚之見，切勿見責。祇可莞爾一笑也。念敝人一介商人，知識有限，亦可謂一片愚誠，勿為介意。不勝盼禱者也。倘公不必認真，願依以上之條件讓出，對外仍稱絕不出讓，又有何人敢追查也。況政府從未有此憲法。不過此為私人玩物耳。草草奉陳。敬請垂鑒。敬頌鈞安。閱後付丙。敝人鼎臣 敬肅。六月十九日。」

信封面「謹呈王院長雪公親啟張繊」字樣，左上端更有王氏批語：「以US$150,000乞購寒食帖！已拒絕之。五九、六、廿一。」

張鼎臣函中「友人願以極秘密方式求讓」，此「友人」當是方聞。張氏在函末叮囑「閱後付丙」，王氏卻給予存檔。為此「存檔」，令半個世紀後，猶能詳其本末。

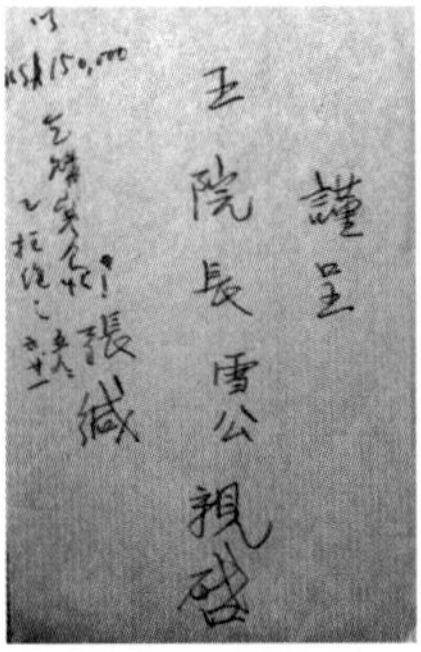

張鼎臣致王世杰信封

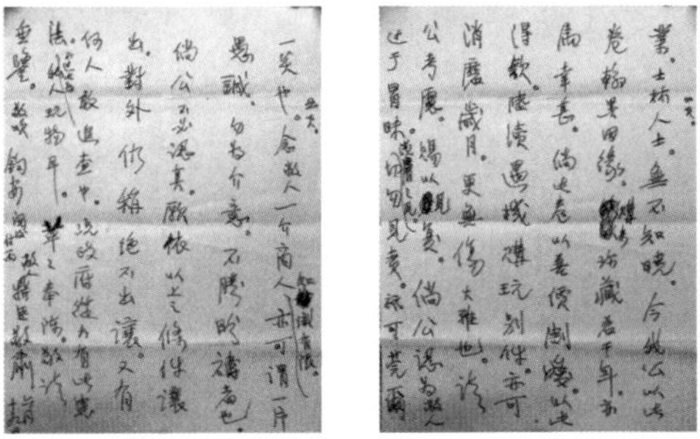

張鼎臣致王世杰手札，求轉讓《寒食帖》

附錄：《寒食帖》遞藏中的一個環節

蘇東坡《寒食帖》墨蹟，自咸豐十年（一八六〇）圓明園遭劫火而從宮中流落民間，先後經過馮展雲、盛伯羲、完顏景賢、顏韻伯、菊池惺堂、王世杰之手，最後由台北故宮收藏。這個遞藏過程，許禮平在《舊日風雲二集》（香港牛津，二〇一四年版）中的《近世圓明園與〈寒食帖〉的人和事》一文介紹得非常詳盡。

《寒食帖》在近世的遞藏，尚有兩個環節不是很清楚。第一個是從圓明園流出後，如何到馮展雲之手，至今沒有看到記載，許禮平只能說：「可以想像，其間也一定經過多重轉折。可惜被輾轉販賣的過程沒有記載。」第二個環節是馮展雲去世後，此帖又是如何到盛伯羲之手的，許禮平沒有提，只以「《寒食帖》的第二遞藏者是盛昱」一筆帶過。

碰巧我讀到裴景福的《壯陶閣書畫錄》（學苑出版社，二〇〇〇年影印），卷三有一段提到了這個經過。未見別人引用過，不妨照錄如下：

> 「（《寒食帖》）自御園流出，同治初吾師馮展雲中丞得之。師故後寄質余齋，未幾贖回。丁亥秋余屬琉璃廠論古齋蕭君往廣州探訪

之，盛伯羲祭酒亦托其代購，余不知也。蕭以五百金得之，過滬上，秘不出。予至其寓所窮搜而後得，以原值加百金取之，遂摹入壯陶閣帖。逾年入京，盛囑張劭予學士堅勸相讓。時張纘一跋尚未摹出，覓人鈎就，以原值易去。爾時鑒別粗疏，未將紙色墨色尺寸詳記，今尚悔之。馮師出撫陝西，是卷存京師，質庫中不戒於火，他書畫多付一炬，此卷墨蹟下角紙邊已微有灼損痕。乙卯夏入京，復見之景樸孫處，距初得將三十年矣。」

如此，《寒食帖》從馮展雲到盛伯羲這個環節就很清楚了。只是不管馮、盛，還是裴，都沒在《寒食帖》上留下收藏印，而裴景福的《壯陶閣書畫錄》又不常見，所以我看到的關於此帖在近代的流傳過程，都沒有提到裴也收藏過。

至於馮、盛、裴為何沒有留下收藏印，許禮平的分析很讓人信服。下回再說。

安迪《東寫西讀》二〇一五年三月六日

《寒食帖》在近世的前三位收藏者（馮展雲、盛伯羲、完顏景賢）都沒有在上面題字，光緒二十八年（一九〇二），有人拿了此帖請張之洞題識，張也沒題。當時在場、後來追憶此事的羅振玉評論說張之洞「持躬嚴正，不可於以私，即此一事，已見一斑」。許禮平看到了更實質的原因：「其實，張之洞不肯題跋，和前面的三個遞藏者的不作題跋其原因都相同。當官者除了曉得官箴，也要懂得律例。」許禮平引了《大清律例》中的有關條文，說：「《寒食帖》是內府的失物，作為方面大員，怎會在這失物上題字呢？」這個分析很讓人信服。

但許禮平的文章也有可商量之處。馮展雲曾將《寒食帖》存於「質庫」（當鋪），許禮平猜測「該是馮晚年落職居揚州的事，否則堂堂巡撫大人，何至於藏品要放到質庫？」其實從前文引裴景福在《壯陶閣書畫錄》的那段文字可知，《寒食帖》存於質庫，正是馮展雲出任陝西巡撫之時，這麼珍貴的名蹟不想隨身攜帶，存在質庫，如同現在存入銀行的保險箱。李葆恂《海王村所見書畫錄》提到范寬的《重山復嶺圖卷》曾為馮展雲撫軍所藏：「撫軍書畫，皆寄存余東鄰質庫中，光緒初，質庫火，書畫

燼其半，此卷較錄中尺寸，約短尺餘，則火後重裝時，以煤燼太甚，截去首段也。」這也可證明馮展雲不是因為日子過不下去了才將書畫放到質庫裏去的。

盛伯羲的後人將《寒食帖》等三件古物轉讓給完顏景賢，當時還訂有契約。許禮平引了高伯雨和鄭逸梅的文字。鄧之誠在《骨董瑣記》中早有記載。而這份契約，曾為啟功的叔叔在隆福寺書肆中淘到，「後為廉南湖先生索去，裝潢題識，影印流傳」（見《啟功叢稿•題跋卷》）。

出讓《寒食帖》的是盛伯羲的養子善寶，許禮平說他「素性揮霍」，而鄧之誠在《骨董瑣記》中說「人絕未見其揮霍，亦喜購古物……然每貴買而賤賣之」。大概就是人傻吧。

安迪《東寫西讀》二〇一五年三月十三日

拍賣場之我見

「拍賣」和「鑑賞」是對孿生詞。「拍賣」是市場行為，而「鑑賞」呢，卻是學術和審美的交融。兩者屬性不同，但卻是一個銀元的兩面。

所以，我要聲明今天說的是「拍賣場」，重點在於目前拍賣市場的所見所聞。至於「鑑賞」則不在今日的論說範圍。

中國的文物藝術品拍賣，自一九九二年敲響第一槌以來，一下子二十多年了。這個行業，由最初一場成交額幾百萬，繼而幾千萬，發展到現在的幾十億。這可是大生意，表面看利錢很厚，怪不得投資者趨之若鶩，因之一下子多了一大批新成立的拍賣行，可謂風起雲湧，熱鬧非常。初期的拍賣，圖錄只有一兩冊，但如今有好幾家大拍賣行弄到幾十冊，被裝成一大箱的。拍品也就由幾百件搞到成幾千件，例如保利最近這幾場要去農展館預展，場地大到不得了，體力不足的買家實在不敢問津。

拍賣對保存文物、文物回流的貢獻

拍賣興旺之後，傳媒廣為報導，老百姓知道古董舊物值錢，那就不會

2013年9月8日筆者應中拍協之邀在深圳「全國文物藝術品拍賣企業高管强化班」講演

隨便破壞，對文物保護，功莫大焉。我重複從前舉過的例子：解放初，搞土改，農民分地主的財產，有些分到書畫，名人手札，不知道有甚麼用，就拿來當柴燒。如果他們知道燒的這把柴，是隨便一件，都可以讓他們脱貧，讓他們成為百萬富翁，不知當作何想。愚昧無知是很可怕的，是破壞的火藥，有人點火，就可以燎原。

解放初期，中山大學容庚教授在爆竹廠看到一大堆碑帖，人家準備製爆竹用，聽說用碑帖拓本做爆竹，爆得比較響。容老以賤值收購，就搶救了這批碑帖，後來許多件都著錄於他編著的《叢帖目》四厚冊中。大家想一想，上海博物館跟美國藏家安思遠買的《淳化閣帖》，花了多少錢（四百五十萬美元），就知道這些爆竹的成本有多高。

現在有了拍賣，情況就不同了。九十年代以前，在廢品站中可以撿出西周青銅器，九十年代以後，卻撿不到一個銅錢。這就説明了，中國的文物藝術品拍賣以後，人們知道這些東西值錢，可以賣大價錢，誰會傻到去破壞它？於是文物普遍受到保護了。

而中國市場興旺，拍的價錢高過海外，海外藏家藏品，也就大量回流。孔繁峙副局長曾説過，他從一九七七年到一九八八年都是負責辦理文物出境手續，而沒辦過一件進口手續的。但是自九十年代起，歐美、加拿大、澳洲、日本、新加坡、印尼、臺灣、香港、澳門，都看到國內拍賣行

容庚在中山大學的頌齋藏書室收藏大批叢帖（右）
容庚《叢帖目》（左）

派人去徵集中國文物，要辦理的是大量的書畫文物進口手續。

若干年前張延華會長也説過，「據統計，一九九六年前，海外回流文物不超過國內文物拍品總數的百分之二十，目前這一比例已經上升到百分之四十。保守估計，十多年來，通過拍賣回流到內地的中國文物藝術品逾五萬件。」發展到現在，有人統計過，單單二〇一〇年這一年回流文物拍品達二萬四千件，成交一萬八千件，成交額達八十一億六千萬。這是拍賣行業對文物回流作出貢獻之一。

據不完全統計，二十年來，通過拍賣行業回流的文物超過十多萬件，其中不乏精品，更有若干件進入故宮、國博、上博之類的大博物館。例如中國人民大學圖書館通過嘉德拍賣，以優先購買條例，五百多萬元奪得從美國回流、陳獨秀致胡適、李大釗的十通書札。又例如一九九七年中國嘉德，以私下交易的形式，將常熟翁同龢藏書八十多種、五百四十二冊善本書，其中包括非常珍貴的宋版《集韻》一整套。這批藏書，一九四八年由翁同龢第五代孫翁萬戈先生，自常熟運上海再委托一位白俄安排船運，遠涉重洋，存在美國波士頓半個世紀，現在只花四百五十萬美元，整批回流上海圖書館。嘉德是中國拍賣行業的龍頭大哥，為文物回流，作出很大的貢獻。還有保利、匡時、中貿、翰海等等，對文物藝術品回流，都在不同階段作出了不同程度的宏大貢獻。

翁萬戈

拍賣行對文化貢獻的正面事情相當多，時間所限，不一一舉例了。現在想説説就個人接觸或聽聞，談一談這個行業存在的一些問題，向大家討教。

假拍

從無到有，從少到多，從冷門到熱門，拍賣公司成行成市，也就容易龍蛇混雜，良莠不齊。那就衍生出或多或少的問題。為了競爭，為了吸引貨源，有一些拍賣公司就做假拍，以便讓人們以為拍的成績好，許多拍品拍出天價，媒體廣為報導，也就誤導藏家，讓不諳內情的貨主，就選擇提供拍品與這一家。

有一些假拍，則是讓畫家或畫家代理以拍賣場為平臺，把拍賣成交價數據做得好看，誤導買家，以為這個畫家的作品可以不斷升值。這些用虛假數據蒙蔽市況，有似上市公司，虛報盈利，讓人家以為這家公司前景好，值得投資，買他的股票。這類假拍行為，嚴重一點説，屬商業詐騙。如果發生在香港有人向警方報案，相信警方商業罪案調查課是會介入調查的。

拍假

全國幾百家拍賣行，每年拍幾場，每場拍幾百件到幾千件，大家想一想，那麼一年的拍品也該有百萬件。有這麼多東西嗎？嘗聽嘉德的郭彤

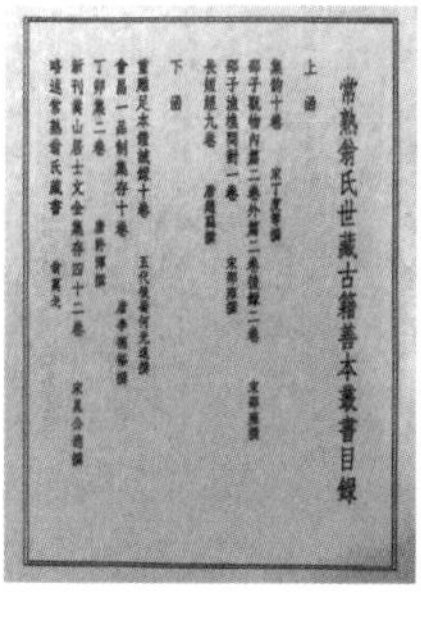

常熟翁氏世藏古籍善本叢書

說，藏家一輩子幾十年收下來的一批書畫，我們半個小時就把他拍光。拍了二十多年，還有那麼多東西拍嗎？名家真蹟沒那麼多，舊日的大充頭貨式也供不應求，新造的贋品大批生產，充斥拍場，滿足群眾需要嘛！過去一場名家書畫的拍賣，要百分之百肯定為真蹟，恐怕很難達到。有幾件贋品，不足為奇。但到今時今日，有些拍賣場中只有一成真蹟，已算是高水準了。贋品、次品、越來越充斥。有好些拍賣，連一成真品也不一定達到。文物藝術品拍賣是以競投形式進行的商業行為，不應該弄成「天仙局」，像老千、騙子設局坑蒙拐騙。對於拍賣行業者來說，鑒定水平、專業知識而外，道德良心，公平誠信，都不可或缺。記得九十年代，南方某拍賣行拍了一件張大千的山水，上款人是農雨。當時拍出大價錢，但買家後來發現有問題，畫上有徐邦達題字，據說弄到告上法庭，法官怎樣判啊？當時謝老稚柳認為這件大千係真品，但北京徐老認為當年題字不是這個位置，被人移花接木，套棺材。買家認得中央當朝要人的太太，出動到國家文物局幫忙，要幾位大專家對這件作品表態。劉九庵老人家死活不張嘴，你說真，就得罪徐老，若說假呢，又得罪謝公。所以劉老封嘴不表態。文物局打電話追問啟老，我正巧在北師大啟老家中，聽他接電話時申述眼睛不好，眼內黃斑，尚未治好，看不了書畫，沒法判斷，另請高明吧！掛線後跟我說，這張大千上款就奇怪，甚麼農雨，應該是雨農，反

鑒定界權威，1995年攝。左起：謝辰生、劉九庵、楊仁愷、謝稚柳、啟功、徐邦達、傅熹年

正啟老不看好，但不表態。這就是啟老所說的，書畫鑒定要有一定的模糊度，這裏頭牽涉到很多人情世故、官場文化。這叫法官大人怎麼審啊！

拍賣行拍假問題相當嚴重，不能不正視。

不公平

拍賣品有估價，有底價。有些拍賣行為了爭奪貨源，甚至容許貨主不設底價，容許貨主自己當場抬價，一直拍到貨主滿意的價位才放手。這是不公平競爭。貨主哪能當場抬價的。每當我發現這種情況，只好放棄競投，避免生氣。

拖欠賬款

拍賣是商業運作，買賣雙方要有合約精神，舉牌投得就要付款。但有些買家，拍完拍拍屁股，不管啦，不提貨，不付款。也有一些老闆，派伙計去拍，拍完對著一大堆拍單，揀幾件喜歡的，合算的，付款提貨，其他呢？不要了。也有些付了一部分貨款，餘下的付不出，爛尾了。也有一些拖半年一年甚至兩年才交易。如果碰上崩盆的時候，例如二〇〇五年十一月，整體下滑，許多買家完全不付款，不管啦。這些都是沒有合約精神，沒有商業道德所為。貨主整天追拍賣行收數，財務部門的人頭痛非常。

2003年7月3日，中國嘉德展覽時攝。
左起：胡妍妍、陳文岩、陳東昇、王雁南、許禮平、劉凱

這裏舉個例，說說最早不付款而又最著名的一件作品，就是傅抱石的《麗人行》。這件作品是傅抱石的名作，最初並不那麼有名，曾在很後期一本傅抱石的畫冊刊登過。而給這畫題字的張大千，對傅抱石也不那麼熟識，以為傅抱石字涓夫，所以題上款時誤寫涓夫先生，傅涓夫另有其人，後來去了臺灣。傅抱石只好把絹上大千題字中「涓夫」二字挖掉。傅抱石後來將此畫送給郭沫若。但陳毅在郭沫若處看到了《麗人行》，很喜歡，借回家看了許久，沒有歸還，郭老秘書王廷芳盯緊追收，三個月吧，才回到郭家。一九九〇年，《名家翰墨》第十九期係「兩岸珍藏傅抱石精品特集」（一九九一年八月），收入臺北蔡辰男、北京郭沫若兩人所藏傅抱石的專集，我覺得整冊作品以《麗人行》最佳，於是挑了《麗人行》做封面。一九九四年，我們穿針引線，促成傅抱石作品展在臺北歷史博物館舉行，以傅家所藏為主，郭沫若家就借這麼一件《麗人行》，去臺灣展覽。郭老千金郭庶英當時也沒感到這件作品有多寶貝。臺灣好幾位藏家卻心儀這件作品。其中一位陳啟斌先生，在去北京拜訪郭庶英時擬請轉讓，郭大姐死活不賣，因她個人是決定不了的。不久，郭大姐哥哥郭漢英去日本，擬籌募經費成立郭沫若基金，找到郭老老友南村志郎幫忙，南村說現在日本跟從前不同，經濟一直不景，難以籌款。我問他們要多少錢，南村說人民幣一千萬，我立即說從郭家拿一件畫，就能解決問題。南村問哪一件，

中國嘉德主帥王雁南，
2002年11月10日攝

答以傅抱石《麗人行》。那個時候一千萬是天價了。但我很快就找到一位老友應承照價交易，是港幣一千萬，合人民幣一千一百多萬。與郭庶英談判安排交收事宜，庶英說哥哥反對賣畫，遂告吹。隔不久，碰到中國嘉德甘總甘學軍談起這事，建議甘公去挖寶，說不定嘉德出面，郭家答應。不久，嘉德果然談成，郭家拿出《麗人行》，還有一件徐悲鴻的《九州無事樂耕耘》。聽說嘉德最初估價好像三百多萬，郭家當然不同意，最後達成底價七百萬。我記得預展時陳東昇帶王軍來看，一不小心聽了一句七百萬就七百萬吧，有人墊底了。當時臺北蔡辰男托張宗憲出價七百幾十萬去競投，很快超過，張繼續舉牌，到九百八十萬，以超出預算太多，才放棄。結果為大陸某君奪得。好了，郭庶英郭平英姐妹在四川飯店擺慶功宴，招待小弟。我說等收到錢才慶祝吧，她們說怕甚麼。結果大家都知道，此天價舉牌投得的人沒有付款，拖了許久，嘉德結果要另覓買家承接。這就是當年較著名的，天價拍品收不到錢的典型案例。後來發展到好幾家大行拍出天價的東西收賬都難。有一陣聽說單件拍品超過千萬的都不容易收賬。所以前兩年徐悲鴻《九州無事樂耕耘》拍出一兩億（最早拍百多萬），真收到錢。因之拍賣行要求買家同意宣傳此件是真付款真成交。那就等於表示其他許多天價的東西是假拍，沒有成交。如果大家只看雅昌的拍賣數據，都是表面數字，不那麼準確的吧。

中國嘉德老闆陳東昇

去年，有位拍賣場上的勇士（大買家）私下跟我説，某大拍賣行找他幫忙，事緣有位客人舉了一些大價錢的名畫，一直沒有付賬提貨。而其中有兩件最貴的東西，是菲律賓大藏家提供的，若然下了槌卻收不到賬而令交易告吹，怎麼向這位藏家交待呢？以後這位藏家的大批藏品，就不會提供給這家拍賣行，實在得罪不起，所以要請這位拍場勇士承接兩件大價名畫。而勇士仗義解決了。

而這些欠缺商業契約精神的買家，自由行之後，也大批到香港來。香港拍賣場買家結構出現調整，大量大陸來的新買家進場，對拍賣公司來説是好事，但是老拍賣遇到新問題，大陸拍賣場上收賬困難的病毒也傳到香港來了。前幾年蘇富比封面一件傅抱石的《高士下棋圖》，這件寶貝我盯了近三十年，都無緣承接，原藏者是位老先生，死了，孩子們不好私下賣，交蘇富比拍賣，做了封面，拍出天價。記得當天舉牌的人舉畢離場，拍賣官不敲槌，現場幾位工作人員疾走追出，與舉牌者交談幾句，回場示意，拍賣官才落槌敲定。我即刻電告貨主黃先生道賀，恭喜發財！新年探訪黃先生，才知尚未收到賬。隔了半年，見到黃先生，一談此事，黃先生仍然唉聲嘆氣，尚未收到錢也。最後黃先生使出一招，不賣了，要收回畫作，買家才付款交易。這許多拖欠、或把手機關掉無法聯繫玩失蹤的舉措，讓蘇富比佳士得頭痛，對著大陸客，又愛又恨！愛他們猛舉牌競價，

中國嘉德成立十五週年慶典。左起：中貿聖佳兩老總易蘇昊、劉婷婷，中國嘉德主帥王雁南，翰海負責人溫桂華，中國嘉德老闆陳東昇

恨他們付款問題太多。過去往往息事寧人，不了了之。而蘇記CEO程壽康律師出身，不容不了了之，要講法治，要按本子辦事，於是大發告票，但有些人不怕告，好了，祇有再使出一招，通知傳媒，讓事情曝光，刊登蘇記告了某某某，追討欠款的新聞，這招果然有些效，見報後紛紛來付賬交易。但這些行為已經令中國人的形象大打折扣。

某大拍賣公司的日本代表跟我認識近三十年，某次聽他私下透露，拍賣公司擬請他作為日本辦事處的法人代表，他堅決不從，只願意當普通僱員，做做聯絡工作。我問他為甚麼不肯作法人代表，他說如果日本客人把文物藝術品交給這家拍賣公司，拍出之後，現在常常發生收不到賬的問題，假如客人因收不到賬，在日本提出訴訟，他作為法人代表，就要上庭，就麻煩了。可見拍賣公司收賬問題的嚴重性，連自己公司的海外代表都不敢擔起法人代表的大帽子。

誠信

拍賣這個行業，老生常談，公開、公平、公正，最重誠信。有好幾家大拍賣行做得成功，天時、地利、人和當然重要，但公司文化首重誠信，所以成功。許多文化品牌，不能只靠公關去宣傳包裝，而是靠自身的專業、誠信，讓買賣雙方都信賴，這就是成功的最主要因素。

中國嘉德四季拍賣書畫部
劉洪乾、蕭洋、唐勇剛

扯遠一點，在下家父不是搞這行，他四十年前，在澳門經營的事業，其中一項是房地產。那時澳門地產市場活躍，升得很快。家父推出新樓盤，比如說，二十萬一個單位，先收二萬元訂金，樓房還未蓋好，已升至三十多萬，如果你把原先買家的交易取消，賠一倍訂金，即奉回四萬，還可多賺十萬差額，一幢樓宇百多個單位，就多賺千多萬，七十年代的千多萬，可以買一萬張齊白石，買一千張傅抱石，這是甚麼概念？但家父沒有這樣做，雖然在法律上而言完全合法，但在社會人心而言，就會被人視為見利忘義，欠缺誠信，沒有合約精神，怎能在社會立足呢？這一點而言，對我啟發很大。十年前，有一單書畫交易，買家找來香港四大名律師之一，參與洽商。我見這位律師對書畫業的運作外行，對中國國情又這麼陌生，又不謙虛，咄咄逼人。小弟也就不客氣跟這位律師說，我們這行最講誠信，你們只知法律，樓市下跌，你們替買家找法律條文漏洞，踢契甩身。而樓價上升得急，你們又替賣家找借口，賠小小訂金，以便多賺升幅差額。我們不是同一類人。當面要求買家，如果還想交易，要更換律師。然後拂袖而去。買家是聰明的生意人，也知道小弟重視誠信，放心與我交易，果然立即更換律師，新換的律師曾經審判四人幫，很懂國情，也謙虛實在。很快解決所有問題，完成交易。再隔幾個月，幫這個買家找到新藏家接手，三倍價錢，賺一億多。買家有點遲疑，賣家立即封盤，到另一家

中國嘉德書畫部老總郭彤

大行接手代售，要價五億了。這位大炒家就是怕公開拍出天價後，難以收數，所以用私洽來處理。這對賣方較有保障。

誠信，是拍賣企業成功的基本要求。臺灣《典藏》雜誌簡秀枝女士發表了一篇文章，標題是《以誠信，中國嘉德寫世界拍賣史》。文章中說中國嘉德，「誠信，成為立志為拍賣行業領頭羊的不變信條。」文中還舉了一個實例：「王雁南曾舉例說明嘉德不做買低賣高，不買斷，永遠提供客戶公正誠信的交易平臺。多年前，有位完全不懂行情的老太太帶著滿布收藏鈐印的書畫到嘉德要求變現，開價三萬元人民幣。一般拍賣公司一定照給三萬元，把畫留下賺差價，但中國嘉德專家一看作品，就知道價值不止三萬元，不貪心的企業文化，讓老太太把作品留到拍場，拍出人民幣一百三十萬元。老太太坐在現場，看著價格跳升，當場感動地哭了起來。」這樣那位老太太就會到處頌揚嘉德，比你自己搞宣傳，優勝百倍。這個行業，往往靠口碑。

前幾天，香港《信報》有篇訪問董國强的文章，也提到類似情況，讀了也讓人尊敬。董國强向訪問者强調，品牌比錢大。董舉了個例子：「有個婆婆，家族出過一個上海市長。他在家裏拿了一件古董出來，是一幅長長的手卷，叫價十萬美元。美國的業務人員不太懂是甚麼貨色。將這個手卷拿到我的面前，我一看，不得了，這根本是國寶！元代的書法手卷，肯

匡時拍賣老總董國强

定可賣出幾千萬元！後來我跟委託的人說這個想法。你曉得最後這件貨賣出甚麼價錢？一億元人民幣！」「很多人也問我，她開價十萬美元，你馬上付錢買了，不就大賺嗎？我對他們說，委托人信任我們，我怎能佔他們的便宜？我們亦要建立品牌，不值得為了幾千萬元而傷害它。」這就是匡時能成為一般人心目中拍賣行四强之一的原因吧。品牌靠誠信建立。

講到這裏，要說說舊事。前幾年，香港抱趣堂謝先生，從法國弄來一件祖母綠的大件玉石，拍賣要億多元。如何宣傳，讓買家引起興趣呢。謝先生是廣告業出身，懂得宣傳手法。他請馬達加斯加外交部的人在香港開記者會，抗議抱趣堂拍賣這件他們國家的國寶，各電視臺電臺報刊都有報導，大收宣傳之效。不久，法國拍賣圓明園十二生肖水龍頭其中兩件，貨主也運用這策略，挑動中國外交部出來抗議，還弄了一伙奇怪的律師團赴法國擾攘，製造新聞。最後由福建某君舉牌之後不提貨，耍無賴，還大談愛國主義，看得我毛孔直豎。這些把戲，丟盡中國人的臉。中華民族優秀傳統蕩然無存，流氓地痞的劣根性盡顯，丟人現眼，實在有辱國體。中宣部搞多少形象包裝，被這些個傻B一鋪清袋。幾個歐洲製造的水龍頭，是哪一國的國寶。國寶這名詞與大師一樣，早已貶值百倍。這些自鳴得意的拍場鬧劇，其實是辱華惡舉。

剛才提到「國寶」一詞。是常見於拍賣圖錄。這詞偶然一用，是可以

北京誠軒拍賣公司胡星來、劉堯在香港觀畫

驚艷的。當年香港商務印書館大型圖冊《國寶》，曾成為十分暢銷的一本書。現在呢，流風所及，處處因襲，甚麼也都稱作「國寶」。隨之連電視臺也出現「尋寶」、「鑑寶」節目。甚麼都用「寶」字。「黃臺之瓜，何堪再摘」，為了解釋那「寶」字，就要先由所謂專家，說上那文物值多少錢。於是令拍賣這事情，變得無意味和俗氣。記得王國維就說過（《論古雅之在美學上之位置》）：「美之性質，一言以蔽之曰：可愛玩而不可利用者是也。」又說：「人之視為美時，決不計及其可利用之點。」這對炒家而言，該是不中聽的。但作為拍賣的主辦者，卻應以此為座右箴言。

其次就是「大師」一詞，「大師」已泛濫到不值錢。於是大師之上，還得要加上個「著名」兩字，又或者「最著名」三個字。天下間真著名的人，還用加字介紹嗎？如果要說「著名的總理周恩來」，那不廢話嗎？文物藝術品是自己會説話的。懂貨的買家和「鑑賞物」自有溝通的密碼。拍賣行原不必强作解人，為之越俎饒舌。

專業　人材　制度

成功的拍賣行，總是有一批不同專業的專家團隊同心戮力，方能有成。而因為主持者的興趣關注點不同，或聘用的專家不同，形成各具不同特色的拍賣行，百花齊放，百家爭鳴。

中貿聖佳拍賣公司兩老總樊則春、易蘇昊

這些年，陸續出現好些新的拍賣行。有些時候，只要略知網羅了些甚麼人材，就可以預測這將會是一家很有前途的拍賣行。而有一些有錢仔，也學人開拍賣行，聽了十多分鐘的介紹，就會勸他趕緊收檔，不要浪費生命，不要浪費金錢，更加不要敗壞自己的名聲。我時常出於善意，勸人家收檔，珍惜羽毛。前幾年，有人輾轉介紹某拍賣行搞手，幾位仁兄仁姐，初次見面，收到名片一看，啊！原來是某某拍賣行，見人家盛意拳拳，但實在按捺不住，勸他立即關掉這家拍賣公司。首拍全是假貨，無法翻身的了。快快改行幹別的。不管你背後多有錢，你後生仔在英國拿了多少個學位，不能做這行就是不能，硬來只會鬧笑話，而且落得個財色兼失，官非纏身的下場，何苦來哉！

現在拍賣行拍賣的書畫文物，動輒數十萬數百萬甚至數千萬而至數億，這些大價錢的拍品，買家往往要求拍賣行嚴格把關。拍賣行靠鑒定專家，自己公司的鑒家或其他文博單位的大專家。但專家也是人，也有真專家和濫竽充數的假專家。如何鑒定專家的專業水平呢，「實踐是檢驗真理的惟一標準」，別無他法。不能單看某專家有幾多個博士銜頭、或有幾多個尊貴的職稱、或只有血緣關係的家屬，這些只能騙騙中央大員，或剛進場的土八路。群眾眼睛是雪亮的，一眾藏家炒家本身就不信這些虛銜，還是靠口碑。

華辰拍賣公司老總甘學軍

有某大拍賣行主管，跳槽到另一家歷史悠久的國有企業的拍賣行，拿新名片一看，老實不客氣勸他立即辭職。我說，就算重新搞一家拍賣行，無藉藉名，沒關係，幾年努力，準能有起色。而這家老牌子負面的東西太多，你要花很大氣力去洗脫這檔口舊日的恥辱，清洗舊日的惡蹟，才能重新出發。由零開始容易，由負數開始太艱難了。這位主管人很單純，當時不解，沒有臨危勒馬，幹了一兩個月，越發覺得不對勁，硬著頭皮幹了一場，立即辭職。後來跟我說，後悔當初不聽老人言，吃虧在眼前。

剛才說的例子，牽涉到的其實是制度問題，國企文物藝術品拍賣公司受制於自身的條條框框，所請工作人員，跟其他公司就有所不同。若干年前，在某大國企拍賣行看預展，手卷冊頁在另外一層。見香港某大買家在手卷冊頁調閱的櫃臺前，問工作人員拿拍品看。一般拍賣公司都會放一兩本圖錄，或印幾頁手卷冊頁的清單，讓人翻閱，然後買家提出有興趣要看的拍品號碼，調出審視。但這家大拍賣行展櫃現場竟沒有這些圖錄或清單，買家詢問，員工像黑面神，一副愛理不理的面孔，買家無奈，拋出一句：等流標再說！如果拍品提供者在現場聽到這些言辭，以後還會提供拍品給這家公司嗎？

有一件舊事不妨重溫。大家可能還記得，大概二十年前，劉九庵老先生提供幾件名家書畫給某歷史悠久的大拍賣公司，而國營單位的管理水

劉九庵

平在坐的先生都比我清楚，結果大概丟失了一件，而拍賣公司硬説已還劉老。劉老幾十年的表現都是忠厚老實，從來不與人計較，但這回是影響個人名譽，被迫告上法庭。當時已聽到業內人士在説，一件書畫十多萬沒多少錢，這家公司當作拍賣了付賬了事，還可以跟老人家再拿更好的東西來拍。現在弄到上法庭，公司形象就大打折扣，先吃了大虧。而且業內人士都清楚，誰對誰錯，不用法官，大家心中早有判決。而這家公司不懂危機處理，領導層像一群窩囊廢，沒有人願意出庭，官司當然輸啦！賠了十五萬元。而劉老為此事氣到腦血栓，也在官司中犧牲了。劉家將賠款十五萬元全部捐回鄉間助學，以表示不是為經濟利益打這場官司。而這家國企拍賣公司的形象卻從此一落千丈。公司制度有問題，幹部也有問題，沒有人願意擔當，才把事情越弄越壞，這就神仙都打救不了。

拍賣行業的文化角色

拍賣場上，往往可以看到某些流行東西的趨勢。流行，代表流行，並不一定代表好，這個好跟不好，也是見仁見智，尤其對藝術品而言。這種現象，往往只是表現出，某大莊家要造高某些藝術品，準備拋售。從經濟角度看，這是商業運作，是炒作的牟利行為。而從文化角度，從政治角度看，既反映出買家的追求，以及買家的興趣、品味所在。更反映出，可能

劉九庵遺屬代表劉凱將賠款十五萬元全部捐回鄉間助學

是某股看不見的政治勢力，要領導潮流，領導藝術市場的發展方向，引導市場走勢，喚起大家注意，讓某類藝術品流行起來。

前些年，拍賣市場興起了一大批新派的藝術品，我是外行，不敢置一詞。但是有一個數據問題卻難以理解。舉個例，同一時間，廣州藏家歐初老人家，收了一輩子的明清書畫藏品，有許多大名頭（如沈周、文徵明、董其昌、八大山人、石濤、傅山、王鐸、鄭板橋、趙之謙等等），好幾百件，給嘉德挖去北京拍賣，拍得不錯，沒幾件流標，全場總金額也就是四五千萬左右。但是同一時候那些新派的藝術作品，記得有一場拍賣某年輕藝術家畢業作品，一拍就拍了三千多萬。這個藝術家在歷史上還未有定位，而一批經歷史肯定的明清名家還比不上一個二十一世紀的小青年，真是數風流人物，還看今朝！

那些低俗、媚俗、惡俗的所謂藝術品，或是反映出末世的心理變態、性變態，血淋淋的暴力血腥而又毫無美感可言的，精神分裂症病患者似的畫作、雕塑，自己掛在家裏都覺得難看，夜晚上廁所看了都會嚇一跳的東西，在二〇〇八年之前這些市場新寵佔據了許多大拍賣行的空間。尚幸一場世界金融海嘯，把這些我們看不明白的藝術品虛假哄抬現象打個落花流水。某大拍賣公司日本代表原本非常擔心，日本分公司開幕時要展覽這些連他本人都覺得是怪力亂神的東西，如何向他的客人介紹呢？一場金融海

匡時拍賣公司將康有為、梁啟超的一大批書信檔案巡迴展覽

嘯就把展覽計劃取消，他才如釋重負。

文物藝術品拍賣企業，有他自身獨特的文化特色。這些公司拍賣的是文物藝術品，本身就是充滿文化的東西，如何能在文化的氛圍下，達到賺取大把鈔票，又能讓人感覺不到銅臭味，這個文化包裝下的商業運作，就非常藝術。這方面，我們可不能忽略外國具有二百幾十年歷史的兩大拍賣公司：蘇富比、佳士得。就近在香港，就可以看到這兩家大拍賣公司，每年在香港會展中心搞的大型拍賣大型展覽，就很有氣魄。比許多博物館的大型展覽更具規模，更為專業。拍賣的商業活動之外，他們還搞學術講座，還搞文博研究訓練班，甚至辦學校，這些先進的經驗，值得我們借鑒。當然，這些大「騷」成本相當重，搞一場要花費億元的。

這幾年，我們也看到中國好幾家大拍賣公司，已經在進行相關的文物藝術品展覽、出版，或搞學術研討會。例如保利在他們的大廈就搞過好多場大型的名家作品展，匡時將梁啟超的一大批書信稿件巡迴展覽，開學術研討會，出版學術性圖冊。華辰搞的啟功先生誕生百年學術研討會，等等。這些活動，在經濟上產生效益之外，對文化藝術的推動、承傳，都作出不可忽略的貢獻，值得肯定，值得提倡。

我們的眼睛，大的容易看到，但不應該忽略小的。像誠軒，他本身定位就不作大的設想，是小而精。沒有幾年，他們做出了自己的品牌，很

有特色。大家留意一下他們展覽的陳設，成扇是展覽中最難弄的，而他們搞得最好，最能保護好脆弱的成扇，對得住畫的寫的畫家書家，對得住遞藏的各位藏家，對得住提供者，也對得住新接手的投得者。這方面，許多大拍賣行都做得遠遠不如小小的誠軒的。他們圖書文獻拍賣展覽，都能做到保護好展品，又能讓想看的人看得仔細。這都是主其事者愛護文物，尊重文化藝術的具體表現。單這一點，已經值得我們尊敬，值得全行學習。還有一家新成立的小拍賣行崇正。他們剛拍了第一場，但在他們辦公所在的廣東迎賓館，已舉辦了李可染作品展，啟老的恩師陳垣的手蹟文獻展等等，在廣東地區，也產生一定的影響，對學術研究，也作出了貢獻。

末了，時間差不多了。今天拉雜說了與拍賣場有關的所見所聞，但個人所見有限，所知也有限。或者說得不對，也或者得罪了一些企業和拍場前輩，請多多包涵，也請大家多多指教！

二〇一三年九月八日

（本文是二〇一三年九月八日在深圳「全國文物藝術品拍賣企業高管强化班」講演的講稿）

2005年筆者（左二）在中國文物藝術品拍賣國際論壇上發言

舊日風雲二集

ISBN 978-0-19-943829-7

舊日風雲二集